西南大学历史地理研究所 编

中国人文田野

第十辑

巴蜀书社

编 委 会

编委会顾问（按姓氏笔画数排名）

于希贤　周伟洲

编委会委员（按姓氏笔画数排名）

王振忠　王　然　王川平　王建新　尹绍亭

朱士光　朱圣钟　华林甫　孙　华　刘志伟

李孝聪　李并成　陈星灿　陈春声　张诗亚

郑振满　杨圣敏　侯甬坚　荣新江　胡阿祥

赵世瑜　唐晓峰　郭声波　徐少华　葛剑雄

景　爱　鲁西奇　蓝　勇　黎小龙　霍　巍

主　　编　蓝　勇

编辑部主任　马　剑

目录

田野学术考察

002	万梁古道：历史、路线与遗产（下）	张颖
034	四川省丹棱县龙鹄山、中江县仓山镇考察报告	蓝勇、王钊勤、余鑫
046	云南禄丰县明清盐井遗址及盐业考察纪实（下）	朱圣钟、王人正、闫哲
064	跨越历史与现实的鸿沟	
	——历史时期川西南盐业发展与生态、社会互动的田野考察（下）	张铭、李娟娟
088	湖北襄阳城市历史地理考察报告（下）	武汉大学历史学院历史地理研究所
108	一个沿江城镇的生命史	
	——安徽大通镇的调查与研究	胡旻、马剑
120	明代以降晋北长城边堡聚落形态的演变	
	——天镇县5处长城边堡田野调查报告	李嘎
141	晋蒙长城地带文化遗产考察报告（2020年）	翟禹、康建国
153	杭州湾以北海岸带环境变化考察报告	吴俊范、徐应桃
164	环喜马拉雅南麓地域文化特征分析	
	——尼泊尔木斯塘考察札记	葛强琼达、索朗白姆
174	湖南"麻城孝感乡"移民文化考察记	
	——地名中隐现的移民文化与湖南麻阳地名考察	王雅雯、黄权生
188	以"麻阳移民"为中心的渝东南考察纪行	周妮、罗权、黄权生、王高飞、张亮
203	探寻猫儿峡	易宇

中外田野学术交流

212	中国西南行纪：从四川到滇西	[英]亚历克斯·何塞著，孙琳译

书评

222	史学田野考察中的辨"虚"与务"实"	
	——读《史学田野考察方法》	徐艳波

田野学术考察

万梁古道：历史、路线与遗产（下）

张颖

作者简介

张颖，男，1982年生，就职于重庆自然博物馆。

二、万梁古道的路线

复原不同时期的交通路线，把握其动态变迁，是历史交通地理研究的基本问题之一。与古道相关遗产的调查而言，历史路线的考证是指导调查工作的前提，在尽量占有相关文献的基础上，结合田野口碑，尽可能从长时段把握调查区的路线沿革，在实际调查中才能更全面准确地鉴定遗产的分布与构成。

据《舆地纪胜》记载，宋代万州有羊渠驿在治，也是夔州路提点刑狱司治所，有高梁驿（今高梁镇）在万州西二十四里[①]；梁山军有三龟驿在军城南门外，军东四十里有梁山驿（今蟠龙山）；又记梁山驿有唐碑，蟠龙瀑布半山的飞练亭（后改为飞雪亭）多唐人碑刻[②]。范成大纪行诗在万梁间提到横溪驿、蟠山、馒头山、蟠龙岭、蟠龙瀑布等处，描写蟠龙瀑布"自山顶漫汗淋漓，分数道

[①] （宋）王象之编著，赵一生点校：《舆地纪胜》卷一七七《夔州路·万州》，浙江古籍出版社，2012年，第3640、3642页。
[②] （宋）王象之编著，赵一生点校：《舆地纪胜》卷一七七《夔州路·梁山军》，第3665-3671页。

而下，望之宛从天降，当为城中布水第一"①。陆游由夔州赴南郑（今汉中）任宣抚幕府，途经梁山，题《蟠龙瀑布》曰："远望纷珠缨，近观转雷霆。"②魏了翁《飞雪亭》记登陆万州过蟠龙瀑布情景：

> 自荆入蜀路险绝，黑猿声中胆欲折。万州江头舍舟楫，又趣担簦穷崣嶪。危蹬连云如积铁，乱石硌足十九跌。仆夫流汗马止舌，遥望蟠龙挂天胁。悬瀑落崖喷霏屑，中间有亭曰飞雪。十里阴风寒入髻，人言此地无六月。呼取大斗酌甘洁，一饮令君消内热。③

蟠龙瀑布位于今梁平蟠龙山，是川楚大道上非常著名的胜景，历代文人骚客在此留下了丰富的咏墨，早在《舆地纪胜》中便有"为天下瀑布第一"④之称，明清史籍中收录的诗赋辞藻更是连篇累牍。不过宋代文献中提到的道路站点并不系统，且尚难全部考订，元人的相关记载也极为简略，万梁古道包括小川北路、川东路的精细路线，只能推至明清。

蟠龙瀑布旧照⑤

今被截流的蟠龙瀑布只剩涓涓细流

在古代驿道上，为传达政令、迎送公差与转运官物，每隔一定距离就要设置相应的驿递机构，不同时期有邮、亭、驿、传、置、站、铺、塘、台等名称。明清内省驿道上的主要驿递机构有驿

---

① （宋）范成大著，中华书局上海编辑所编辑：《范石湖集》，中华书局，1962年，第221—224页。
② （宋）陆游著，钱忠联校注：《陆游全集校注》，浙江教育出版社，2011年，第165页。
③ （宋）魏了翁：《鹤山先生大全集》卷三，四部丛刊景宋本。
④ （宋）王象之编著，赵一生点校：《舆地纪胜》卷一七九《夔州路·梁山军》，第3664页。
⑤ 四川省梁平县地名领导小组编印：《四川省梁平县地名录》。

康熙间设白洋驿在今梁平白洋河老街

站、递铺、递运所、塘汛等，其中专职文报的递铺设置最为密集，遍布州县间大小官道上，每铺间隔十至二十里不等，各级地方志对本境递铺设置的情况一般都有详细的记载。由于间隔距离更大的驿站一般会与递铺设置在同一地点，故只要考证出两地间所有递铺的位置，也就等于复原了两地间驿道的基本路线。

我们将明清方志对各时期万梁间递铺的记载作了整理（见表1），从中可见除了铺数有所调整外，路线完全一致。前面谈到明代驿馆改置的情况，佛寺公馆在佛寺铺，分水公馆、分水驿在分水铺，太平驿在梁山县城，集贤水马驿在万县城东。经过清前期的驿站调整，雍正间定万县与梁山县各设在城驿。在康熙十九年（1680），"因进剿滇逆（指吴三桂），奉文添设梁山县前驿、白洋驿、沙河驿"①，康熙二十一年（1682）局势稳定后裁撤，其中白洋驿在白洋铺。

表1 明清方志所记万县与梁山县间的递铺

正德《夔州府志·邮驿》	正德《四川志·夔州府·邮驿》	雍正《四川通志·驿传》	乾隆《万县志·铺舍》、乾隆《梁山县志·驿递》	同治《增修万县志·驿传》、嘉庆《梁山县志·驿递》
万县县门铺	万县县门铺	万县	万县县门铺	万县底塘铺
西溪铺	西溪铺	西溪铺	西溪铺	西溪铺
高梁铺	高梁铺	高梁铺	高梁铺	高梁铺
普庵铺	普庵铺		普安铺	
		高桥铺		
佛寺铺	佛寺铺	佛寺铺	佛寺铺	佛寺铺
七里铺	七里铺		七里铺	
		石老虎铺		
三真铺	二真铺	三正铺	三正铺	三正铺
观音铺	观音铺	观音铺	观音铺	

---

① 同治《梁山县志》卷五《驿递》，清同治六年刻本。

续表：

正德《夔州府志·邮驿》	正德《四川志·夔州府·邮驿》	雍正《四川通志·驿传》	乾隆《万县志·铺舍》、乾隆《梁山县志·驿递》	同治《增修万县志·驿传》、嘉庆《梁山县志·驿递》
分水铺	分水铺	三水铺	分水铺	分水铺
白洋铺			白洋铺	
曲水铺	曲水铺		曲水铺	曲水塘
双池铺	双池铺		双池铺	
		葫芦坝铺		葫芦坝塘
双庙铺	双庙铺		双庙铺	
		银河桥铺		银河桥塘
书字铺	书综铺		书字铺	
蟠龙铺	蟠龙铺		蟠龙铺	
杨店铺	杨店铺		杨店铺	
		茶房铺		茶房铺塘
梁山县县前总铺	梁山县总铺	梁山县	梁山县县门铺	梁山县底塘

复原驿递站点虽然可以描绘出驿道的基本路线，但道路上还有其他一些重要节点，如集市、津梁、关隘、地标、名胜、幺店等，有时候并没有设驿递，在文献可征与实地可访的情况下，当尽量将它们纳入考证对象，以提高路线复原的精度与站点资源的丰富度。比如万县石马山与高山坡两处集市，据光绪《万县乡土志》对西路站点的记载[1]，它们正是位于驿道上，目前尚存老街与古道。又如乘驷桥，也见载于《万县乡土志》，是驿道上的一处重要桥梁，目前尚存古桥与碑坊。有时方志对津梁只记其名，而不载其所在路线甚至方位，在实地考察中发现驿道上的某座老桥能与之对应，也可纳入复原对象。如同治《增修万县志·津梁》中的"永安拱桥"[2]，据考察正好位于乘驷桥至高山坡间的驿道上，当地称永安桥，现保存完好。凉风垭在嘉庆《梁山县志·舆图》与民国大比例尺地形图上有标示[3]，位于驿道翻越精华山脉西坡的垭口（东坡为蟠龙山），是驿道上的重要地标，目前从垭口到山下的三洞桥尚保留了近一千米古道。白兔亭位于驿道翻越蟠龙山途中，靠近蟠龙瀑布，光绪《梁山县志·古迹》："白兔亭，县东蟠龙山飞雪亭左，明嘉靖壬辰获白兔于此，巡按宋沧表进礼部尚书夏言，请献宫庙，作颂以进，命建厅并勒石竖坊，亭当孔道，有诗碑四。"[4]据该志收录的诗文，有关白兔亭（及飞雪亭、万年寺）的篇幅与蟠龙瀑布、蟠龙洞几乎不相上下，加上附近的"蜀道难""蜀岭雄风""天子万年"等明清题刻，构成了蟠龙山驿道上的名

---

[1] 光绪《万县乡土志》卷七《地理录·道路》，万县嘉惠印刷馆，1926年。
[2] 同治《增修万县志》卷一四《地理志·津梁》，清同治五年刻本。
[3] 同治《梁山县志》卷首《舆图》，清同治六年刻本。
[4] 光绪《梁山县志》卷二《舆地志·古迹》，清光绪二十年刻本。

胜集锦。当然，路线复原不一定将所有地名都纳入，一些无关紧要的小地名可根据实际情况适当取舍。

现根据各种文献记载与实地考察，将清代万梁驿道上的主要站点与今址整理如下：万县（原万县老城，西门出入，已淹没）；草街子（原草街子，已淹没），沙河子（原沙河子，已淹没），西溪铺（今西溪铺），五郎桥（今五郎桥），高梁铺（今高梁镇老街），石马山（今石马山老街）、普安铺（今李河镇附近），高桥铺（今高桥，又称万十桥），佛寺铺（今佛寺村老街），乘驷桥（今乘驷桥，又称踏水桥），永安桥（今永安桥），高山坡（今高升村老街），断石桥、天寿桥（今断石桥），七里铺（今七里沟），望月垭（今望月垭），三正铺（今三正镇老街），张家咀（今张家咀），观音铺（今观音堂），分水岭、分水铺、分水驿、分水场（今分水镇老街，之后入梁山县境），白洋河、白洋铺、白洋驿（今白洋河），曲水铺、曲水场（今曲水村老街），双池铺（今双池铺，玉水桥附近），葫芦坝铺（今福禄镇老街），双庙铺（今双面铺桥），银河桥铺（今老银河桥），书字铺（今梳子铺，又称梳子三湾），长店子（今长店子），白兔亭（今白兔亭遗址，蟠龙瀑布东侧，

高山坡老街

石马山古驿道

永安桥

乘驷桥

乘驷桥功德坊碑

百步梯摩崖题刻下方）、蟠龙铺、蟠龙山（岭）、蟠龙桥（今蟠龙村附近），杨店铺（今良天铺，又称凉亭铺），凉风垭（今凉风垭），陡梯子（今陡梯子），茶房铺（今茶亭子），观音铺（今观音沟），土桥子（今土桥村老街），梁山县（今梁平老城，东门出入）①。

考证出道路上以驿递站点为主的地名，一般来说就已经完成了路线复原的主要工作。但万梁古道的复杂情况在于，一些路书与游记中的相关记载，包括我们获得的田野口碑，与驿道路线有不小出入，这在很大程度上影响了官方对其遗产的鉴定，故需要再作细致的考辨。

文献记载的路线差异出现在万县分水岭至梁山县段。在光绪三十年（1904）刊刻的路书《入蜀旱程记》中，作者傅崇榘记小川北路的站点至万县分水岭后，没有取原驿道路线，而是经大坪、孙家曹、平脊（亭子垭）、响鼓岭、金竹林、辽叶河、伍家丫口、凉水井、松树坪至梁山县②。又据日本"东亚同文会"在民初的调查路线，万县分水岭至梁山县间是经大坪、孙家曹、亭子垭、响鼓岭、金竹林、辽叶河、伍家丫口、土桥子③，与傅氏所记一致。通过实地考察，我们发现晚近所记的这条道路在分水岭与驿道分开后，完全走的是另一条线，最后在梁平城东的土桥与驿道汇合，今万州分水镇的老人称之为"西大路"，梁平方面则称"东大路"。为叙述方便，我们姑且称分水岭与梁山县间的原驿道为南线，傅氏等所记则为北线。

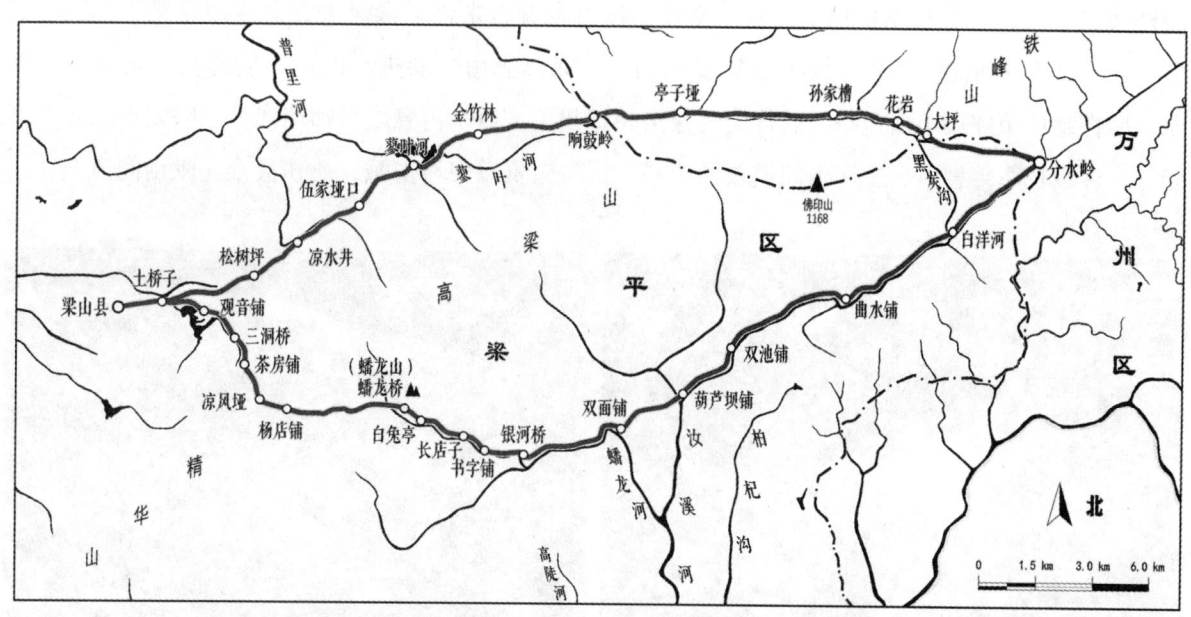

清代小川北路、川东路梁山县至万县分水岭段南北线示意图④

---

① 主要参考资料：乾隆《万县志》卷一《铺舍》，清乾隆十一年刻本；乾隆《梁山县志·驿递》，清乾隆间抄本。同治《增修万县志》卷一五《地理志·驿传》，清同治五年刻本；同治《梁山县志》卷五《驿递》，清同治六年刻本；光绪《万县乡土志》卷七《地理录·道路》，万县嘉惠印刷馆，1926年；（清）傅崇榘：《江程蜀道现势书》附录《入蜀旱程记》，清光绪三十年刻本；民国参谋部陆地测量总局制相关区域的十万分之一地形图；民国军事委员会军令部第四厅制相关区域的五万分之一地形图。
② （清）傅崇榘：《江程蜀道现势书》附录《入蜀旱程记》，清光绪三十年刻本。
③ （日）东亚同文会编：《中国省别全志》卷五《四川省》，1917年，第511—512页。
④ 图中的地名，除道路上的站点为标注的清代地名，其余皆为底图上原有的今名。（制图：张颖、车一）

那么，南北两线到底是何种关系？具体言之，北线是何时形成的，又在何时成为人们取用的常线，较之南线它有什么优势，是否在交通上完全取代了南线？万梁古道当三峡入蜀通衢，也是下川东联系川北、川东北的要道，明清以来留下的纪行文献非常丰富，注意其中路线取用的变化，可作为探析上述问题的线索。

从目前的资料来看，至少在明代的纪行中北线还未出现，人们一直在取用南线。如张瀚《西游记》："沿江抵万县，复从陆行"，"将至蟠龙，遥见飞泉数十道从空而下，山崖草树翠青，而泉白真如垂练"，"及登白兔亭，入蟠龙洞。"① 曹烨《星轺书》："发分水，过白洋、江家嘴，次曲水"，"为银河桥，桥边有塔，塔边有庵而上于塔也"，"次小坡，次书字铺，仍缘溪西上"，"是为蟠龙岭也，岭半遥望，飞泉百道凌空下垂"，"泉悬白兔亭后，亭也，亦寺也"，"下龙行岩、陡磴子，乃宿梁山。"② 何宇度《益部谈资》谈到入蜀途中经过梁山县的情况："（梁山）东九十里有泉，自山顶下注，（苏）东坡昔以飞练名其亭。嘉靖间，守臣献白兔，至此而毙，瘗之，因更建亭宇，故今称之曰白兔亭。行山路既疲，坐听飞泉百丈，十里声不绝，诚长途一快事胜览也。"③ 白兔亭位于蟠龙山垭口下方，除了它的名胜身份，在军事上这里是梁山东向居高临下的必守之地，是三峡循陆路进军蜀地的要隘。崇祯七年（1634）春二月，"流贼自楚入蜀"，陷掠巫山、夔州、大宁、大昌、开县、新宁诸邑，"三月贼犯白兔亭，不克。中书涂原自京旋里，结万县白杆兵三千人，合乡勇据白兔亭，伐木蹙径，以竹畚囊石击之。毒弩矢，血濡缕立毙。俘三十二人，讯之，奎木狼也"④。崇祯十七年（1644），张献忠由三峡进军四川，明总兵曾英守万县湖滩，标将赵桂荣守梁山白兔亭，后曾英退保涪州望州关，命李占春以舟师堵江，"贼留屯三月，不能进，遂以一军绊曾英，一军由间道攻白兔亭"，"荣贵以矢石击贼，死伤甚众。献由间道至，亲

明礼部尚书夏言"白兔颂"碑赑屃遗址

"白兔颂"残碑，现藏梁平博物馆

---

① （明）张瀚撰，盛冬铃点校：《松窗梦语》，中华书局，1997年，第39页。
② （明）曹烨：《曹司马集》卷六《星轺书下》，"清代诗文集汇编"编纂委员会编：《清代诗文集汇编》（16），上海古籍出版社，2010年，第292页。
③ （明）何宇度：《益部谈资》，王云五主编：《丛书集成初编》（第3190册），商务印书馆，1936年，第27页。
④ （清）刘伯景：《蜀龟鉴》，陈力主编：《中国野史集萃》（第2册），巴蜀书社，2000年，第101页。

督阵斩后顾者。矢石尽，荣贵弃关走保宁，贼遂长驱入"，垫江、长寿悉陷①。

在清代大部分时间内，依然延续了明代的情况。乾隆三十五年（1770），考功郎中孟超然视学四川期间，由万县西行记到："初二日，行五十里至佛寺铺，路旁悬崖削立如壁，夜抵分水铺"，"初三日，发分水铺……四十里至葫芦铺，又十里过银河桥"，"乃至山上白兔亭，盖嘉靖十一年四川巡抚宋沧获白兔于此"，"而左侧正见向所望白气，则瀑声溅溅，正所谓银河落九天也……余观之衡山络丝潭，与此地可称双绝也"，"晚抵梁山县治，宿于城西门之桂香书院。"②道光间，郭尚先提督四川学政，其日记在途经万梁部分写到："二十三日，佛寺铺尖，次分水岭"，"二十四日，驰百里，葫芦坝饭，次梁山"，"梁山岭俗曰索岭，道长二十里，蹬道平治，不甚险"，"又有一亭曰白兔亭，道旁石上，明人镌大字数处，皆恶劣可笑。"③同治六年（1867），孙毓汶充四川正考官，由三峡取小川北路往成都，途经万梁部分的日记写到："二十一日，卯刻由万县起程……早饭于佛寺铺（四十五里）……又二十五里，至分水铺宿"，"二十二日，丑刻启程……行四十五里天明，至（胡卢灞）[葫芦坝]早饭……未初至梁山县城中饭"，"早越一大山，上下凡三十里，俗名（北渡）[白兔]亭，皆长石为梯级，虽高不险。"④光绪五年（1879），四川按察使方浚颐因故罢职，逢盛夏江涨，惧三峡水险，循小川北路、施南道出蜀。方氏日记中由梁入万部分写到："初四日，冒雨过凉风垭……二十里，杨店铺，因畏寒小憩"，"十里，高梁山，即蟠龙山，峭坡迭起，遥见崖上镌'天子万年'四字，为明嘉靖中事"，"三十里，福禄场中尖……二十里，曲水场……十里，宿分水场，入万县界。"⑤

银河桥

蟠龙山"天子万年""蜀岭雄风"题刻

---

① （清）刘伯景：《蜀龟鉴》，陈力主编：《中国野史集萃》（第2册），第131-137页。
② （清）孟超然：《使蜀日记》卷三，清嘉庆二十年刻本。
③ （清）郭尚先：《使蜀日记》，清同治七年刻本。
④ （清）孙毓汶著，李瑚整理：《蜀游日记》，中国社会科学院近代史研究所"近代史资料"编辑部编：《近代史资料》（总83号），中国社会科学出版社，1993年，第123-124页。
⑤ （清）方浚颐：《方忍斋所著书：出蜀记》，屈万里、刘兆祐主编：《明清未刊稿汇编》（第9册），联经出版事业公司，1976年，第2976-2978页。

此外，还有一些同时期的纪行诗集，能够反映作者在出入巴蜀的过程中途经万梁的站点，所证路线与游记一致，不再赘述。根据以上记载，可以看到直至光绪后，行旅们仍然在取用南线驿道。不过，在方浚颐的日记中我们读到一句饶有意味的话，可作为事态转变的提示。方氏由梁山抵分水场时叹到："是日误行旧路，未行新修路，以至多涉陡坡，且较新路增十里程。嘻，惫矣！"①这里的"旧路"自然指的是南线驿道，"新修路"是否北线呢？在稍早的光绪四年（1878），享誉学林的王闿运受川督丁宝桢之邀，由湘入蜀主掌尊经书院，溯三峡至万县后取道小川北，于十二月十三日进至分水岭，十四日"渡风波领，岚气苍白眩耀，中有黑洞，行十里许至一山，盖绝顶也"，"饭于孙家巢（二十五里），又二十五里响鼓领，十里伍口，三十里宿梁山，忠州属。"②

响鼓岭

伍家丫口

对照《入蜀旱程记》中的站点，王闿运提到的孙家巢、响鼓领、伍口，实际上就是北线的孙家漕、响鼓岭、伍家丫口，这是目前笔者所见最早的北线纪行。王闿运数次往返湘蜀，之后又分别于光绪六年三月、光绪九年五月、光绪十年四月三次途经万梁，纪行所见皆为北线③。由此可知，方浚颐所谓的"新修路"就是北线，且至少在光绪四年之前就已被人们熟知。

自此之后，在笔者掌握的晚近游记中，对分水岭与梁山间的纪行道路已完全转成了北线。光绪十五年（1889），长沙人粟奉之以知县归四川试用，所撰《蜀都日记》在万梁段写道："（十一月四日）二十里高梁铺……二十里佛寺铺，界福音、乘驷桥之间"，"铺西距三镇市二十五里，中历高山堡……二十五里宿分水场"，"（五日）凌晨从分水场蹬折以登，凡四十五里至响鼓岭，为高梁悬绝处……俯

---

① （清）方浚颐：《方忍斋所著书：出蜀记》，第2978页。
② 王闿运著，吴容甫点校：《湘绮楼日记》，岳麓书社，1997年，第714-715页。
③ 王闿运著，吴容甫点校：《湘绮楼日记》，第891、1214-1215、1327页。

视众峰涛涌,莽苍无垠,而山乃益增其高已。四十五里宿梁山县。"①光绪二十四年,英国旅行家伊莎贝拉·伯德(Isabella L.Bird)由三峡进入四川考察,所著《跨越长江流域(The Yangtze Valley and Beyond)》在"三正铺至梁山县(San-Tsan-Pu to Lian-Shan Hsien)"一节写道:"随后出现了松林覆盖的群山,接着是通往雄伟的孙家漕(Shen-Kia-Chao)山口(2900英尺),我们逐渐爬升到房舍与农田之上,进入一个只有岩石、灌丛、激流、瀑布的荒僻山区。道路一直沿着悬崖边缘,整段路围以花岗岩栅栏,由两英尺高的立柱支撑八英寸长的扶手,路的宽度可并行两乘轿子。经过1140级台阶登上山口,这里雄伟而险峻。"②明治三十八年(光绪三十一年,1905),日本人山川早水对四川进行了长达4个月的考察,所著《巴蜀》一书记由万县起陆:"出县城西门,行六清里至三河地……又行四清里至西溪铺……夜宿分水岭","天未亮,我们就出发了……行四十清里,越过响鼓岭,有几户人家,这里是万县和梁山县的交界处,越过山岭,又行四十三清里,到达梁山县夜宿。"③明治三十九年,日本人中野孤山赴成都教习,也是溯三峡至万县取道小川北:"4日,乘坐新备的轿子,伴随轿夫、苦力、护卫六十余人,取陆路向一千三百二十八华里之外的成都进发","这一天,行程九十里,在分水投宿","5日,离开分水的怀德官店时,四周还沉睡在夜色中","轿夫快步飞奔,上午八点过来的孙家塘,我们歇脚吃饭","当日行程九十华里……我们决定在梁山留宿。"④宣统元年(1909),矿冶专家孙海环由成都赴夔属煤矿调查,其日记在由梁入万部分写道:"(二月十一日)晨发梁山,八里至松树坪,十四里至吴家丫口,八里至皿叶河,十里至响鼓岭,八里至亭子凹入万县界,十二里至孙家曹,二十五里至分水场宿","(二月十二日)晨发分水场,十里至镜家河,五里至张家嘴,十里至三正埠,十五里至高上堡,十里至佛寺铺午餐,十二里至石马山,八里至高梁铺,十里至西溪

伊莎贝拉·伯德所摄花岩峡谷

---

① 粟奉之著,江潮、高明详整理:《粟奉之日记》卷一五《蜀都日记》,张剑、徐雁平、彭国忠主编:《中国近现代稀见史料丛刊》(第4辑),凤凰出版社,2017年,第224-225页。
② MRS.J.F.Bishop(Isabella L.Bird), The Yangtze Valley And Beyong, London: John Murray, 1899: 214。中文版见《1898,一个英国女人眼中的中国》,卓廉士、黄刚译,湖北人民出版社,2007年,第165页。
③ (日)山川早水著,李密、李春德、李杰译,蓝勇审定:《巴蜀旧影:一百年前一个日本人眼中的巴蜀风情》,四川人民出版社,2005年,第54-55页。
④ (日)中野孤山著,郭举昆译:《横跨中国大陆:游蜀杂俎》,中华书局,2007年,第76-77页。

通往孙家漕的花岩古栈道

通往孙家漕的花岩古栈道石阶

埠，十里至万县"①，后来返蓉时所记由万入梁路线与来时相同。孙海环日记有个特点，对每天的道里站点记录详细，于小川北一路可与《入蜀旱程记》、"东亚同文会"调查资料互勘。

由此可见，北线大概是在光绪后成为了行旅取用的主道。方浚颐提到"旧路"的劣势为"多涉陡坡，且较新路增十里程"②，这在我们的实地考察中感同身受。南线自分水岭后，先是下降近百米落差至白洋河，然后沿汝溪河顺精华山脉的坡脚西南行，在蟠龙溪出口折向西北入山，由沟谷陡直攀上精华山脉东坡、海拔近七百米的蟠龙山，从凉风垭下西坡的路线转折更是近乎直角，以致在半坡留下了"陡梯子"的地名。而北线从分水岭起就缓缓爬升，在孙家镇花岩峡谷段是以栈道的形式横越山口，坡度不显，由响鼓岭下西坡也是徐徐渐进，整体路线比较匀直，无较大转折。目前的318国道与沪蓉高速大致各按南北线修建，线性优劣即便从平面上也能看出差别。笔者曾在梁平土桥专门访问过相关情况，一些以前当过"挑儿"（挑夫）的老人说，是有另一条经蟠龙、福禄的老大路，但没得孙家这边"切"（捷近），坡也要大些，以前挑货去分水都走孙家这边，中华人民共和国成立后相当长一段时间内，客车班次较少，大家仍常常步行孙家往来万梁。

接下来的问题是，如果北线具有明显的线性优势，最早古人开路时为何会选择南线并沿用千年，直到近代才开通北线？从文献记载与实地踏勘来看，这应该与北线必经的一段峡谷的通行条件有关。

孙海环日记在途经孙家漕时写到："至孙家漕，越大坪、花岩两山，系光绪丁未年所修新道。石磴千仞，螺旋达顶，沿途栏石蜿蜒如龙蛇。山谷深处通以小桥，旁有瀑布数道，淙潺作响，岩侧松涛怒吼，与水声相应。徐步蹬蹀，几疑身入书画。山之佳处，虽画境不如也。"③文中描写的这段山路就是目前官方勘定的"万梁古驿道"，是在孙家镇境内一段险峻的峡谷峭壁上开凿的基

---

① 孙海环：《夔辀日记》，俞冰主编：《历代日记丛钞》（第160册），学苑出版社，2006年，第417-418页。
② （清）方浚颐：《方忍斋所著书：出蜀记》，第2978页。
③ 孙海环：《夔辀日记》，第418页。

岩栈道。由分水岭上行，至大坪后过德心桥，沿栈道横越山口便进入精华山脉上的一段漕谷——孙家漕（今孙家镇所在）。峡谷核心处有地名"花岩"，我们姑且称这段栈道为花岩栈道。除了孙海环，前引伊莎贝拉·伯德游记也对这段栈道的险峻地势作了生动描写，尤其谈到栈道边缘的栏石，我们在实地考察中也发现了一些利用基岩凿制的"拦马墙"遗址。"东亚同文会"调查资料则称，大坪至孙家漕途中虽濒崖悬壁，但一间半（约2.7米）宽的道路并不陡急，可通行马匹和轿子①。孙海环除了提到这条栈道是光绪丁未年（1907）新修，在返程路过梁山以西的佛耳岩时又记："佛耳岩原有石碑，系光绪二十二年（1896）前梁山县令朱某刻石，略云东至分水岭，西至石桥铺，计长二百三十五里，倡率捐修，共费三万余缗。狭者广之，陡者纤之，曲者直之，残废者补砌之，奇险者削平之，而行旅于是称便矣。"②其中，从佛耳岩东至分水岭的路段也包含了花岩栈道。我们理解，孙海环记述的这两次不同时期涉及花岩峡谷的修路情况，应该是在原有基础上的整治，而非开凿，因为如前所引，至迟在光绪初北线就已经成为交通大道了。

悬崖峭壁上开凿的基岩栈道

利用基岩凿制的栏石（拦马墙）

劈山开路痕迹

孙海环、伊莎贝拉·伯德等令人印象深刻的描写，加上我们在实地的切身体验，让人不得不感叹，在如此险要的悬崖绝壑上用人力开凿宽达两三米、长达近3千米的基岩栈道，其施工难度与经济花费肯定不比寻常。孙海环在日记中赋诗曰："峭壁隐开三尺径，巉岩飞渡百重泉，相惊鬼斧神工迹，开凿蚕丛已几年"③，便是对这段鬼斧工程的感慨。民国时万梁马路（今318国道）之所以沿南线修建，很大程度上也是受花岩峡谷的地形条件所限。后来沪蓉高速是以现代隧桥技术穿过此段，如今站在古道的德兴桥上，仰望上方连接马王槽一号隧道与二号隧道的马王槽大桥，能强烈感受到古今之间的沿承与剧变。

关于花岩栈道的开凿，我们在地方志中找到了关键资料。同治《增修万县志·关隘》记孙家漕

---

① （日）东亚同文会编：《中国省别全志》卷五《四川省》，1917年，第512页。
② 孙海环：《夔辀日记》，第438页。笔者在2016年3月考察小川北路梁平佛耳岩段时寻找此碑未果，后竹山镇政府为开发旅游，对古道进行清理，在佛耳岩垭口路旁的灌丛中发现了这块路碑。据梁平交通局曹天宇先生提供的碑文内容，该整治工程始于壬辰（1892）冬十月，讫于癸巳（1893）秋八月。
③ 孙海环：《夔辀日记》，第418-419页。

"悬崖成路,路断处有石桥,由桥转依石壁,一线道行,下临深溪,不可俯视,一名黑洞沟,险隘易守"①。这里的"一线道行"即花岩栈道,"石桥"即德心桥,峡谷深溪"黑洞沟"在民国大比例尺地形图与今图上显示为"黑炭沟"。无论称"黑洞"还是"黑炭",应与附近的煤窑有关,两者为同义互转。矿冶专业出身的孙海环曾在此考察:"大坪、花岩两山均由砂页岩结成,由东向西倾斜约四十五度,岩腹煤脉累累,露道左者已有四五层,宽五六尺,内有废坑一,知已有人采掘,惟为水淹不能进深。"②万县岁贡生王继伦在《黑洞沟记》中也谈到此地"多煤穴硐,取之深入者至数百丈,浅者亦数十丈"③。同治《增修万县志·义行》记录了不少地方士绅的公益事迹,其中一则透露了黑洞沟暨花岩峡谷的修路情况:

曹芳兰。道光六、七年捐修新万交界葛麻、黑沟槽、陡梯子石路五十里,蝦蟆石、余家坡石路四十里,计钱三千六百余串。由县申详,给九品顶戴。子职员元登。捐修段石桥、寨梁石路。后复捐重赀,倡募改修分水、黑洞沟路,募钱万有六千缗。危崖峭壁,竟成坦道。修路近五十年,身亲险阻,无冬无夏,行人咸利赖焉④。

民国《万县志·义行》在"曹元登"名下亦记:

芳兰子,职员。捐修断石桥、寨梁石路。倡捐重赀,募钱万有六千缗,改修分水、黑洞沟路。危崖峭壁,竟成坦途。修路近五年,身亲险阻,无冬无夏,行人咸利赖焉。知县冯卓怀以"乐善永年"榜其门⑤。

可以看到,是地方士绅曹芳兰之子曹元登募捐一万六千缗钱,将黑洞沟上的危崖峭壁开凿成了坦途,并受到时任知县冯卓怀的表彰。冯卓怀是在咸丰七至十年(1857—1860)间知万县⑥,也是咸丰十年刻本《万县志》的主纂,咸丰本目前仅见南京图书馆有藏,笔者尚无缘查阅,不过花岩栈道凿通于冯卓怀任内是可以确定的了。至于工程耗费的时间,同治本记为五十年,民国本记为五年,以五年比较合理,民国本应该是修订了同治本的衍文。前引孙海环录佛耳岩碑文,说光绪二十二年(1896)整治分水岭至石桥铺二百三十五里道路共花费三万余缗,这里曹芳兰捐修的几处道路合计九十里才花费三千六百余缗,而曹元登仅开凿黑洞沟短短数里路就花费了一万六千缗,并耗时近五年,可见工程之巨。参见光绪《万县乡土志》的疆域图,孙家漕、亭子垭、响鼓岭、邵家场、回龙场等地属大周里一甲,在万县西极与梁山交界,赴县城惟分水岭一道最近,可能开凿花岩

---

① 同治《增修万县志》卷一四《地理志·关隘》,清同治五年刻本。
② 孙海环:《夔辅日记》,第436页。
③ 同治《增修万县志》卷三六《艺文志上·文》,清同治五年刻本。
④ 同治《增修万县志》卷三二《士女志·义行》,清同治五年刻本。
⑤ 民国《万县志》卷一八《人物六·义行》,民国二十五年稿本。
⑥ 同治《增修万县志》卷二二《职官志·历任》,清同治五年刻本。

峡谷的初衷只是为了方便诸甲与县城方向的联系，后来才被人们认识到由此连接梁山较旧驿路更为便捷。

实际上在此之前，黑洞沟也并非完全不可通行，只是要从谷底溯沟而上，履涧攀石，狭隘崎岖，难成通衢大道，后来才开栈道于崖上，故称为"改修"。王继伦《黑洞沟记》描述了相关情况：

德心桥

> 佛印、得胜之间有谷焉，深而幽逼，土人以沟呼之，号曰黑洞。东西两山对峙，绝壁如削，层磊而下临于涧，不啻万仞。北则马头突兀，屹立于二山争胜，水合东西而南注。循口入，两旁无径，履涧石上。水多潜行石下，清韵如丝竹，浊则雷声殷殷。仰视三山，穿云入汉。石罅隘处仅可通人，两崖几合，天光一线，日色惟卓午可睹。中有石梯古迹，通东西行，然多圮，无记志，不知始自何代，废自何年。欲询之，而无由也。东涧乱石塞绝，不可上。西涧及半，为栈而上焉。两山之腰，有道在西崖者，随石蹬盘曲而上下陡绝，顶上突出，悬石若星缀，恍惚欲坠，仰视神悚股慄，非胆绝者不敢过也。东则首尾逼而中阔，初无行道，今则凿断崖脉，梯之可通车马矣。逶迤而上绝顶，悬壁西有佛龛在焉①。

"德心桥"题刻

德心桥上方的沪蓉高速马王槽大桥

作者从谷底溯沟游览，走的就是黑洞沟旧径。得胜山与佛印山，就是以黑洞沟为界的"东西两山"，其中得胜山悬崖有花色岩壁者，被人们称为花岩。黑洞沟为主沟，支沟"东涧"就是从今马王槽（旧名蚂蟥漕）流下来的溪流，德心桥跨其上，两沟合流后南注白洋河，是汝溪河的一源。德兴桥以东数百米有地名大

---

① 同治《增修万县志》卷三六《艺文志上·文》，清同治五年刻本。

在花岩古栈道上俯瞰黑洞沟

坪，为幺店聚落，以德心桥所跨支沟为界，人们又将德胜山分为大坪和花岩二山（孙海环即如此），加上佛印山，即上文所谓的"仰视三山"。"东则首尾逼而中阔，初无行道，今则凿断崖脉，梯之可通车马矣"，指的就是在得胜山花岩段开凿的栈道。

综上所得，黑洞沟暨花岩峡谷是北线的主要障碍，之前虽然在谷底有小径可循，但并不畅行。咸丰间在士绅曹元登的倡导下，募钱一万六千缗，费时近五年，改在峡谷上方的悬崖新开栈道，成为可并行车马的通衢大道（之后可能还经过几次整治），使北线整体贯连后在里程和坡度上较南线地利。目前我们尚未发现咸同间取用北线的纪行，可能一条新开道路需要些时间才会被外地行旅所熟知吧。进入光绪后，北线的优势逐渐被认识，成为人们往返万梁的主道，在很大程度上取代了南线的交通地位。进一步推论，或许正是因为北线必经的花岩峡谷非开栈无以成通衢，而开栈的工程过于艰巨，致使古人在开路之初以及漫长的历史中都一直选择南线，直到近代才被曹氏的愚公壮举所改变。

最后一个问题，北线能否称为驿道？"三普"资料将孙家镇这段古道命名为"万梁古驿道"，目前在古道出入口的石壁上镶有"万梁驿道"文保碑。虽然通过纪行文献的梳理和田野口碑的印证，可以确定北线在晚近已成为万梁交通主道，但目前尚无资料显示，南线的驿递机构也随之调整到北线。光绪二十年（1894）刊本《梁山县志》记东路递铺为茶房铺、银河桥铺、葫芦坝铺、曲水铺（接万县分水铺）[1]，较之明代和清前期只是减少了站数，路线并没有改变。撰于光绪三十三年的《万县乡土志》称全境道路"以西上梁山、东赴云阳之塘路，北上开县、南往利川之大路为干，以干路之分行各里甲市镇者为支"[2]，记西大路站点至分水场后"有本里后三甲响鼓岭之支路与本甲王家场之支路均来会"[3]，这里称分水场至响鼓岭路为"支路"，与设铺"塘路"、"干路"有明显区别。所谓驿道，必然置有官方的驿递机构，清代川东路上的万县与梁山县各设在城驿及底塘铺，两县间的驿道自然是设递铺的"塘路"。因此，在没有证据说明晚近曾将驿递机构调整到北线

---

[1] 光绪《梁山县志》卷六《武备志·驿递》，清光绪二十年刻本。
[2] 光绪《万县乡土志》卷七《地理录·疆域》，万县嘉惠印刷馆，1926年。
[3] 光绪《万县乡土志》卷七《地理录·道路》，万县嘉惠印刷馆，1926年。

的情况下，万县分水岭至梁山县的驿道严格来说只能指南线，"三普"资料对孙家镇这段古道的定性至少是不严谨的，所谓"该驿道始修于明代，清乾隆二年辟为驿道"更是毫无根据，亟须纠正，以免继续误导。

三、万梁古道的遗产

万梁古道原径不到100千米，只是一般县际道路的距离，历史上也无专门指称，本应将它与小川北路或川东路的其他路段作为一个整体来研究，之所以专门提出来，主要是考虑到万梁古道的历史身份较其他路段具有一些突出的特点。比如梁平的佛耳岩古驿道是明清小川北路梁山通大竹的道路，在明代曾作为驿道，入清后则不在川东驿程上（宋代它是否在小川北路上还有待考证）；而小川北路万梁段同为川东路所经，故在清代也保持了驿道身份和邮递功能。又川东路成渝段作为重要驿道是在明清时期，而同为川东路上的万梁段早在宋代就已以小川北路的身份成为重要驿道了。又宜万峡路虽然在明清甚至更早时期都是驿道，但行旅们在一年中大部分时间都选择水路出入三峡段，使用率远不如万州以西的陆路。历史上小川北路的具体走向多有调整，但其东端万梁段始终为必经之处，宋元时期在今蟠龙山设有驿站，驿道上的蟠龙瀑布自宋代便被人们不断咏赞，留下了大量的诗文。从沿途的地形条件来看，各时期万梁交通路线的叠合度应该很高，特别是翻越精华山脉段。近代随着花岩栈道的凿通，万梁交通地理又发生了重要变化，被众多纪行文献载入历史，这在小川北路、川东路其他路段上也是很少见的。所以，专门将万梁古道作为研究对象，尽管范围不大，但可以更好地揭示它的历史特点，同时也便于解决其文化遗产的鉴定问题。当然，像小川北路、成渝东大路、施南道等以比较明显的人地因素划分的较大范围路段，自然更适合作为专门研究对象。

侯甬坚先生谈到："古代道路都有名称，但往往因文献漏载，或者刊载名称很多（代有其名），或与现在的思考角度、撰写意图、涉及地区和论述时代不同，而产生需要重新命名的问题。"[①]既然将万州与梁平间的古代交通道路作为研究对象，历史上又没有相关指称，那么在命名上最通俗的作法，便是直接以道路两端的地名简称加上"古道"或"古驿道"，就像成渝古驿道、滇黔古驿道等。之所以命名为"万梁古道"而不是"万梁古驿道"，是考虑到晚近的分梁北线虽然已成为交通干道，但性质上并非驿道，"万梁古道"可以将驿道与北线一并纳入范畴。在针对局部段遗址的命名上，以"三普"资料中的永川"铁岭山古驿道"、巫山"南陵古驿道"为例，可以将遗址所在的主要地名与古道的性质或特征作为参考要素，比如梁平的"蟠龙山古驿道"、"凉风垭古驿道"等。北线方面，万州孙家镇的"万梁古驿道"可改为"花岩古栈道"或"黑洞沟古栈道"，梁平蓼叶河的"梁万古驿道"可改为"蓼叶河古道"，不宜再用"万梁"、"驿"冠之。以"万梁"冠以古道名称，从遗产构成要素来说，是一个包含全线遗产组合的概念，显然不宜作为局

---

① 侯甬坚：《历史交通地理研究的方法与途径》，《经济地理》1987年第4期。

部遗址的名称。就像永川"铁岭山古驿道"、九龙坡"走马古驿道"、大足"邮亭铺古驿道"都是成渝古驿道,却不宜将其中一段专门命名为"成渝古驿道"。

以道路两端的城市简称命名古道,还牵涉到排名的问题。目前万州方面命名为"万梁驿道"者,在梁平方面又命名为"梁万古驿道",并各在本境北线遗址立有文保碑。在对两地全程古道的学术命名上,"万梁"与"梁万"谁更合适,为避免各说各话,需要从一些通用原则来裁定。一般而言,以两端城市的简称命名古道,排名孰前孰后,主要是看两端城市的历史关系,跟目前一些铁路、高速路的命名原则类似。比如我们称"成渝古驿道"或"成渝东大路",是因为历史上成都长期作为四川省城,与重庆有行政统属关系。如果是忠县与梁平间的古道,清代梁山为忠州属县,我们可称为"忠梁古道",就像我们称重庆与合川间的古道为"渝合古道"一样。万州与梁平在古代长期无行政关系,对于两地古道的命名,需要考虑的是近代以来万县作为下川东经济中心的地位。梁山自清代就已成为万县的商业腹地,出入物资主要在万县转口,经济上两者形成了稳固的港口—腹地关系,并在近代万县开埠后得到进一步强化。中华人民共和国成立后历设万县专区、万县地区、万县市,梁平也都是作为属县。尽管两地目前为平级政区,但从历史关系来看,以"万梁"命名两地古道显然更合适。

对文化遗产进行类型划分有不同的标准,交通遗产是属于功能分类下的一种遗产类型,与军事遗产、农业遗产、商业遗产、工业遗产等属于同一分类体系。古道是交通遗产的重要组成部分,有形遗产的构成要素包括由道路遗迹串联起来的各类相关文物,在空间形态与内在联系上又具有明显的线性遗产的特征。据孙华先生划分,线状遗产(Linear Heritages)是指遗迹本身呈现连绵线条形态的遗产,属于点、线、面这个空间形态分类标准下的类型;线性遗产(Sequential Heritages)是指由线状遗迹串联或沿线形边界排列的点线结合或点状排列的遗产,因其历史上某种内在的关系而被串联在一起;线状遗产是线性遗产中存在线状遗迹的那一类,而线性遗产如果满足一定的条件,则可以发展成为文化线路①。在一条古道的遗产组合中,道路本身是呈线状分布的遗迹,由此串联起沿线关联紧密的古遗址、古建筑、古墓葬、石窟寺、碑刻、历史城镇、传统村落等文物点。除非单一的局部遗址,通常而言,古道都具备复合遗产的特征,无法用单一的遗址类型来涵盖全部遗产。

万梁古道不长,但就遗产组合的性质与形态而言,它与金牛道、成渝东大路没有区别,都是由线状古道串联各种点状遗迹的线性遗产,其中有些点状遗迹就分布在古道上,有些点状遗迹因古道不复存在而成为孤立的文物点,需要我们用线性遗产的概念将它们整合在一起,提升组合价值。通过前面的路线考辨,万梁古道的有形遗产应包括万梁古驿道与分梁北线古道的相关遗存,根据笔者实地考察,具体有道路、桥梁、场镇、碑刻、寺塔、庙宇、关隘、名胜等类,依线性顺序整理如下。

1. 万梁古驿道

五梁桥。该桥位于万州高梁镇三清村,为单孔石拱桥,长18.1米,宽5.1米,矢高7米,净跨13.2

---

① 孙华:《论线性遗产的不同类型》,《遗产与保护研究》2006年第1期。

米。桥面中部凸出，两端各存石阶。桥栏高1.1米，栏上嵌碑，题"五梁桥"三字，落款"清光绪癸未年陈绶捐修"。桥西端原立有一高约0.4米的石碑，题"上通梁州，下通万邑"。据万州作协的印茂成先生反映，五梁桥位于三峡库区回水线附近，一年中有半数时间会被淹没，笔者考察时为三峡蓄水期，未能见到。该桥为万州区文保单位。

石马山古驿道。该段古道位于万州李河镇石马山，长约500米，石板路存约300米。进出老街的路面保存较好，宽1.5米—2米。上下山段路面保存相对较差，石板大多不到1米宽，与土埂相间。石马山旧为集市，现集市迁至1千米外318国道上的李河镇，老街长不到100米，房屋大多翻新。该古道现仍通行，当地文物资料未录。

箅子桥。该桥存位于石马山通往李河镇途中，建于光绪年间，为单孔石拱桥，长6米，宽2.5米，高2.2米，跨度3米。该桥现为水泥路面，其他部分基本完好，仍可通行，当地文物资料有录。

"西大路"捐修碑。该碑位于万州李河镇平安村4组的溪沟边，碑高1.5米，宽0.4米，厚0.23米。碑名《重修路碑》四个大字清晰可见，碑文记载了当时万梁路崩塌，在乡绅的倡议下，群众捐资对其进行修补的过程，并录有24位捐资者的姓名，落款时间为大清光绪乙亥年（1875）。笔者考察时遗漏了此碑，相关资料参见网上新近报道。

箅子桥

高桥

高桥在民国修建万梁马路时改为"万十桥"

高桥。该桥位于万州李河镇万十桥，为单孔石桥，民国修建万梁马路时改为公路桥，中华人民共和国成立后又经过多次加固，现拱身部分仍保持了一定原貌，约高10米，长15米，跨度10米，当地文物资料未录。雍正《四川通志·驿传》记万县西路有"高桥铺"，同治《增修万县志·津梁》记："高桥，相传前明时建，高三丈二尺"，即此处。

佛寺铺桥。该桥位于万州李河镇福世村，距佛寺铺老街百余米，约长6米，宽1.5米，高2米，保存较好，仍可通行，当地文物资料未录。佛寺铺是明清万县西路上的一站递铺，明代曾设公馆，行旅早上从万县出发，中途一般会在这里休憩打尖，是有名的"中伙铺"。佛寺铺以这里的佛庙而得名，老庙未存，建有新庙，老街很短，房屋基本翻新。

佛寺铺桥

乘驷桥及捐修碑。该桥位于万州李河镇彭河村3组，当地又称踏水桥，为石平桥，建于同治九年（1871），约长30米，宽1.5米，高2米，共有6个桥墩，每个桥墩间平铺3块约厚0.5米、长3米的条石，桥墩顶流面有分水造型，反面嵌有石条斜撑。该桥保存完好，现仍通行，当地文物资料有录。离西桥头约30米处有捐修碑嵌于民房墙壁，为二重檐歇山顶式仿木结构，四柱三开门，顶部、门楣、门坎均有精美浮雕，中间楼匾阴刻楷书"乘驷桥"三字。碑文部分涂有石灰，可识别者略见修桥事由与捐款名单，之前此处的桥梁数次被冲毁，同治九年为最后一次重建。该桥未见于同治《增修万县志》，光绪《万县乡土志》有载。

永安桥。该桥位于万州李河镇高升村4组，建于清道光二十五年（1845），为单孔石拱桥，长20.4米，宽4.24米，矢高7米，跨度11.6米。同治《增修万县志·津梁》记："高山堡东永安拱桥，募修。"该桥保存完好，现仍通行，当地文物资料有录。

高山坡古驿道。该遗存位于万州李河镇高升村，由王家桥一直爬升到高山坡老街，石板路长约300米，宽1.5米–2米。王家桥为2米长、1.5米宽的石平桥。高山坡老街长约500米，上段的石板路面保存较好，遗有一小部分老建筑。同治《增修万县志·场集》记大周里前三甲有"高山坡"，舆图中标为"高山铺"，一些游记中又写作"高山堡"，现集市已迁至318国道旁的新街（原高升镇）。该段古道现仍通行，当地文物资料未录。

高山坡古驿道

断石桥。该桥位于李河镇七里村，建于清同治二年（1863），为单孔石拱桥，约长10米，宽3米，矢高3米，西侧桥栏中央阴刻"天寿桥"三字，落款时间为同治二年。万梁古驿道从南桥头路过，并不跨桥，南桥头遗有20多米石板古道。七里村是以附近的七里沟命名，明至清前期万县西路设有七里铺，应该就在附近。万梁古驿道是沿七里沟翻望月垭至三正铺，路径尚在，但石板基本无存。万州至达州、宣汉的古道是从这里分路，过桥后经虾蟆石、桥亭子、余家场出境，尚保留了数千米约1米宽的石板路。断石桥保存完好，现仍通行，当地文物资料有录。

张家咀古驿道。张家咀位于三正铺与分水岭之间，从今三正镇出发，至张家咀断续存有500多米古道，石板保存较差，大多只是几十厘米宽。该路段断续可通行，部分需绕道，当地文物资料未录。

观音堂。该庙位于万州分水镇东约2千米处，为万州区文保单位。明至清前期在三正铺与分水铺之间设有观音铺，即此。

分水岭关口、老拱桥。分水岭自古为万州与梁平分界处，文献中又记为分水场、分水铺、分水驿，位于万州分水镇老街。分水岭明清皆设递铺，明代设马驿与公馆，清代亦设公馆。古时行旅从万县西行，首日一般在此留宿，中外游记多有反映。老街已翻新，只有西段尚存30多米石板路面。南线驿道经分水岭关口进入梁平，经孙家镇通往梁平的北线古道从老街上一条巷子分路。分水岭关口位于老街西端，以刚刚下坡处为万梁分界，当地俗称梁平垭口。关口原有栅门，以万州这方居高临下，高出坡脚近百米，军事上具有天然地利。同治《增修万县志·关隘》记分水岭为"万梁交界，赴省垣、渝城大道要隘。同治元年，夔巫都司薛尚品营于此，击贼获胜，以出援红谷，蓝逆二顺入隘。秋防周逆绍涌，军功胡占春亦管带练勇营此"。关口下尚存100多米整修过的石板路，石质大多较新，通往白洋河途中只剩残缺的数十米古道。老拱桥位于老街中部，当地文物资料未录，约长8米，宽3米，高2米，为水泥路面，拱身保存了一定原貌，现仍通行。同治《增修万县志·津梁》记："分水场拱桥，乾隆五十四年募修。"

万善桥（白洋河大桥）。该桥位于梁平曲水乡中丰社区白洋河上，相传建于明清之交，是一

断石桥，又名天寿桥

桥拱上的"天寿桥"题刻

观音堂

在分水岭垭口望梁平方向

分水拱桥

座空腹式的圆弧形石拱桥，桥体全部用石料建成，最长石条4米多。桥长40多米，跨度25米，宽6.5米，矢高14米，两头共65步台阶。桥栏大部分保存原貌，雕饰清晰可见，中间题"白洋河"三字。白洋河在明清设白洋铺，清康熙间短暂设过白洋驿，桥东侧的老街旧有集市，现存一小部分石板路面与老建筑。万善桥在光绪《梁山县志·津梁》未见记载，当地人直称为白洋河大桥，又见报道在北线蓼叶河（旧时亦称万善场）有被水库淹没之万善桥者，白洋河这座大桥的命名是否为误载？该桥保存完好，现仍通行，西桥头立有名"万善桥"的原县文保碑，2012年被定为市级文保单位。

万善桥即白洋河大桥

西端引桥

桥栏上的雕饰

拱顶路面

天香塔。该塔位于梁平福禄镇河西街，建于清光绪八年（1882），为六角九层楼阁式石塔，通高28.97米。塔基六角形，边长4.79米。塔身各层内收，逐层三方与上下层错位开窗，并设塔檐，塔身第二层刻"清光绪八年"字样。塔刹为宝瓶式，塔内有木梯可登临。该塔保存较好，为梁平区文保单位。

银河桥。该桥位于梁平蟠龙镇银河桥村蟠龙溪上，为石平桥，约长15米，宽1.7米，高3.8米。有两个桥墩，迎水面设分水造型，底有石砌地基。当地人说东桥头原立有石碑，后被洪水冲走。光绪《梁山县志·津梁》："银河桥，县东四十五里，接蟠龙溪。水逶迤南流，月夜望之如银河，故名。"银河桥在清代设有递铺，桥在明人记载中已出现，具体修建时间不详。该桥保存完好，现仍通行，当地文物资料未录。

蟠龙山古驿道（含古道遗址、长店子桥遗址、白兔亭遗址、百步梯摩崖题刻、蟠龙瀑布、蟠龙桥遗址、蟠龙洞）。该段古道位于梁平蟠龙镇蟠龙村，从蟠龙山脚的长店子到岭上的蟠龙桥，长约2千米，石板路存约1.5千米，路面宽1.5米—4米，最宽处为百步梯段，是万梁古驿道中保存最完整的路段，现仍通行。长店子桥原为三孔石拱桥，后被洪水冲毁两孔，现搭有两段条石与余下一孔桥面相接继续使用，约长10米，宽2.5米，高3米。东桥头原为幺店，即长店子，现存一间旧屋。白兔亭遗址位

福禄镇天香塔

于山腰，亭间与坊门已毁，原大碑只剩赑屃基址，残碑存梁平博物馆，一些构件、残缺诗碑散落在废弃的猪圈旁。与白兔亭相邻原有万年寺，为明嘉靖间创建，破山禅师入住西南禅宗祖庭双桂堂之前曾在此主持，现已平整为田地，无迹可寻。百步梯摩崖题刻，在古道百步梯上行方向的右侧石壁上，其中嘉靖癸巳（1533）副使臣张俭题"天子万年"与嘉庆丁卯（1807）邑令符永培题"蜀岭雄风"上下相邻，道光三年（1823）湖南胡瀛题"蜀道难"在后方稍高处，前两则字径超过1米，后则字径约30多厘米，均保存完好，为梁平区文保单位。另外，在百步梯下方的一处神龛前有块摩崖碑，字迹风化比较严重，抬头有"白兔亭后百步外大路旁夙建观世音大士"等字样，落款时间为乾隆五十年（1785），可能是功德碑。蟠龙瀑布为古名胜，位于百步梯左侧山崖，蟠龙溪至此飞崖下注，垂直落差近50米，瀑布水雾弥天，又被称为喷雾崖，崖旁原有古迹飞雪亭，未见遗迹。因上游建有水库，蟠龙瀑布现为涓涓细流，不复旧时盛景，只有夏雨季节放闸时偶尔一现。当地为开发旅游，有意将水库废弃，恢复瀑布原貌。蟠龙桥遗址，原桥位于蟠龙村蟠龙溪上，后被洪水冲

毁，始建年代不详，沟中基石上有众多石孔，现石平桥为后来新建，约长8米，宽1米，高2米。古道过蟠龙桥后，沿水库边缘上行数百米又被公路截断，沿途荒僻，石板路保存较差。蟠龙洞亦为古名胜，位于蟠龙洞风景旅游区，距蟠龙桥1千米许，内有宋至清代珍贵碑刻数则，为梁平区文保单

被踩踏得凹凸不平的蟠龙山古驿道之一

被踩踏得凹凸不平的蟠龙山古驿道之二

蟠龙洞

北宋蟠龙洞纪游摩崖碑

明蟠龙洞纪游碑

清"游蟠龙山洞"碑

位。蟠龙山古驿道遗产群在历史文献中有非常丰富的记载，像蟠龙瀑布、白兔亭、飞雪亭、万年寺、蟠龙洞等名胜，历代达官显宦、文人墨客过此无不赋诗作记，竞相留史。梁平有人统计，仅蟠龙瀑布与蟠龙洞两处，就有60多位人物写下了100多首诗与六七十篇文字，这个数据尚待证实，但就笔者所见各种文献中涉及的记述，用目不暇接来形容绝不夸张，非常值得地方上进一步搜集与考订，这也是对蟠龙山古驿

道无形文化遗产的保护。

凉亭铺古驿道。该段古道位于梁平蟠龙镇凉亭铺老街西侧，石板路存约200米，宽1米—1.5米，现仍通行。今图上显示为凉天铺者，明清县志记为杨店铺，当地老人说是凉亭铺，老街东侧翻新的庙宇又题为良天铺，以凉亭铺最为贴切。

凉风垭古驿道。该段古道位于梁平三洞村，从垭口到山脚的三洞桥，长约1.5千米，石板路存约700米（主要集中在陡梯子至三洞桥段），路面宽1米—3米。沿途荒芜，杂草丛生，除个别砍柴与放牛之人，少有人通行。山脚的三洞桥为三座相隔不远的石桥。上桥为石平桥，约长3米，宽1米，高1米。中桥为石平桥，约长6米，宽1.5米，高1米，中有1桥墩。下桥为单孔石拱桥，约长10米，宽2米，高2米。当地文物资料未录。

凉亭铺古驿道

凉风垭

三洞桥头桥

三洞桥二桥

三洞桥三桥

土桥子。该桥位于梁山街道土桥村老街东侧，又名八块桥，原为八块石条平铺而成，现剩七块，长2米，宽2.5米，西桥头遗有20多米石板路，当地文物资料未录。土桥老街已翻新，这里是分梁南北线古道的汇合处，距梁平老城原东门（今人民东路附近）约1千米。

土桥子，又名八块桥　　　　　　　　　　　土桥古驿道

2. 分梁北线古道

包家垭口古道。该古道位于梁平曲水镇山峰村包家垭口附近，长约2千米，石板路约存1千米，宽1米—2米。从万州分水老街西北行，古道前500米行走在田坎间，进入山林后异常荒僻，基本无人行走，出包家垭口与公路接。当地文物资料未录。

从分水镇往包家垭口古道　　　　　　　　　荒芜的包家垭口古道

花岩古栈道。该古道位于万州孙家镇兴发村，是在黑洞沟上方悬崖开凿的基岩栈道，由大坪入，经德心桥、花岩至孙家漕。古道全长近3千米，宽1.5米—3米，路面部分砌有石板，大多利用基岩凿成石梯，道路外侧遗有部分石栏基址。古道西端有花岩观音庙，神龛经过翻修。德心桥横跨马王槽溪沟，为单孔石拱桥，约长22米，宽5米，高10米，跨度10米。桥迎水面拱顶雕有龙头，嘴部损坏；后面雕龙尾，已损坏。桥西端原有5块碑刻，一块题桥名"德心桥"三字，两块记事碑与两块功德碑均风化严重，有一块隐约可见"光绪六年"字样。花岩古栈道是重庆地区保存比较完整的峡谷基岩栈道，现仍作为赶场路通行，为万州区文保单位。

亭子垭老街。位于万州孙家镇亭子垭，老街越垭口分布，长约300米，石板路面保存完好，老建筑以木构民居为主。该老街与花岩古栈道一并作为"万梁驿道"纳入万州区文保单位。

蓼叶河古道。位于梁平梁山街道响鼓岭至原蓼叶河老街间，由万梁交界的响鼓岭下精华山脉西坡，途经七里半、金竹林等处，古道长约5千米，被乡村公路截成数段，每段存石板路数百米至1千米不等，石板路总计存约3.5千米，宽1米—2米。响鼓岭、七里半旧为幺店，各存有数间老屋。在古道下口接公路处立有原"梁万古驿道"梁平县文保碑。

伍家丫口古道。位于梁平梁山街道蓼叶河至伍家丫口间，古道长约4千米，部分改为水泥路面，石板路断续存约2.5千米，宽1米—1.5米。当地文物资料未录。

亭子垭口

亭子垭老街

响鼓岭古道

七里半幺店子

伍家丫口古道

蓼叶河古道

上述遗产的相关数据,部分为笔者亲测,部分摘录于当地文物普查资料,亲测部分并不严格,具体情况以实物为准。当初笔者为只身考察,受时间与精力限制,途中难免还有遗漏的文物点,欢迎热心者查漏补缺。遗产中含古道遗迹的核心部分主要在翻越精华山脉的路段,有南线的梁平蟠龙山古驿道、凉风垭古驿道,北线的万州花岩古栈道、梁平蓼叶河古道、梁平伍家丫口古道,应给予重点保护。尤其是蟠龙山古驿道,是历史最为悠久、文献最为丰富的遗产,应整体纳入文保单位,对白兔亭、飞雪亭、万年寺等遗址可展开一定的考古挖掘。南北两线沿途风景十分优美,具有较高的旅游价值,特别是临渊悬壁的花岩古栈道,集险峻、雄浑与秀丽一体,是访古踏幽、寻奇探胜的绝佳之地。事实上,万梁古道已成为文史爱好者与驴友们的经典徒步路线,网上可以搜索到大量的文字与图片,是重庆地区古道旅游的精品线路之一。

除此之外,在小川北路的其他路段上,还存有不少重要的遗产。如位于梁平百里竹海景区的佛耳岩-赛白兔古驿道,长近5千米,宽2米—3米,含多处碑刻与一座古桥。大竹九盘山古驿道,长2千米许,最宽处达4米,含多处碑刻与两座古桥,道路外侧还存有"拦马墙"遗迹。在川东路成渝段、施南道湖北段也散落着一些重要遗产,奉节至宜昌的古驿道还需要展开调查,它们都应当整合在"川楚蜀道"这个遗产大家庭中。

表2 万梁古道文物一览表

名称	地点	类型	特征	时代	数据	保存状况	文物级别
五郎桥	万州三清村	桥梁	单孔石拱桥	清代	长18.1米，宽5.1米，矢高7米，跨13.2米	较好	区级
篦子桥	万州李河镇	桥梁	单孔石拱桥	清代	长6米，宽2.5米，高2.2米，跨3米	一般	
高桥	万州万十桥	桥梁	单孔石拱桥	明代	高10米，长15米，跨10米	一般	
佛寺铺桥	万州佛寺铺	桥梁	单孔石拱桥	清代	长6米，宽1.5米，高2米	一般	
乘驷桥	万州彭河村3组	桥梁	六孔石平桥	清代	长30米，宽1.5米，高2米	较好	
永安桥	万州高升村4组	桥梁	单孔石拱桥	清代	长20.4米，宽4.24米，矢高7米，跨11.6米	较好	
断石桥	万州七里村	桥梁	单孔石拱桥	清代	长10米，宽3米，矢高3米	较好	
分水拱桥	万州分水镇老街	桥梁	单孔石拱桥	清代	长8米，宽3米，高2米	一般	
万善桥	梁平白洋河	桥梁	单孔弧形石拱桥	明代	长40米，宽6.5米，矢高14米，跨25米	较好	市级
银河桥	梁平银河桥村	桥梁	三孔石平桥	明清	长15米，宽1.7米，高3.8米	较好	
长店子桥	梁平长店子	桥梁	双孔石拱桥	清代	长10米，宽2.5米，高3米	较差	
蟠龙桥	梁平蟠龙村	桥梁	双孔石平桥	明代	长8米，宽1米，高2米	较差	
三洞桥	梁平三洞村	桥梁	两座双孔石平桥，一座单孔石拱桥	清代	上桥长3米，宽1米，高1米；中桥长6米，宽1.5米，高1米；下桥长10米，宽2米，高2米	一般	
八块桥	梁平土桥村	桥梁	八块条石并铺单孔低平桥	清代	长2米，宽2.5米	较好	
德心桥	万州马王槽沟	桥梁	单孔石拱桥	清代	长22米，宽5米，高10米，跨10米	较好	区级
石马山古驿道	万州石马山	道路	石板路	清代	存约500米，宽1-2米	较差	
高山坡古驿道	万州高升村	道路	石板路、基岩路	明清	存约300米，宽1.5-2米	一般	

续表：

名称	地点	类型	特征	时代	数据	保存状况	文物级别
张家咀古驿道	万州张家咀	道路	石板路	清代	断续存500米，宽不到1米	较差	
蟠龙山古驿道	梁平蟠龙山	道路	石板路、基岩路	明清	存约2000米，宽1.5-4米	较好	
凉亭铺古驿道	梁平凉亭铺	道路	石板路	清	存约200米，宽1-1.5米	较好	
凉风垭古驿道	梁平凉风垭、三洞桥	道路	石板路、基岩路	明清	存约1500米，宽1-3米	一般	
包家垭古道	梁平包家垭口	道路	石板路、基岩路	清代	存约2000米，宽1-2米	一般	
花岩古栈道	万州大坪、花岩	道路	基岩栈道、石板路	清代	存约3000米，宽1.5-3米	较好	区级
蓼叶河古道	梁平响鼓岭、蓼叶河	道路	石板路	清代	存约5000米，宽1-2米	较好	区级
伍家丫口古道	梁平伍家丫口	道路	石板路	清代	存约4000米，宽1-1.5米	一般	
西大路捐修碑	万州平安村4组	碑刻	石碑	清代	高1.5米，宽0.4米，厚0.23米	一般	
乘驷桥捐修碑	万州彭河村3组	碑刻	石坊碑	清代	高2.5米，宽2米，厚0.3米	较好	
白兔颂碑	梁平蟠龙山白兔亭	碑刻	石碑	明代		较差	
天子万年题刻	梁平蟠龙山百步梯	碑刻	摩崖题刻	明代	字径1米	较好	区级
蜀岭雄风题刻	梁平蟠龙山百步梯	碑刻	摩崖题刻	明代	字径1米	较好	区级
蜀道难题刻	梁平蟠龙山百步梯	碑刻	摩崖题刻	清代	字径0.35米	较好	区级
蟠龙洞纪游碑	梁平蟠龙洞	碑刻	摩崖题刻	北宋	字径0.15米	较好	区级
万文彩纪游碑	梁平蟠龙洞	碑刻	石碑	明代	长1米，宽0.4米，厚0.15米	较好	区级
游蟠龙山洞碑	梁平蟠龙洞	碑刻	石碑	清代	长0.8米，宽0.5米，厚0.15米	较好	区级
亭子垭老街	万州亭子垭	场镇	砖木民居、石板街道	清代	老街长约300米	较好	区级

续表：

名称	地点	类型	特征	时代	数据	保存状况	文物级别
观音堂	万州分水镇	寺庙		清代		较好	区级
天香塔	梁平福禄镇	寺塔	六角九层楼阁式石塔	清代	通高28.97米，塔基每边长4.79米	较好	区级

注：相关数据部分摘自当地文物普查资料，部分为笔者简单测量（具体以实物为准）。

表3 明清小川北路、川东路梁万段主要站点表

名称	今址	里距	备注
明清梁山县、明太平驿、县总铺，清梁山县驿、底塘铺	梁平旧城区		由东门出入
清土桥子	梁平土桥村老街	2里	
明清观音铺，清观音桥	梁平观音沟	8里	清后期裁铺，已被沙坝水库淹没
	梁平板桥子		
	梁平三洞桥		
清茶房铺	梁平茶亭子	5里	
明陡磴子，清陡梯子	梁平陡梯子	1里	
明清杨店铺	梁平良天铺，又称凉亭铺	4里	清后期裁铺
明清蟠龙铺、蟠龙山（岭）、蟠龙桥	梁平蟠龙村	10里	蟠龙洞距此一千米许
明清白兔亭	梁平白兔亭	1里	旁有蟠龙瀑布、飞雪亭、万年寺
清长店子	梁平长店子	3里	
明清书字铺	梁平梳子铺，又称梳子三湾	3里	清后期裁铺
明清银河桥，清银河桥铺	梁平老银河桥	3里	
明清双庙铺	梁平双面铺桥	7里	清后期裁铺
清葫芦坝铺	梁平福禄镇老街	5里	
明清双池铺	梁平双池铺，漱玉桥附近	5里	清后期裁铺
明清曲水铺，清曲水场	梁平曲水村老街	10里	
明清白洋河、白洋铺，清白洋驿	梁平白洋河	10里	清康熙十九至二十一年间曾设驿站，清后期裁铺
明清分水岭、分水铺，明分水驿、分水公馆，清分水场	万州分水镇老街	10里	
明清观音铺	万州观音堂	5里	清后期裁铺

续表：

名称	今址	里距	备注
清张家咀	万州张家咀	2里	
明清三正铺	万州三正镇老街	3里	
清望月垭	万州望月垭	4里	
明清七里铺	万州七里沟	4里	清后期裁铺
清断石桥、天寿桥	万州断石桥	1里	
清高山坡	万州高升村老街	2里	
清永安桥	万州永安桥	3里	
清乘驷桥	万州踏水桥	2里	
明佛寺公馆，明清佛寺铺	万州佛寺村老街	2里	
清高桥铺	万州高桥，又称万十桥	5里	
明清普庵铺	万州李河镇附近	5里	清后期裁铺
清石马山	万州石马山	2里	
明清高梁铺	万州高梁镇老街	8里	
清五郎桥	万州五郎桥	5里	
明清西溪铺	万州西溪铺	5里	
清沙河子	原万州沙河子	4里	原址已被三峡水库淹没
清草街子	原万州草街子	3里	原址已被三峡水库淹没
明清万县，明集贤水马驿、县门铺，清万县驿、底塘铺	原万州旧城区	3里	由西门出入，旧城已被三峡水库淹没

附：近代梁山县至分水岭北线新道站点

名称	今址	里距	备注
梁山县	梁平旧城区		
土桥子	梁平土桥村老街	2里	
松树坪	梁平松树坪	5里	
凉水井	梁平凉水井	5里	
伍家丫口	梁平伍家垭口	4里	
蓼叶河、万善场	梁平城东乡蓼叶河水库	10里	原址已被水库淹没
金竹林	梁平金竹林	4里	
响鼓岭	梁平响鼓岭	10里	
亭子垭、平脊	万州亭子垭老街	8里	
孙家漕	万州孙家镇老街	10里	
花岩	万州花岩	3里	

续表：

名称	今址	里距	备注
德心桥	万州德心桥	4里	
大坪	万州大坪	1里	
包家垭口	梁平包家垭口	5里	
分水岭	万州分水镇老街	5里	

注：里距为文献记载、实地踏勘与地图测量结合估算，仅供参考。

四川省丹棱县龙鹄山、中江县仓山镇考察报告

蓝勇、王钊勤、余鑫

作者简介

蓝勇，男，1962年生，西南大学历史地理研究所所长、教授、博导。

王钊勤，男，1997年生，西南大学历史地理研究所2019级硕士研究生。本文执笔者。

余鑫，男，1997年生，西南大学历史地理研究所2019级硕士研究生。

2021年3月25日上午，西南大学历史地理研究所龙鹄山考察组一行三人（蓝勇、余鑫、王钊勤）前往四川省丹棱县，对龙鹄山现存基岩式碥路和唐代摩崖石刻造像进行实地考察。考察组成员于8时30分从北碚出发，车辆沿渝蓉高速和广洪高速向西行至丹棱县，之后又沿109省道继续向西北，经过三个小时车程后抵达龙鹄山附近。

丹棱县在文献中多记为"丹稜县"，《元和郡县图志》卷三十二载："丹稜县，本南齐之齐乐郡也，周明帝置齐乐县，武帝改为洪雅县。隋开皇十二年，因县南有洪雅镇，就立洪雅县，仍改今

理为丹稜县，属眉州。皇朝因之。"①《旧唐书·地理志》载："丹稜，本南齐齐乐郡，后周改为洪雅县。隋改为丹稜，属嘉州。武德二年来属也。"②此外，宋代晁公遡《嵩山集》③、程遇孙《成都文类》④和冯时行《缙云文集》⑤等文献中均记作"丹稜"，《文献通考》⑥、《宋史》⑦、《蜀中广记》⑧、《明一统志》⑨、《读史方舆纪要》⑩和嘉庆《大清一统志》⑪等文献中亦标注为"丹稜"。

"丹棱"两字的写法，最早见于唐代颜真卿《颜鲁公文集》卷十七"《离堆颜鲁公祠堂记》，丹棱黄庚子西"⑫。此外，宋代程公许《沧洲尘缶编》卷二⑬、张咏《乖崖集》卷十二⑭和周敦颐《周元公集》卷八⑮中都写作"丹棱县"，明代记载"丹棱"者尚不多见，只有《华岳全集》卷十一⑯和《吾学编》⑰。自清代开始，文献中采用"丹棱"写法逐渐增多，如《四川盐法志》⑱等。清代方志中最早记载"丹棱县"为康熙《广东通志》卷十九《流寓》："唐庚，字子西，眉州丹棱人。"⑲之后有雍正《四川通志》卷十一记："严氏，丹棱人，诸生彭之权妻，青年守节，养翁姑抚弱息，辛苦三十二载。"⑳又有乾隆《宁夏府志》卷十《职官》记载："彭端节，丹棱人，雍正六年任。"㉑此外，在咸丰《重修兴化县志》卷六《秩官志》㉒、光绪《井研县志》卷六《食货》㉓、民国《荣县志·秩官第十》㉔及民国《四川郡县志》卷六《四川通志稿本》㉕等方志中均作"丹棱"。

梳理相关文献发现，"丹稜"的"稜"字，一般"木"字旁与"禾"字旁通用，并以后者为

---

① （唐）李吉甫撰，贺次君点校：《元和郡县图志》卷三二，中华书局，1983年，第808页。
② 《旧唐书》卷四一《地理四》，中华书局，1975年，第1688页。
③ （宋）晁公遡：《嵩山集》卷二六，清钞本。
④ （宋）程遇孙：《成都文类》卷三〇，清文渊阁四库全书本。
⑤ （宋）冯时行：《缙云文集》卷四，清赵氏小山堂钞本。
⑥ （元）马端临：《文献通考》卷二三四《经籍考六十一》，清浙江书局本。
⑦ 《宋史》卷八九《地理五》，中华书局，1977年，第2211页。
⑧ （明）曹学佺：《蜀中广记》卷一二，清文渊阁四库全书本。
⑨ （明）李贤：《明一统志》卷七一，清文渊阁四库全书本。
⑩ （清）顾祖禹：《读史方舆纪要》卷六六，清稿本。
⑪ （清）穆彰阿：嘉庆《大清一统志》卷四四〇，四部丛刊续编景旧钞本。
⑫ （唐）颜真卿：《颜鲁公文集》卷一七，清三长物斋丛书本。
⑬ （宋）程公许：《沧洲尘缶编》卷二，清文渊阁四库全书本。
⑭ （宋）张咏：《乖崖集》卷一二，清文渊阁四库全书本。
⑮ （宋）周敦颐：《周元公集》卷八，宋刻本。
⑯ （明）张维新：《华岳全集》卷一一，明末刻本。
⑰ （明）郑晓：《吾学编》，明隆庆元年郑履淳刻本。
⑱ （清）丁宝桢：《四川盐法志》卷四《井厂》四，清光绪刻本。
⑲ 康熙《广东通志》卷一九《流寓》，清康熙三十六年刻本。
⑳ 雍正《四川通志》卷一一《列女》，清文渊阁四库全书本。
㉑ 乾隆《宁夏府志》卷一〇《职官》，清嘉庆刊本。
㉒ 咸丰《重修兴化县志》卷六《秩官志》，清咸丰二年刊本。
㉓ 光绪《井研县志》卷六《食货》，清光绪二十六年刻本。
㉔ 民国《荣县志·秩官第十》，民国十八年刻本。
㉕ 龚煦春：民国《四川郡县志》卷六《四川通志稿本》，民国二十五年刊本。

主。丹稜县得名之由来，《蜀中广记》称："取多稜川之名矣。"①而《四川省丹稜县地名录》则记载："丹稜城北有赤崖山，其色赤，其石稜，故取名丹稜县。"②在20世纪70年代末以前，"丹稜"与"丹棱"长期并存，直到"1979年12月3日接四川省革命委员会办公厅和乐山地区行政公署办公室通知，改'稜'为'棱'，写作'丹棱'"③，标志着"丹棱"正式取代"丹稜"，成为官方标准名称写法。

龙鹄山基岩式碥路

龙鹄山位于丹棱县城西北约7.7千米的唐河乡龙鹄村，地处总岗山脉边缘，山势奇特，端坐于群山环绕之中，是川西南地区一处景色优美的名山。龙鹄山历史悠久，在各类传世文献中多有记载。最早见于《新唐书·地理志》："丹稜县，上，有龙鹄山。"④又有文献载："龙鹄山，一名龙鹤山。"⑤《方舆考证》解释："按鹤、鹄古通用。"⑥又据《太平寰宇记》记载丹稜县："龙鹤山。《华阳国志》云：'丹稜县西北十五里有龙鹤山。'"⑦该句注释"《华阳国志》云："丹稜县西北十五里有龙鹤山。按《华阳国志》为东晋常璩所撰，丹稜为隋代改洪雅县置，东晋时不得有此县，《华阳国志》无此文，此引书有误。"⑧因此，"龙鹄山"历史最早可追溯至唐代。晚唐、前蜀著名道士、政治家杜光庭有诗《题龙鹄山》："抽得闲身伴瘦筇，乱敲青碧唤蛟龙。道人扫径取松子，缺月初悬天柱峰。"⑨表明"龙鹄山"名称形成最早不晚于唐末五代时期。至南宋时期，《续资治通鉴长编》作者李焘幼时曾在这里读书，孝宗御书"龙鹄山"三大字石碑，使得当地声名大振。

在当地一位村民的指引下，考察组沿乡间小路穿过茂密丛林找到位于龙鹄山山腰处的基岩式碥路。据当地人讲，龙鹄山基岩式碥路称为"三百八十步"，意即该段石碥路共有380级石阶。经过实地步数测量，碥路实际台阶数为344级。站在龙鹄山石碥路向山下俯视便可看到中观山水库，该水库始建于20世纪60年代，坝高27米，总库容159万立方米，兴利库容116万立方米，承担着周边

---

① （明）曹学佺：《蜀中广记》卷五二，清文渊阁四库全书本。
② 四川省丹棱县地名领导小组编印：《四川省丹棱县地名录》，1986年，第1页。
③ 同上。
④ 《新唐书》卷四二《地理六》，中华书局，1975年，第1081页。
⑤ （明）李贤：《明一统志》卷七一，清文渊阁四库全书本。
⑥ （清）许鸣磐：《方舆考证》卷七〇，清济宁潘氏华鉴阁本。
⑦ （宋）乐史撰，王文楚等点校：《太平寰宇记》卷七四，中华书局，2007年，第1505页。
⑧ （宋）乐史撰，王文楚等点校：《太平寰宇记》卷七四，第1516页。
⑨ （明）曹学佺：《蜀中广记》卷一二，清文渊阁四库全书本。

0.61万亩农田灌溉和近0.4万人安全饮水水源提供①。龙鹄山基岩式碥路始建年代无考，但根据唐代女道士成无为在此修炼推测，该段石碥路最早应是山下民众上山进庙寻道之路，形成年代应不晚于唐开元年间，距今至少已有1300余年历史。

丹棱县当地有人将此龙鹄山现存基岩式碥路视为历史时期的"盐铁古道"，是茶马古道的一段。这一说法值得商榷。谭其骧认为："一地方至于创建县治，大致即可以表示该地开发已臻成熟；而其设县以前所隶属之县，又大致即为开发此县动力所自来。"②丹棱县置县时间为隋开皇十二年（592年），表明当时这一区域农业发展与人口规模已达到置县水平。《元和郡县志》对丹棱县的等级划定为"上"，《通志》记载"唐县有赤、畿、望、紧、上、中、下七等之差，京都所治为赤县，京之旁邑为畿县，其余则以户口多少资地美恶为差。"③丹棱县在唐代元和年间等级为"上"，根据《宋会要》记载："开元十八年三月七日，以六千户已上为上县，三千户已上为中县，不满三千户为中下县。"④表明当时丹棱县人口达到六千户以上。

进一步考证历史时期丹棱县周边区域的交通路线，据《蛮书》卷一记载："自西川成都府至云南蛮王府……从府城至双流县二江驿四十里，至蜀州新津县三江驿四十里，至延贡驿四十里，至临邛驿四十里，至顺城驿五十里，至雅州百丈驿四十里，至名山县顺阳驿四十里。"⑤上述途经站点分别位于今天的成都、双流、新津、邛崃、名山境内，当时成都府前往云南的路线并不经过丹棱。交通路线在和平时期体现商贸功能，而在战争年代往往扮演军事角色，据《新唐书·南蛮传》记载："乾符元年，劫掠嶲、雅间，破黎州，入邛崃关，掠成都，成都闭三日，蛮乃去。"⑥因此，乾符二年（875年）南诏前往成都的进军路线亦未涉及丹棱县。此外，根据《四川古代交通路线史》及《唐代交通图考》相关考证，唐代川滇交通路线经过今天的双流、新津后，便向西抵达邛崃，再向南进入名山⑦。因此，在隋唐时期，无论平时还是战时，龙鹄山一带都不是内地与边疆通商要道所经之地，故而龙鹄山石碥路是历史上茶马古道的说法并不成立。

明嘉靖《四川总志》卷十二《眉州》记载："龙鹄山，丹棱治北十五里，上有龙鹄观，乃成无为、杨正见、李炼师成道处。宋李焘少时读书山中，筑室曰'巽岩'。子壁台亦读书于此。孝宗御书'龙鹄山'三大字石刻尚存。壁亦有诗云'抽得闲身半瘦节，乱敲青碧唤蛟龙。道人扫径收松子，缺月初悬天甘峰。'一名龙鹤山。"⑧嘉靖《四川总志》对龙鹄山的记载并未提及此地位于交通要道，仅说明当地有龙鹄观、李焘墓和龙鹄山房。康熙《眉州属志》卷三《赋役·驿传》记载：

---

① 中国人民政治协商会议丹棱县委员会文史资料研究委员会：《丹棱文史》第3辑，内部出版，1989年，第42页。
② 谭其骧：《浙江省历代行政区域——兼论浙江各地区的开发过程》，收录于《长水集》上，人民出版社，1987年，第404页。
③ （宋）郑樵：《通志》卷五六《职官略第六》，清文渊阁四库全书本。
④ （宋）王溥：《唐会要》卷七〇，清武英殿聚珍版丛书本。
⑤ （唐）樊绰撰、向达校注：《蛮书校注》卷一《云南界内途程第一》，中华书局，1962年，第10—11页。
⑥ 《新唐书》卷二二二《南蛮中》，第6290页。
⑦ 蓝勇：《四川古代交通路线史》，西南师范大学出版社，1989年，第82页；严耕望：《唐代交通图考》第4卷《山剑滇黔区》，台湾"中央研究院"历史语言研究所，1986年，第1180—1183页。
⑧ 嘉靖《四川总志》卷一二《眉州》，明嘉靖刻本。

"丹棱县，总铺治东门外，东十五里石桥铺送眉州路，南十五里石马铺、三十里乌尤铺、又五里接洪雅县界，送夹江县路西十五里高岗铺送洪雅县，路北二十里麻柳铺送蒲江县路。丹邑原系僻壤并无原设驿站。"①据此可知，丹棱县向北前往蒲江县途中只有一座麻柳铺。由于丹棱县在清之前是一处偏僻之地，故原先并未设置驿站。龙鹄山及其周边区域的开发程度见于乾隆《丹棱县志》卷二《建置志》："龙鹄场，北十一里。"又载："龙鹄堰，治北十里龙鹄山，发源由漩潭子西，流合于城南之沧浪堰，灌田千余亩。"②由此可见，当时龙鹄山一带人口规模与农业发展已经达到较高水平。但当时"铺递"也仅是"麻柳铺，北十里，交界铺，北二十里"③。另据乾隆《丹棱县志》收录的《幅员图》，在县城北侧区域标注"龙鹄山"与"龙鹄场"并不在同一地点，龙鹄场位于龙鹄山脚下河南岸，而今天龙鹄场与龙鹄山被标注为同一位置。说明清代乾隆年间龙鹄场是由丹棱县城前往蒲江县所经之地，但不能确指龙鹄山碥路是当时丹棱县向北交通要道。

龙鹄山下的中观山水库

龙鹄山"胜岩"和"鹄岭松巢"石刻

民国《丹棱县志》载："北至石桥场三十五里交蒲江县界。"又载："东流□杨桥，与龙潭之水会，潭水甚深，旱祷辄应，下流为白塔坝之猪槽□滩左□，自白塔建于隋仁寿间，为邑胜景，前贤题咏甚多，年深□□，西流经福寿桥，南与龙鹄溪水合。"据此可知，龙鹄溪是民国时期丹棱县境内的一条水道。又载："明修撰新都杨慎登白塔诗：崒堵岩峥出半空，蔚蓝天界接罡风。鱼凫疆域遥瞻外，龙鹄山川近览中。乍似潜虹穿坎窖，俄惊飞鸟出樊笼。登高胜侣归来晚，楼间烟花紫翠浓。"④由此可知，龙鹄山只是地处水路要道旁，而非陆上通道穿过之地，这与乾隆《丹棱县志》中《幅员图》描绘的场景相一致。

龙鹄山所在区域在相当长的时期内曾是一处偏僻之地，文献中并没有过多记载这里的石碥路，将其称为"茶马古道"的说法缺乏历史依据。经过实地考察，我们认为历史时期龙鹄山碥路具有"寻道"、"求学"和

---

① 康熙《眉州属志》卷三《赋役·驿传》，清康熙五十六年刻本。
② 乾隆《丹棱县志》卷二《建置志》之《集场》《水利》，清乾隆二十六年刻本。
③ 乾隆《丹棱县志》卷二《建置志·铺递》，清乾隆二十六年刻本。
④ 民国《丹棱县志》卷一《舆地上》之《水道》《山脉》，民国十二年石印本。

"县际通道"三大功能。唐代,这里是民众上山进庙寻道之路;宋元以来,因该地书院日渐兴盛,碥路成为莘莘学子上山求学的必经之路。而据龙鹄村罗朝运书记介绍,"三百八十步"石梯早前是丹棱县向西前往名山再到雅安的交通路线,只不过后来因为中观山水库的修建使得这一路线中断。因此这条石碥路是作为区域间的小交通路线,用于民众赶场等功能。要而言之,龙鹄山石碥路是一条县与县之间的交通路线,而非通途大道。

龙鹄山龙涎洞外观

龙鹄山龙涎洞入口

考察组沿石碥路拾级而上,在右侧平缓的石坡上看到一处外表呈纺锤形的洞穴,这就是"龙涎洞",相传是唐代开元年间丹棱女道士成无为修道的仙室。进入洞口,须下行几步狭窄的陡石梯。洞口右边刻有明代书法家陈琨手书"委雪屯烟"四个大字,进入龙涎洞内,光线昏暗,但依旧能够看到有石床和一口水井,除此之外,洞内空无一物。《蜀中广记》卷十二记载:"唐成无为者,开元间丹棱女道士也。自幼慕道出家,誓死不嫁,卜居龙鹄山下,调形炼骨,却粒茹芝,年逾知命,升仙而去。栖隐之处有龙洞遗迹。羽士赵仙舟奏进,其衣履见松柏山碑记。"[1]《蜀中广记》中出现的"松柏山碑记"是本次考察的另一处历史遗迹,记载女道士成无为生平。

结束对龙涎洞的考察后,我们沿石阶路缓步登山,看到路旁许多文人题刻。自下而上首先看到的是"胜岩",字体浑厚有力,保存完好,呈扁长形,横约3米,竖约1.7米。再往上为"鹄岭松巢",这是清道光二十九年(1849年)丹棱知县毛震寿赞龙鹄山景色手书镌字,竖0.8米,横0.6米,字迹清晰。其上方则为赞颂龙鹄山景色镌字"龙鹄晴岚"。

石阶路尽头是一片菜地,抬头一望崖壁上镌刻有"巽崖书屋"四字,周边杂草丛生,这便是南宋著名史学家李焘曾经潜心读书著史之地。宋人李心传《建炎以来系年要录》载:"焘,丹棱人,初第进士,调华阳簿,未上,读书龙鹄山之巽岩,会诏举贤良。"[2]据《明一统志》记载:"龙鹄

---

[1] (明)曹学佺:《蜀中广记》卷一二,清文渊阁四库全书本。
[2] (宋)李心传:《建炎以来系年要录》卷一六二,清文渊阁四库全书本。

山……宋李焘少时读书山中，筑室曰'巽岩'，子壁亦读书于此。"①关于"巽崖书屋"的命名，《巽崖书院记》载："子真子三卜居，乃得此山，负东南，面西北，其位为巽，为乾，盖处已非乾健无以立，应物非巽顺无以行。《易》六十四卦，仲尼掇其九而三陈之，起乎履，止乎巽，此讲学之序也。"②巽崖书屋在明清时期更名为"巽岩书院"，明嘉靖《四川总志》卷十二记载有"巽岩书院，丹棱治北十五里，李焘父子读书于此"③，到万历《四川总志》卷十二则记载为"巽岩馆"④，清乾隆《丹棱县志·艺文志》记为"巽岩书院"⑤。李焘创立的巽崖书屋对丹棱县乃至巴蜀文化发展发挥了重要作用，清朝著名文学家彭端淑还在此潜心主讲、教书育人多年，其影响深远可见一斑⑥。彭端淑还留下纪念李焘的著名诗篇——《巽岩书屋》："文简善著书，筑室巽山下。精心四十年，遗编等班马。赤壁垂琳琅，谁为后来者？"⑦此外，乾隆《丹棱县志》"艺文志"还收录多篇赞颂龙鹄山的诗文：

游龙鹄山
明提学佥事　王勒

寻真龙鹄夜方回，不觉青云灿斗魁。正是笙箫吹院落，谩夸灯火下楼台。

巽岩书院留行客，山月松涛讶纵骖。待得龙湫瓶砚满，化为霖雨遍田陔。

八景
黄州判 失【佚】名

南安多胜壮江乡，白鹤儒林大雅堂。巽岩书影翻深院，宝塔钟声出上方。

鹄岭晴岚分楚色，龟山古桂发秋香。普照夕阳看不足，却随仙侣钓沧浪。

巽岩

萧条白日闭岩扃，留作游人万古情。犹有山中旧麋鹿，举头如听读书声。

凭借悠久历史与广泛影响，巽崖书院被列为"蜀中三大书院之一"⑧。目前巽崖书屋周边已是一片杂草丛生的台地，完全看不出这里曾经是一处书声琅琅、教书育人的场所。

结束对巽崖书屋考察后，在当地村民带领下，考察组成员继续上山。行至山腰处，看到崖壁上一排造像，这便是著名的龙鹄山唐代摩崖石刻造像。龙鹄山唐代摩崖造像共有57龛（根据1987年文物普查编号），造像551座，除第18、30、31、32、33、34、35号龛为佛教造像，或佛、道像合龛

---

① （明）李贤：《明一统志》卷七一，清文渊阁四库全书本。
② 傅增湘原辑、吴洪泽补辑：《宋代蜀文辑存校补》卷五二《巽崖书院记》，重庆大学出版社，2014年，第1739页。
③ 嘉靖《四川总志》卷一二，明嘉靖刻本。
④ 万历《四川总志》卷一五，明万历刻本。
⑤ 乾隆《丹棱县志》卷一一《艺文》上，清乾隆二十六年刻本。
⑥ 华子：《东坡光影里的山水》，四川文艺出版社，2017年，第74页。
⑦ 乾隆《丹棱县志》卷一一《艺文上》，清乾隆二十六年刻本。
⑧ 李麟：《游遍中国·四川卷·下》，青海人民出版社，2003年，第521页。

龙鹄山"巽岩书屋"石刻

龙鹄山唐代摩崖造像之一（局部）

龙鹄山唐代摩崖造像之二（局部）

考察"松柏之铭"碑

外，其余均为道教造像龛①。整个造像坐东向西，长约80余米，从南至北，呈"一"字形排列在半山腰上。此地峭壁陡立，岩最高处约25米，底层造像距地表高约0.5米，顶层距地表高23.4米。大多数像龛形制为双叠室龛，龛中造像由于自然和人为的破坏，风化剥蚀、损坏了一部分②。

龙鹄山第24号龛为摩崖石碑"松柏之铭"，高1.6米，宽1.31米，隶书直行竖刻，每行30字，共21行。碑额横刻小篆"松柏之铭"。首行为"□之龙鹄山成炼师植松柏碑 师学文 杨玲书"。正文为：

　　昔丁令威之成道也，顿别千年；王子晋之升仙焉，俄期十日。或乘龙驭鹤，澄神汗漫之乡；或驾景凌虚，散彩蓬瀛之曲。乍千变以万化，时出有而入无，灭没波水之中，逍遥烟火之上，既吐蜂而唾獭，亦起死而肉骸。是知学仙者若牛毛，得道者如麟角，击风捕影，不亦难乎？曲非宝相应

---

① 新浪博客：《丹棱县龙鹄山：唐代川西道教胜地》，http://blog.sina.com.cn/s/blog_49b990950100ig06.html。
② 万玉忠：《丹棱县龙鹄山唐代道教摩崖造像》，《四川文物》1990年第1期。

图,宿命会道者,则畴能预于是哉。粤若龙鹄山观隐人女道士成无为,通义郡丹棱县人也。尔其调形炼骨,却粒茹芝,桃夭之年,已翱翔乎凤篆,葛覃之日,备涉猎于龙章。三洞十部之尊经,包吞胸臆;赤书玉文之秘诀,靡不兼该。用能志迈恭姜,誓死不嫁;情敦和道,幼而出家。睹舟台之变身,透波心而不怖,闻圭音之感凤,想云路以高骞。寻仙未果之间,乃建置祠宇,薙草开室,因高筑宫,亦犹汉武之望仙祈年也。尊容湛其金色,灵卫纫其四绕,流水周于舍下,翠柏满于山头,结果艺竹,弥岗蔽野,凡万有余株。每竭日而不倦,常持斋念诵,忏洗罪痕,咒动南箕,符回北斗,玉书纪字,金简提名,兼披阅秘囊,以祈度代。观其形迹,察其所由,斯可谓真人不疑矣。仙师年逾知命,而有少容,状如廿许童子,盖还丹却老之力也。无营无欲,恒以功德为先;不滥不贪,特以长生为务。至于级引四辈,救济群生,爰泊官寮,望祀山岳,虽黄冠男子,莫能胜也。尝恐化度之后,贪暴之徒,堕其祠堂,剪其树木,是用书情翰墨,誓彼汹嚣。倘有此流,原明纪殛,千端不利,举事多凶。仆以谀才,薄娴书记,词不获命,草其状云:龙鹄山兮秀崇丘,岗隐轸兮城郭周。小有洞兮念真游,观曲水兮绕舍流。谒圣容兮仙是求,何年代兮逢若士。何日夕兮见浮丘,愿吾师兮道心固,俾松柏兮千岁留。天宝九载岁次庚寅四月十三日建。①

龙鹄山另一处摩崖造像

龙鹄山"松柏之铭"碑在文献中多有记载。宋人王象之在《舆地碑记目》卷四中记载:"唐丹棱县龙鹄山成炼师植松碑,唐天宝元年岁次庚寅。"②雍正《四川通志》卷二十七《古碑记附》:"龙鹄山成炼师植松碑,旧志唐天宝元年建。"③在"松柏之铭"碑旁边有一通文物保护单位标识碑,上书"四川省重点文物保护单位——龙鹄山松柏之铭碑及摩崖造像"。目前当地政府已用铁栅栏将石碑围住,以防失窃。

结束对龙鹄山唐代摩崖石刻造像考察后,在当地村民指引下,考察组成员沿山路徒步行至山顶,寻找下山公路。在下山过程中,看到路边崖壁上又有一处摩崖造像,离龙鹄山"松柏之铭"碑大约50米远。该处造像规模较小,距离地面较高,位置较为隐蔽,因此保存较为完好。

临近中午1点,结束对龙鹄山基岩式碥路和摩崖石刻造像考察后,驱车前往成都市,参加"米仓道文化专家研讨会"。当晚宿成都天顺园大酒店。

3月26日上午,考察组从成都出发,前往德阳市中江县仓山镇。10时30分许抵达仓山古镇。该镇保存有帝主庙和禹王宫。帝主庙坐落于古镇老街中段,山门有精美浮雕,因山门紧闭未能入内。

---

① 曾德仁:《四川省丹棱县龙鹄山道教摩崖造像》,《敦煌研究》2011年第1期。
② (宋)王象之:《舆地碑记目》卷四,清文渊阁四库全书本。
③ 雍正《四川通志》卷二五,清文渊阁四库全书本。

仓山古镇入口

仓山镇帝主庙山门

仓山镇禹王宫山门

仓山镇禹王宫正殿

禹王宫紧邻帝主庙北侧，山门朝西北。进入禹王宫，首先看到的是供奉关羽的前殿，前殿后为正殿。正殿中央为大禹塑像，左侧为药王和山神塑像，右侧为龙王与山神造像。据在院内打扫卫生的老人讲述，这里在中华人民共和国成立后曾作为党政机关办公地点，因此未被破坏。禹王宫有一条小路可进入帝主庙，但出于古建筑保护需要，当地政府将帝主庙全部封闭，因此未能入内。结束对禹王宫考察后，我们在禹王宫前空地操作小型无人机，对禹王宫、帝主庙以及仓山镇古建筑群进行航拍。

据《四川省中江县地名录》介绍，仓山镇原名"飞乌乡"[1]，是唐代飞乌县县治。查阅历史文献资料，发现史籍中存在"飞乌"与"飞鸟"两种不同记载。《元和郡县图志》卷三十三《剑南道下》记载："飞乌县，上东北至州一百四十五里，本汉郪县地，隋开皇十三年于此置飞乌镇，十年改镇为县，因山为名。"[2]《太平寰宇记》卷八十二载："飞乌县，西南一百四十里，四十乡，今三乡。本汉郪县地之故城，在县北三十五里，故郪王城也。隋开皇十年置飞乌镇，十三年改镇为

---

[1] 四川省中江县地名领导小组编：《四川省中江县地名录》，四川省中江县地名领导小组，1986年，第264页。
[2] （唐）李吉甫撰、贺次君点校：《元和郡县图志》卷三三《剑南道下》，第844页。

县,取飞鸟山为名。贞观二十二年以旧县山重峻险,移就今县治,管盐井七,三井见煎,四井塞。大飞鸟山,高二里,周回二里。又有小飞鸟山,周回二里,高一里。又山在县东,重峦峻峭,二山相向,如飞鸟之状。"①

古籍中对县名的记载,或作"飞鸟县",或作"飞乌县"。如《建炎以来朝野杂记》:"范少才,子长,双流人,时知飞鸟县,今太常丞、东(州)[川]提刑。"②而《元和郡县图志》则载:"飞乌县,上东北至州一百四十五里,本汉郪县地,隋开皇十三年于此置飞乌镇,十年改镇为县,因山为名。"③有一些文献中,还存在"飞鸟县"与"飞乌县"并存的情形。清嘉庆《四川通志》中既出现"飞鸟县"④,又出现"飞乌县"⑤。民国《中江县志》中,除卷十五《古迹》部分介绍"郪县故城"和"郪王城"是"飞乌县"外,在卷一《舆地》、卷十六《金石》和卷十九《文征》都为"飞鸟县"⑥。

各类传世文献中出现"飞鸟县"与"飞乌县"两种记载的原因是"鸟"和"乌"繁体字(鳥、烏)在字形、字义上都相近,在转抄、印刷过程中出现两字混淆错乱的情况。究竟是"飞鸟县"还是"飞乌县",根据目前史料记载来看,"飞乌县"的可能性更大一些。

首先,记载"飞乌县"的数量要高于"飞鸟县",在已经点校出版的地理文献中,《元和郡县图志》《旧唐书·地理志》《新唐书·地理志》《太平寰宇记》《舆地纪胜》和《读史方舆纪要》等均记载为"飞乌县",因此中江县仓山镇应当是唐宋地理文献中记载的"飞乌县"。

其次,根据出土墓志铭来看,明代周复俊在《全蜀艺文志》卷四十七《碑文》下收录《奉议郎张君说墓志铭》⑦,墓志铭主人公张说身份为北宋时期奉议郎,在其墓志铭最后"曾孙通直郎新差知潼川府飞乌县兼来调官俾石立于墓下"中出现"飞乌县",据此判断"飞乌县"更为准确。

最后,查阅现代中江县官方出版的地名或文史著作,关于"飞乌县"与"飞鸟县"选择上,都是选择前者而非后者。例如,1986年出版的《四川省中江县地名录》中记载"飞乌县遗址"⑧;收录于《中江文史资料选辑(第5辑)》中的《郪王城考》一文,认为:"郪王城故迹……在旧飞乌境无疑"⑨;2012年出版的《中江县志(1986-2006)》亦认为是"飞乌"而非"飞鸟"⑩。由此可见,现代当地人普遍认同"飞乌县"。

综上三个方面因素,中江县仓山镇是唐宋时期"飞乌县"的说法更符合历史实际。

---

① (宋)乐史撰、王文楚等点校:《太平寰宇记》卷八二《剑南东道一》,第1654页。
② (宋)李心传:《建炎以来朝野杂记》乙集卷一〇,清武英殿聚珍版丛书本。
③ (唐)李吉甫撰,贺次君点校:《元和郡县图志》卷三三《剑南道下》,第844页。
④ 嘉庆《四川通志》卷四《舆地·沿革》,清嘉庆二十一年木刻本。
⑤ 嘉庆《四川通志》卷一八《舆地·山川》、卷三八《舆地·寺观》、卷五四《舆地·古迹》,清嘉庆二十一年木刻本。
⑥ 民国《中江县志》卷一五《古迹》、卷一《舆地》、卷一六《金石》、卷一九《文征》,民国十九年铅印本。
⑦ (明)周复俊:《全蜀艺文志》卷四七《碑文》下,清文渊阁四库全书本。
⑧ 四川省中江县地名领导小组编印:《四川省中江县地名录》,第314页。
⑨ 中国人民政治协商会议四川省中江县委员会文史资料研究委员会:《中江文史资料选辑》第5辑,内部出版,1987年,第2页。
⑩ 中江县地方志编纂委员会编:《中江县志(1986-2006)》,方志出版社,2012年,第1页。

附：

奉议郎张君说墓志铭

予大观元年以维扬执事被出废处于家。越明年故人君说之子瀚状君说之行，来求予铭。惟严君说之才，每与士大夫谈之无不敬爱，考其平生，固有可铭者，夫何辞？君说张氏，姓名咸字。君说本长安人，七世祖遭晚唐衰乱，避地于蜀，寓居成都。淳化中曾祖徙于广汉之绵竹，故君说为绵竹人。曾祖讳庭坚。祖讳文矩，赠大理评事。父讳纮，以殿中丞致仕。君说升朝赠奉议郎。母赵氏赠灵寿县太君，王氏封华阳太君，未及拜命，先君三年卒。朝奉君捐馆诸兄相继以亡。君说年未冠，家徒四壁，伯兄之子濩淮与其女弟轧轧无依。君说力学，一举登元丰二年进士第，遂携诸孤之官抚养教育，讫于婚嫁视之，犹君说子也。初释褐除蜀州新津簿，继迁仁寿，令再迁睢州百丈令，改□学教。授元佑初诏复六科，君说慨然曰："吾先君尝应是诏，可不终成其志耶？"于是晨夕探讨，披阅寒暑，饥渴未尝释卷。故六艺百家历代文史无不该贯，一旦再预合试，遂对大庭。哲宗皇帝擢居第一，改宣德郎佥书成都节度判官，公听事转奉议郎。昔我宗祖分设六科以笼络天下雄俊，故士有事名以□者，未淹岁月。遂跻华要，名卿巨相，由此途出，十常三四。得人之盛□世逮神考者，为超然远览，既患道德之不一，又闵士夫之□也。故□以经书造之而词赋与六科俱罢，及其中□三□。而君说与什邡王君、普王君与君说亦相随沦落，□科□废兴与夫人物盛衰偶相值耶？抑人事天理故有□也。

嗟乎！以君说疏敏之才、宏赡之学与其经世之志，假之以年则功名富贵，□前人何歉？君说长于序事，稽参古今，按文相质，历历可取。年方龆□，睹□妙尽其□士夫夫罕能及之，其天资颖悟，若此。□三：娶任氏，赠仙原；赵氏，赠仙居；计氏，封仁和并县。

君生五子：曰渊、曰潮、曰汇、曰涟、曰浚。女二人：长适进士陈俏，次适进士王恂。孙男三人：构、樌、桂。元符二年五月初四日，以疾终于成都普福僧舍，享年五十一。大观二年三月初十日，于浦闰乡柔远里之新水濒。编类所为杂文二十卷，藏之于家，铭曰：挺妙质驰，骏声大廷，发策超群，英胸中凤，蕴超沧溟，文采烨烨垂天星。哀哉！造物不我营，胡不假以□龄，奄忽顺化人所惊。幸听雏凤高冈鸣，慰我感慨遗芳馨。碑文漫灭，淳熙十三年孙朝散郎权尚书兵部侍郎兼知临安军府事两浙西路安抚使构得遗本于故庋中重新誊写，曾孙通直郎新差知潼川府飞乌县兼来调官俾石立于墓下。

3月26日11时许，在结束对仓山镇的考察后，离开中江县，前往重庆市潼南区稍作停留，并于当日下午返回北碚，本次考察结束。

云南禄丰县明清盐井遗址及盐业考察纪实（下）

朱圣钟、王人正、闫哲

作者简介

朱圣钟，湖北巴东人，西南大学历史文化学院民族学院、西南历史地理研究所教授，主要从事民族地区历史经济地理、环境变迁、历史技术地理、历史民族地理、历史灾害及历史地理文献等方面的研究。

王人正，海南三亚人，西南大学历史文化学院民族学院2017级硕士研究生。

闫哲，山西文水人，西南大学历史文化学院民族学院2017级硕士研究生。

2019年8月18日，早上8点，考察组一行从旅馆出发，开始考察黑盐井一带盐井遗址及盐业。我们首先前往探查黑牛盐井，黑牛盐井即牧牛女李阿召发现盐泉以后开凿的盐井，也是黑盐井一带最早开凿的盐井，此后经宋、元、明、清各朝乃至民国时期，黑牛井一直产盐卤，在支撑黑盐井盐业生产持续发展方面功不可没。黑牛盐井遗址位于龙川江西岸黑井古镇黑牛广场西侧山脚，经测量其地理坐标为东经101°45′00.93″，北纬25°22′34.13″。现黑牛盐井井硐口略低于黑牛广场，有红

---

① 本文为国家社科基金一般项目"明清西南民族地区经济开发中的技术选择与环境关系研究"（17BZS089）的阶段性成果。

砂石台阶向下可达井硐口。为保证游客安全，现井硐口已用铁栏杆封闭，我们只能在铁栅栏外观察盐井内情况。井硐口用红砂石砌筑，洞口顶部红砂石券顶，洞口目测宽约2米，高约3米。自硐口向下2米处，井道变窄，宽约1米，高约2米，井道倾斜向下直达卤源。井口向下多级台阶上有汲卤、背卤工雕塑，以再现汲卤和背运卤水出盐井的场景。盐井硐口前修有大型的长方形蓄卤池，用于存贮从黑牛盐井中背运出来的卤水，存贮在这里的卤水再由挑卤工挑运至各盐灶煎煮以成盐。在蓄卤池南侧塑有一低头饮卤泉的壮硕黑牛，这大概就是李阿召牧养的发现卤泉的黑牛吧。

黑牛盐井硐口　　　　　　黑牛盐井井道及运卤情景再现　　　　　　黑牛盐井蓄卤池

黑牛广场西南角，北距黑牛盐井约60米处有一盐井，即清光绪年间开凿的大子井盐井[①]，经测量其地理坐标为东经101°45′00.86″，北纬25°22′36.85″。大子井口地面现修有石围栏，由入口拾阶而下约3米至井硐口。大子井硐口呈方形，宽约1米，残高约1.5米，硐口底部有泥土堆积，硐口井壁还残留有灰白色盐渍，尝之仍有咸味。井硐口以下井道已被水浸没，无法探查。在大子井我们采访了黑井镇84岁居民杨文

黑牛塑像

① 《禄丰县工业志》第八章《制盐业》，禄丰县经济委员会编印，2009年，第429页。

大子井遗址

大子井井道

在大子井旁采访84岁黑井镇居民杨文义

义先生,其祖先为南京人,迁来黑井后从事盐业生产,他对黑井盐业和盐井遗址很了解。据杨大爷介绍,大子井从井口往下井道为斜井,直达龙川江河底始为横井,井深总计约400米;大子井盐井深处为卤水,浅层则为淡水,汲卤时先将淡水汲出,再汲卤水。据杨大爷介绍,在黑牛井北、盐课司衙门南还有底龙井,但遗憾的是现已无踪迹可寻。在黑牛井南还有明万历年间开凿的南山庙盐井[①],北距黑牛盐井250米,为黑井附井,现也无踪迹可寻。

随后我们从黑牛广场西南角大子井旁的山道拾级而上,步行15分钟至半山腰的大龙祠。大龙祠即大井龙祠,大井即下方山脚的黑牛盐井。大龙祠正殿供奉有龙王、李阿召、菩萨三座塑像,龙王居中,李阿召、菩萨分列两旁。供奉龙王是因为他关系着盐卤的盛衰,供奉李阿召则是因首次发现卤泉之功,供奉菩萨则是佛教信徒精神寄托之所系。正殿两侧偏殿内陈列有少量盐业生产中使用的用具(如盐井中汲卤使用的灯具、铁锅、水壶等物)、运盐驮具(马帮运盐使用的驮架等)、锅盐块、模盐块等物,北侧偏殿二楼墙壁上则悬挂有部分黑井历史图片。

自大龙祠沿原路返回黑牛广场,随后我们沿文庙街前往考察武家大院、文庙。文庙街,元、明、清时期称为锦绣坊,民国二年(1913年)后改称文庙街。锦绣坊街道由红砂条石铺砌,传统民居与现代砖石混凝土平房分列街巷两旁,依稀还有昔日盐都街巷风貌,只是街巷内少有行人,显得很是冷清。

武家大院坐落于文庙街西侧,是清代武姓盐商的宅院。整个宅院呈"王"字形结构布局,内有房间99间,门108道。宅院建成时豪华程度超过县衙,于是官府规定武宅不得将大门开在正街,楼

---

① 《禄丰县工业志》第八章《制盐业》,第429页。

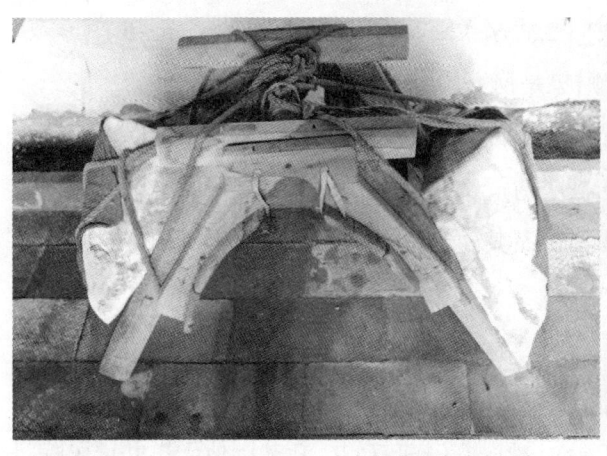
大龙祠偏殿陈列的锅盐及驮具

大龙祠偏殿陈列的井下用具

不得高于3层，因此武家宅院正门建于北侧，正对文庙。这也就形成武家大院较为奇特的现象，出宅院正门后，须右转经红砂石砌成的曲折甬道，下台阶始达锦绣街。武家祖上据说是明代从内地迁来的汉人，初为挑卤灶丁，清嘉庆年间滇盐改官销为灶煎灶销后，武维扬曾祖父由挑夫变身为灶户，在产盐和销盐过程中武家慢慢崛起，武家大院即是在武家家运日兴的道光、咸丰年间修建的。当时武家所产食盐杂质少，盐质白净且有香味，优质的武家盐不愁

武家大院正门

武家大院正门外甬道

武家大院正门外临街道口

销路，盐业生产为武家带来了持续的巨量财富。我们至武家大院时大门紧闭，谢绝游览与采访。从武家大院正门恢弘庄严的气势，可以想象当年武家财势是何等雄厚，说富甲一方也不为过。

由武家大院沿锦绣坊向北不远即文庙旧址。黑井文庙修建于明万历年间，文庙建筑以大成殿为中心，泮池、回廊、拱桥、配殿四面围绕。现文庙被改造成文庙状元酒店，大成殿、配殿及文庙正门被整修改造，似乎在对外营业。将文庙这种文物单位及其建筑改造成商业性盈利机构，对文物保护而言是欠妥的。

自文庙出来后，我们前往考察邻近的龙泉井、新井盐井遗址。龙泉井旧址位于黑井镇医院门前右侧，新井则位于黑井镇医院门前左侧，黑井镇医院即今黑井中心卫生院。经我们测量，今黑井中心卫生院门前地理坐标为东经101°45′00.56″，北纬25°22′39.29″。新井盐井开凿于清康熙年间，龙泉盐井开凿于清光绪年间，均为斜井，新井盐井至1990年前仍产卤水，龙泉盐井至民国时期仍产卤[①]，此后盐井废弃并遭人为填埋，现两处盐井均已无遗迹可寻了。

考察完新井、龙泉井遗址，我们从黑井中心卫生院至坡下黑井镇集贸市场，市场在迎仙坊北侧主街两旁。18日为周日，正是古镇逢场日，市场及街道两旁有村民或商贩摆放的各种商品，主要是日常生产生活用品，也有黑井盐制品。

逛完市集时间已临近正午，我们返回并换住盐兴园客栈，午餐品尝了当地特色菜炒干巴、灰豆腐、炒腊肉等，加上此前品尝过的盐焖鸡、烧肤，算对是黑井古镇的盐饮食文化有些许体验。

新井盐井、龙泉盐井旧址分列黑井中心卫生院门前左、右两侧

下午烈日当头，14点30分我们从盐兴园客栈出发，前往黑井古镇以北考察古盐作坊。在古镇北侧、庆安堤南侧龙沟河桥头，我们三人租了一辆马车沿001乡道前往古盐作坊。

古盐作坊位于龙川江西岸002乡道东侧缓坡地上，民国时期这里仍有盐灶煮盐，1949年后黑井盐业衰落后废弃了。近年来因发展黑井古镇旅游业，又对盐业作坊遗址进行了规划整修，以便游客在这里了解早期盐业作坊概貌。古盐作坊区域内有陈列室、晒卤池、蓄卤池及制盐作坊。我们最

---

① 《禄丰县工业志》第八章《制盐业》，第429页。

感兴趣的是制盐作坊,大龙祠工作人员曾说在古盐坊可体验制盐过程,我们对此充满了期待。可作坊工作人员却告诉我们,体验煮盐过程是不可能的,但是付费后可体验用盐沙借助模具制作模型盐块,这不免让我们有些失望。不过在这里见到了制作模具盐的盐沙、各种制盐模具及其操作平台。尽管无法体验汲卤煮盐的过程,但我们也目睹了盐灶及其构造,并聆听工作人员讲解了制盐流程,也算是有所收获。

晒卤池之一

晒卤池之二

煮盐作坊外观

煮盐作坊内景

据工作人员介绍,制盐作坊一带早期开凿有很多盐井,给游客参观体验的盐卤就是从早期一处盐井中汲取的。制盐作坊南距黑井古镇约1.5千米,与康熙《黑盐井志》所载"白石泉井,在司治北三里,出大井下"[①]的方位、里程相吻合,因此制盐作坊附近的盐井最早可能源于明洪武年间开凿的白石泉井。

从古盐坊沿002乡道往北600米可达复隆村,复隆村因复隆盐井而得名。复隆井又名盐泉井,康

---

① (清)沈懋价纂订,李希林主点校:《康熙黑盐井志》卷五《黑井盐政》,云南大学出版社,2003年,第74页。

熙《黑盐井志》载复隆井"在司治北十里，出山涧中，开自嘉靖二十七年"①，据其方位、里程推断，复隆井应在今复隆村一带。今复隆村一带还有"复井"地名，但嘉靖年间开凿的井址已无遗迹可寻。

16点50分，我们由古盐作坊返回古镇龙沟河桥头。龙沟河桥北侧黑井古镇停车场，清光绪年间曾在此开凿新山上井盐井，民国时期仍产盐卤②，中华人民共和国成立后该处盐井废弃而遭填埋，现已无踪迹可寻。此后，我们穿过古镇步行向南，前往五马桥上游考察裕济井、德洋井、天恩井等盐井遗址。

裕济井遗址

裕济井井道内景

裕济井盐井位于黑井古镇南约1千米龙川江西岸，开凿于民国时期，盐井已停闭废弃，现为可供参观的黑井诸盐井之一。裕济井硐口及井道壁用红砂石块砌成，井口券顶，井道顶部为拱形，井硐高约1.2米，宽约0.8米，人行井中只能弓腰前行。由井口深入20米为横井，再往内则为向下斜井，斜井道已被水浸没，有小股井水自井道底部小水沟流出，井口地面及井壁附着有盐渍。经测量其地理坐标为东经101°44′45.40″，北纬25°22′20.66″。

裕济井南约200米有德洋井盐井遗址。德洋井开凿于清光绪年间③，井硐口为方形，高约1.8米，宽约1.5米，井道内高约2米，均用大块红砂石砌成，井道顶部呈拱形。自井口深入20米处有木栅栏一道，木栅栏往内井道有泥土堆积，再往内井道因光线过于昏暗无法探查。据杨文义老人介绍，德洋井也是斜井，因此栅栏内井道再往内可能是倾斜向下的。

---

① （清）沈懋价纂订，李希林主点校：《康熙黑盐井志》卷五《黑井盐政》，第73页。
② 《禄丰县工业志》第八章《制盐业》，第429页。
③ 《禄丰县工业志》第八章《制盐业》，第429页。

德洋井遗址外景

德洋井井道（木栅栏外）

德洋井南约300米有天恩井盐井遗址。天恩井也于清光绪年间开凿，井道也为斜井[①]。天恩井外硐口为方形，硐口两侧为大块红砂石砌成，顶部则由红砂石条砌成，上书"天恩井"三字。现外硐口处修有铁栅门一道，进硐口后有石阶向下延伸至井道内，距井硐口1米以下井道为水侵没，水面临近的井壁上附着有厚厚一层盐渍，显见天恩井至今表层水含盐度仍较高。天恩井现已停闭废弃，成为供人们参观的盐井遗址。

在德洋井、天恩井一带，清光

德洋井井道（木栅栏内）

---

① 《禄丰县工业志》第八章《制盐业》，第429页。

天恩井遗址外景

天恩井井硐口内景

天恩井南三废弃盐井远景

绪年间还曾开凿乾元井、元升井等盐井[①]，这些盐井也均为斜井，只是盐井遗址已无可探寻。清康熙年间，在龙川江西岸、五马桥东北侧还曾开凿尾井，又称桥下井，该盐井也是斜井，至咸丰年间盐井停废[②]，现该盐井也无遗迹可寻。

在天恩井南约500米至700米龙川江西岸，我们还发现有3处废弃的盐井，从龙川江东岸能清晰地看到掩映在荒草灌丛间的井硐口。这三处盐井名称及开凿时间已不可考，可能是杨文义大爷所说的民国时期所凿盐井，井道也都为斜井。

黑井古镇龙川江及其东岸，历史时期还曾开凿过东井、沙石井等盐井。东井开凿于明隆庆四年（1570年），井在五马桥以南龙川江河道中，北距黑牛盐井1千米，砌石为井，"形如枣核，深三丈六尺"[③]，井道为竖井，"井台坐落河心，夏秋雨多淹没"[④]，因井在河中，故常有洪水冲没之患，盐井也屡经修复，明清时期东井一直是黑牛盐井的附井。现东井已无迹可寻，我们在黑井古镇龙川江东岸考察时未能确定东井位置。东井往南500米龙川江东岸溪河边还有沙石井盐井，开凿于

---

① 《禄丰县工业志》第八章《制盐业》，第429页。
② 《禄丰县工业志》第八章《制盐业》，第429页。
③ （清）沈懋价纂订，李希林主点校：《康熙黑盐井志》卷一《山川》，第20页。
④ （清）沈懋价纂订，李希林主点校：《康熙黑盐井志》卷五《黑井盐政》，第81页。

明洪武年间。沙石井也是黑牛盐井的附井，因"井在溪河中"，故"夏秋没洪波"①，多次被洪水冲埋，后又多次整修复开，现盐井已无遗迹可寻，此次考察我们也未能探查到沙石井具体位置。

在探查东井、沙石井盐井遗址无果后，我们步行经由龙川江东岸古街

黑井古镇（龙川江东岸）远景。东井旧址位于龙川江河道中，沙石井位于龙川江东岸边

道返回五马桥头。在瞻仰了光绪年间所立贞节牌坊后，过五马桥，经由龙川江西岸古街道，于20点10分返回盐兴园客栈。

8月19日8点30分，我们从黑井古镇出发，驱车经妥安乡前往琅井村。在妥安乡硝井村龙川江东岸崖壁上，我们发现不少矿硐，是至今仍在开采的硝矿硝硐。这次考察中我们发现，无论是阿陋井、草溪井，还是黑井一带，凡产盐的地方都产硝。阿陋井、草溪井都曾开凿有硝井熬硝，黑井古镇三道河铁路隧道工地、黑井古镇（龙川江东岸）河边、古盐坊河岸边至今都有白色硝盐粉末裸露地表，妥安乡硝井村一带至今仍有硝矿开采，丰富的硝盐、硝矿资源是禄丰县地方经济发展的一大潜在资源优势。

琅井村

---

① （清）沈懋价纂订，李希林主点校：《康熙黑盐井志》附录《〈滇南新语〉黑井历史资料》，第334页。

琅井村因琅盐井而得名。《南诏野史》载"狼舐地知盐，故名，以狼为琅，取音同也"[1]，则琅盐井卤源是狼饮盐泉而为人所发现的，琅井本为狼井，因琅、狼同音，遂称琅井。琅井之名始于元代，元至正十五年（1355年）云南行省命井民景善充琅井寺院提点事；明初改设琅井盐课司，司治琅井，属安宁提举司分辖，明天启三年（1623年）裁盐课司，移安宁提举司于琅井，琅井为琅井提举司治地；清康熙四十五年（1706年）琅井提举司直隶云南布政司[2]。可见元明清时期琅井盐业生产一直在朝廷统一管理之下，尽管期间因自然或人为原因盐业生产有过短期中断，但总体上元明清时期琅井盐业生产发展还算是连续的。民国时期琅井盐业生产仍有持续，此后至1952年琅井各盐井先后停闭，琅井盐业生产衰落。

开化井遗址

上午9点我们到达琅井村村委会，村委会几位领导在了解我们来意后，决定由对盐井情况较熟悉的田春雷副主任引导我们去探寻琅盐井遗址。在村委会稍作休整后，我们出发去探查琅井村委会近旁的开化井。开化井遗址在今琅井村委会西约30米公路坎下，经田主任指认，我们测量出开化井遗址地理坐标为东经101°40′31.08″，北纬25°20′09.89″。开化井开凿于清道光十二年（1832年），此后到民国时期一直有汲卤煮盐，至1952年2月关闭[3]。盐井废弃后因遭人为填埋，现该处杂草丛生，已无踪迹可寻。

由村委会西侧沿乡村公路向北，田主任带领我们前往伏大井。据他介绍，伏大井位于琅井村鱼池三组琅井芒硝厂内，是琅井一带唯一保存下来的早期盐井。伏大井地处芒硝厂内山脚处，经测量其地理坐标为东经101°40′53.63″，北纬25°20′06.59″。井口处现建有红砖墙、石棉瓦顶棚的简易井房保护盐井，井房内井硐口地面有用水泥砌成的平台两处，中间有宽约1米、长约2米的斜坡甬道通向井内。井口顶部用石块水泥砌成拱形，洞宽约2米，洞口顶部高约2.5米，洞口向内约2米后井道变窄，井道斜向下方延伸，井道剖面呈不规则圆形，目测高、宽约1.5米左右，井道深180多米。

---

[1] （明）杨慎：《云南省南诏野史》卷下《盐井》，《中国地方志丛书》第150号，成文出版社，1968年，第180-181页。
[2] （清）孙元湘修，赵淳纂：《琅盐井志》卷一《建置沿革》，清乾隆二十一年刻本。
[3] 《禄丰县工业志》第八章《制盐业》，第431页。

现井道中有芒硝厂安装的汲卤塑料水管从井口深入井底，水管连接水泵抽取卤水，这较早年竹筒汲卤法要简便快捷得多。伏大井又称为复大井，开凿于清光绪年间（1875-1908年），民国时期仍产卤，至1952年2月关闭[①]。近年来，琅井村为发展地方经济，引进资金兴办了琅井村芒硝厂生产芒硝，其卤源仍是来自昔日的伏大井。

伏大井井硐口井房

伏大井井硐口

伏大井井道（局部）

因8月19日琅井村要举行张经辰烈士诞辰纪念活动，楚雄州和禄丰县相关领导要出席活动，田主任也须参加，为节省盐井考察时间，田主任带领我们先去求教年长的村民，以确定各盐井大致位置。在村西琅溪桥上我们找到现已75岁的李中贤老人，田主任向李大爷确认了几处他不太确定的盐井位置，随后我们前往村西瓦窑头一带探查盐井遗址。

琅溪桥头与琅井村年长村民交流

瓦窑头村李天生家房后坡坎处原有一处盐井。据房主李天生介绍，该井为横井，1992年因大雨井道塌陷，后盐井被填埋，现该地已无盐井踪迹可寻，但李天生大哥还能指认其具体位置。经测量，该处盐井地理坐标为东经101°40′18.57″，北纬25°20′04.53″。

从李天生家沿琅井溪南岸向西约500米瓦窑头村公路南侧沟边，经田主任指认也有一处盐井，该处盐井废弃后因遭人为填埋，盐井踪迹全无，盐井名称也被遗忘而不可知。由此

瓦窑头李天生家屋后盐井遗址

---

① 《禄丰县工业志》第八章《制盐业》，第431页。

瓦窑头村公路南侧沟边废盐井遗址

王逸家田头废盐井遗址

向西约1000米公路南侧、溪沟东侧，村民王逸家田头山崖下原本也有一处盐井，盐井废弃后也遭人为填埋，现该地遍布灌丛荒草，盐井已无踪迹可寻。经测量，该处盐井遗址地理坐标为东经101°40′54.37″，北纬25°20′11.43″。

在距王逸家田头废盐井遗址西约650米公路北侧，小坝江从玉家房前坡坎下有一处盐井。经胡德祥老人（76岁）指认是一处大口斜井，盐井废弃以后遭人为填埋，至今仍有水源渗出形成的小水坑。

小坝江从玉家屋前坎下废盐井遗址

小道场杨洪家屋后废盐井遗址

随后，我们从小坝步行沿公路向东，去探查瓦窑头村东距李天生家最近的一处盐井。经田主任指认，这处盐井遗址位于琅井村小道场公路南侧村民杨洪家房后陡坎处，盐井在建房时被封堵砌入石坎中，盐井名称也已失考。

我们由杨洪家沿公路继续向东，步行至琅井村兴隆街停车场。停车场位于公路南侧山崖下，经田主任指认，停车场偏西崖脚处为兴隆井盐井旧址。经测量，兴隆井地理坐标为东经101°40′

45.39″，北纬25°19′58.51″。兴隆井开凿于清道光二年（1822年），当时在筹井楼井附近开凿有兴隆、宝兴、贺元、新兴、涌隆、逢源六井，合称六子井，至道光十一年（1831年）关闭贺元、新兴、涌隆、逢源四井，只保留下宝兴、兴隆二井，至1952年2月关闭①。现琅井村兴隆街地名即由兴隆盐井而得名，盐井停闭后废弃，修建兴隆街停车场时盐井被砌入护崖石坎中而不见踪迹。

兴隆井遗址

兴隆街停车场东邻近有琅溪客栈，在客栈东约10米、公路北侧坎下灌丛处，田主任指认有一处古盐井，该盐井井道为斜井。这处盐井应是道光二年开凿六子井之一，现今已少有人确知其井名。

在琅井村龙祠南、公路北侧村民朱如虎家房屋西南角处，早期也曾开凿有一处盐井，此前李中贤老人曾做过介绍。此处盐井为斜井，可能也是道光二年开凿的六子井之一，只是井名现已不可知。经测量，该处盐井地理坐标为东经101°40′22.81″，北纬25°19′59.78″。

琅溪客栈东盐井遗址

由朱如虎家向东约500米公路南侧民房旁坡坎脚处，由田主任指认早期曾有一处盐井，盐井废弃后也被封堵砌入陡坎内。

由此向东约550米公路南侧、琅井村村民袁有武家房后坡坎处有振兴井遗址，盐井井口也早已被封堵，经测量，振兴井地理坐标为东经101°40′31.44″，北纬25°19′54.53。振兴井西约30米公路南侧坡脚，早期也有一处不知名盐井，现井口也被封堵砌入陡坎内。

龙祠后朱如虎家屋角盐井遗址

---

① 《禄丰县工业志》第八章《制盐业》，第430页。

振兴井遗址

生生井遗址

振兴井东公路南侧坡坎处，经田主任指认有生生井遗址。经我们测量，其地理坐标为东经101°40′35.00″，北纬25°19′52.29″。生生井盐井开凿于清嘉庆二十五年（1822年），井道为斜井，因硝重味苦，开煎不到三年关闭，民国时期曾重开，至1952年关闭[①]，现盐井井口也被封堵砌入公路南侧陡坎内。

由生生井沿公路往东，在村民杨金红家房屋后、公路南侧坡坎下，经田主任指认有宝应井盐井。查《禄丰县工业志》所载琅井盐井无宝应井，不知田主任所说宝应井是何时开凿的盐井。

宝应井遗址

段继涛家房侧盐井遗址

由宝应井沿公路向东500米，公路南侧村民段继涛家房屋南侧陡坎下，经田主任指认，早期也曾开凿有一处盐井。盐井关闭后废弃，后修建房屋时将盐井井口封堵砌入坡脚陡坎内，现盐井已无踪迹可寻。

由段继涛家沿公路向东约500米即开宁寺山门，山门东侧有宝泉盐井遗址。经测量，其地理坐

---

① 《禄丰县工业志》第八章《制盐业》，第430页。

标为东经101°40′47.35″，北纬25°19′46.19″。现在我们看到的"宝泉井"是为供人参观在原址附近新修的，宝泉盐井关闭废弃后被人为填埋，修建公路时被埋入地下，其地势比我们现在所看到的盐井井口低。宝泉盐井本为斜井，而新建的这处宝泉井为横井加竖井，这与宝泉井历史原貌存在出入。

11点55分，我们从宝泉盐井遗址返回龙祠。田主任因公事而离开，我们则继续完成琅井村内筹井楼井和琅井盐课司衙门的考察任务。琅井村内街区巷道四通八达，我们行走在其中，感觉置身迷宫之中。现琅井村内多为现代楼房建筑，其间还残存部分古旧的木构瓦房，这些破旧楼房正在以此种方式诉说着盐业衰败给琅井村带来的巨大影响。根据此前田主任介绍，琅井盐课司衙门旧址在今琅井小学，我们在村民指引下找到琅井小学，但昔日的琅井盐课司衙门已为琅井小学的教学楼所取代。

12点20分，我们从琅井小学前往琅溪河边探寻筹井楼井遗址。筹井楼井为清代盐井名称，其前身即琅井，是琅井地区历史最悠久的盐井。有的将琅井历史追溯到唐代南诏的览睑井，但从文献记载及琅井一带碑碣考察来看，琅井历史可上溯到元代至正年间，这在前文已有交代。琅井为直井，用皮笕，牵以皮绳，车役盘车汲卤。因盐井紧邻琅溪，盐卤味较淡。清代初期琅井四镶朽坏，淡水浸搀盐卤，使卤味更淡，灶户煮盐更费柴薪，导致盐业生产成本大幅增加。至康熙四十四年（1705年）重修盐井，疏咸撇淡，盐井四周砌石梯下至井口，人工提卤至井口，井上新修岑楼，题名为筹井楼。因此，自康熙末年以后，琅井又名筹井楼井[①]。我们经过多方打听，得知筹井楼井在琅井村十字街口。在十字街口，了解到筹井楼井原址已被填埋到武健勇家楼房下。我们到武健勇家时，他母亲（75岁）刚好在家，老人家很热情地将我们引到

宝泉井遗址外景

宝泉井井道内景

---

① 《禄丰县工业志》第八章《制盐业》，第430页。

琅井盐课司衙门旧址，今琅井小学

筹井楼井遗址

她家楼房一楼大厅，为我们指认了大厅西南角筹井楼井井口位置，并介绍筹井楼井深约6米，到2016年修建房屋时井口才被完全填埋。如此重要且具有地标性质的文物古迹未得到地方保护而被永久性毁坏，确实让人深感痛惜！

在琅井村吃过午饭稍事休息后，下午13点20分我们从琅井村出发，于17点10分抵达昆明市拓东路布丁酒店。明清时期，布丁酒店所在的拓东路一带有名的地名为桂林桥，桂林桥旧址位于今拓东路与金汁河交汇处，清康熙以后又被称为状元桥。1953年为拓宽拓东路而将状元桥拆除，现在拓东路一带几乎无任何桂林桥、金汁河踪迹可寻。明清甚至民国时期昆明市拓东路一带曾是盐号云集之地，拓东路有盐行街之名，而桂林桥一带则是运盐马店集中之地，禄丰县阿陋井、元永井、草溪井、黑井、琅井所产之盐借由昆明拓东路盐号、马帮运销各盐区，但今日拓东路早已与滇盐的运销毫无关系了。

8月20日早上8点，我们驱车从布丁酒店启程，于晚上8点20分返回学校，结束了为期一周的禄丰县盐业及盐井遗址的考察活动。

通过这次考察活动，我们对于禄丰县明清时期盐井遗址及盐业生产情况有以下几点认识和收获：

（1）在盐井认知方面，通过考察我们更明确地认识到明清时期作为盐产地的盐井名不仅仅是某一处盐井的称谓，更是一个地域内所有盐井的统称。如阿陋井以大井（阿陋井）得名，更是今阿井村及其附近所有盐井的总称；元永井以元兴井、永济井得名，更是今元永井盐矿区附近所有盐井的总称；草溪井以最早开凿的草溪井得名，更是今中兴井村一带所有盐井的总称；黑井以黑牛盐井得名，更是今黑井古镇一带所有盐井的总称；琅井以最早开凿的琅井（清代称筹井楼井）得名，也是今琅井村一带所有盐井的总称。

（2）通过对盐产地盐井遗址的考察，增进了对明清时期盐产地盐井的分布与变化情况的了解与认知。关于历史上盐产地的分布研究、全域性盐产地域分布研究已有较多的讨论，但盐产地盐井地理布局及其变迁的微观性研究则少有人关注。这次考察，我们对禄丰县阿陋井、元永井、草溪井、黑井、琅井各地盐井遗址进行探查，对各地明清时期盐井群的构成及分布情况做了初步梳理和探查，对后续各盐产地盐井地理分布变迁研究、盐产地内部盐业生产发展及其与社会经济发展关系的研究是有较大帮助的。

昆明市拓东路，昔日的盐行街

（3）通过实地考察，对禄丰县境内几处盐产地明清时期盐业生产状况有了更多了解。各盐产地盐业生产规模、生产过程、产品质量等信息因盐产地盐井关闭已久，随着时代变迁，相关的遗迹、遗物大多已消失无存，这些情况我们无法通过田野考察获得直观认知。但我们通过各盐产地盐井遗址的考察，获得了不少文献中没有记载的史料信息，对各盐产地盐井数量与分布变化情况有了更多了解，盐井数量增加与减少在一定程度上反映了各地盐业生产的兴盛与衰败的变化情况，这对我们了解各盐产地盐业生产状况是有所帮助的。

（4）通过实地考察，对盐业生产过程的相关技术有了直观认识和了解。在对禄丰县阿陋井、元永井、草溪井、黑井、琅井多处盐井遗址的实地考察后，对凿井、汲卤、运卤、煮卤和运盐等盐业生产过程中相关技术运用环节有了较为直观的认识和了解，这为明清时期滇盐生产技术问题的研究奠定了一定的基础。

跨越历史与现实的鸿沟
——历史时期川西南盐业发展与生态、社会互动的田野考察（下）①

张铭、李娟娟

作者简介

张铭，男，1987年生，四川德昌人，历史学博士，成都师范学院史地与旅游学院讲师，研究方向为西南历史地理。

李娟娟，女，1988年生，重庆城口人，西南大学历史文化学院博士生，研究方向为专门史。

二、社会多变迁——川西南盐业资源的开发与社会互动

历史时期川西南地区盐业资源因其本身的重要性及在当地的特殊性，从其生产以来，就始终牵动着地方社会的各种关系。就盐源县而言，盐业资源开发是维系当地盐户、盐商等大批人群生计的重要生业，是保障川西南广大地区食盐供给的必需品，亦是国家控扼地方、以盐制边的重要手段。故而整个历史时期川西南地区盐业生产都与地方社会产生了深刻的互动，延续至今，甚至在盐厂停产多年后依旧在发挥重要作用。

---

① 本文为成都师范学院重点项目"历史教育研究创新团队"（CSCXTD2020B07）的阶段性成果；成都师范学院2020年度校级科研重点项目"清代凉山地区矿业发展与地方互动研究"（CS20SA03）的阶段性成果。

(一）盐业生产对厂、民关系的影响

历史时期川西南盐业生产因其在地方社会的独特性、重要性，时刻牵动着当地民众关系的转变。川西南盐业生产始终与当地民众每餐饮食咸淡相关，故而盐场、盐厂与地方民众的关系并非简单的供需关系。盐场为保证地方社会稳定，曾积极改善厂、民关系，推动当地社会救济与文教事业发展。如清代盐源县白盐井除正常生产盐斤保障盐场、灶户基本利益外，同时为帮助孤儿寡妇艰难度日，盐源县盐场亦会允许其汲取部分盐水煎盐贩售，补助生活所需。"寡妇孤儿于井上用布渍卤曰系水，其盐曰盐花，均不计焉"①，孤儿寡妇可用布在盐井上吸取盐水，积少成多以煮盐贩售，这类扶助孤贫的盐业资源数量虽不多，但却是盐业资源开发中人性化的体现。光绪后期，盐源县柏香书院运作资金中即有部分来源于盐源县盐业生产所得，这一时期当地部分盐业资源长期为回民掌控，后回民起义，遂将其掌控的盐业资源当于周边民户，这些被抵当的盐业资源被官方收回后拨付学校，如奚国厚盐灶半条、周望盐灶半条、奚国厚盐灶水签五正、赵承恩盐灶半条都是"叛回出当各业"，均系"叛回"出典给当地汉户的产业，后"经官拨归书院"，成为柏香书院的重要维持资金②。

但随着历史发展，盐厂规模越来越大，在地方社会中的强势地位也越来越明显，对厂、民关系的处理也不再温和。在此次田野考察过程中，我们对这一问题就进行了调查。首先调查了盐厂与周边居民的关系。当地居民彭启碧反映，即便本地居民深受盐厂生产中的各种污染之扰，但盐厂生产出来的食盐对周边居民却没有优惠，对当地居民亦没有别的照顾，当地居民对此颇有微词。其生产出来的食盐仅对盐厂员工有一定优惠，盐厂工人能以五毛人民币购置盐厂生产的食盐时，周边居民只能以一元的价格购置盐厂生产的食盐。盐厂南面山坡上的大路因盐厂打井、运输器材等压得十分破烂，雨天又稀又滑，不堪行走，但盐厂却从不修缮。当地民众出行甚为不便，村民集资修路，生产队队长找到盐厂负责人理论之后，盐厂才拿出一些资金，将一条上坡小路铺上水泥，当地民众出行方才稍微便利一些。但另一条通往坡顶的大路，也是盐厂用汽车运输设备的大路却依旧是泥土路，盐厂认为是村社公路，坚决不出钱修路，村社认为盐厂经常超载运输设备上下山，压坏路基，亦不集资修路，故而盐厂周边到坡顶这条大路属于两不管地带，任其废弃，雨天难行。盐厂与周边民众关系不融洽是由各种各样事情导致的，其中亦包括一些微不足道的小事。但正是这些小事的堆积，导致周边民众对盐厂的怨气逐渐增大。比如盐厂南面坡顶打出卤水后，当地民众认为这些刚打出的卤水盐厂也不收集利用，仍其流淌，与其浪费，不如加以利用，于是许多人家准备去寻些卤水以便腌制泡菜、盐菜等，但盐厂也不允许他们取用，引起周边民众不满。上述诸事导致盐厂周边居民对盐厂甚为敌视，彭启碧谓周边居民都很讨厌盐厂，希望盐厂永远不要开工了才好；认为盐厂不生产后周边还清净些，民众能休息得更好，更高兴些。盐厂开工过程中，亦大量从当地村民手中购置土地，修建家属公寓，侵占了当地村民的生存空间。当地民众房屋多低矮，而盐厂家属公寓多高

---

① 光绪《盐源县志》卷三《食货志·盐法》，清光绪二十年刻本。
② 光绪《盐源县志》卷五《学校志》，清光绪二十年刻本。

楼，相形之下，更显破落，这也引起当地民众的反感。

现在盐厂南坡山顶平坝还有一棵很大的黑籽儿树，可以嫁接成柿子，可惜一直没有嫁接。每年黑籽儿成熟非常美味。这棵黑籽儿树大概也有一两百年的时间了，本来很高，但是因紧邻盐厂机井房，黑籽儿成熟时，附近村里孩子放学回家都会爬树摘取，盐厂怕孩子爬树摔着会引起纠纷，遂将黑籽儿树树梢砍掉，剩下的树干已经不高，但依然能够显现出其年代久远。亦可见盐厂与周边民众之间的关系比较微妙，故而想方设法避免接触与摩擦。

据彭启碧介绍，盐厂与周边居民的关系也并非都是紧张，在盐厂兴盛时，盐厂南坡打盐井过程中，盐厂亦从周边村社中招聘了部分临时员工进厂，招聘的主要是打盐井时被占了土地的农户，借以缓解厂民之间的矛盾。随着盐厂停产，当初因土地被占招进去的临时工人又回到村里，继续耕作因打井被占去的土地。虽然身份还是盐厂职工，但相关福利却没了保障，以后如何处理，他们亦不得而知。

在白盐井访谈65岁的本地居民彭启碧

在白盐井访谈72岁的本地居民谢中友

（二）盐业生产对民族关系的影响

历史时期川西南地区除了盐源地区外，其余盐业资源开发后或迅速中断，或规模过小，都未对川西南食盐供给产生过重要影响，故川西南地区盐业资源以盐源为主。但盐源县汉族与少数民族杂处,双方围绕盐源地区盐业资源发生了众多军事征伐与和平交流。历史时期盐源地区盐业生产对当地民族关系产生了较大影响,笔者在《川盐、民族与地方社会——历史时期川西南盐业发展研究》中曾做过简要梳理①,文中谈到:历史时期,川西南地理区位较为独特,四周群山环绕,大江阻绝,是一个相对独立的空间。在这个空间内,域外盐斤较少能够运入,而川西南本身产盐地域有限,故产盐地往往成为当地不同族群之间争相控制的地域。在盐业资源的开发过程中,虽然各民族间和平交流不少,但军事冲突亦难免。据《后汉书》记载,东汉时期越嶲郡定筰县"在郡西,渡泸水,宾冈徼白摩沙夷有盐坑,积薪,以齐水灌而后焚之,成白盐,汉末夷等皆锢之"②。说明东汉时定筰县产盐,所获利益颇丰,长期为摩沙夷等夷人占据。《三国志》记述,汉晋时期"定筰、台登、卑水三县去郡三百余里,旧出盐铁及漆,而夷徼久故自食。嶷率所部夺取,署长吏焉"③。由此可知,当时定筰、台登、卑水三县因距离越嶲郡治较远,丰富的盐铁资源长期被夷徼所占据,于是张嶷夺回收归政府所用,"遂获盐铁,器用周赡",极大地促进了越嶲郡地方社会经济的发展。这一时期定筰县盐业资源长期为当地少数民族占据,所获利益颇丰,引发张嶷为代表的政府与夷人因争利而产生冲突,张嶷挞杀夷人统帅后将盐铁之利收归政府,这是川西南因盐铁之利引发军事冲突较早的典型案例。唐代,川西南盐业资源得到继续开发。因其丰富的盐业资源,昆明城被吐蕃攻陷,南诏崛起后,"贞元十年春,南诏收昆明城"④。昆明城地区成为唐王朝、吐蕃、南诏争相占据的对象。吐蕃多番侵扰嶲州盐井,"吐蕃惟利是贪,数论盐井",意图据为己有,唐王朝决议用兵震慑,希望西南蛮首领蒙归义能支持配合⑤。可见,川西南丰富的盐源资源成为诱导军事冲突的重要原因。五代宋初,黎州"蕃部、蛮夷"等少数民族掌握着大量食盐资源,成为当地少数民族与汉区贸易的重要等价物⑥。至南宋末年时,黎州依然保留着这种风俗,"汉、蕃博易不用钱"⑦。黎州少数民族利用食盐产品与汉区人民进行贸易,他们之间的交易以和平商贸往来为主。明清时期,川西南盐业开发过程中的民族冲突却屡见不鲜。明代盐井卫白盐井盐业资源开发过程中,周边地区少数民族"多至二十余种,其中尤以倮倮最为强悍,采盐汉人被掳杀奴役者,不知凡几"⑧。当少数民族未对盐井之利进行劫掠时,当地盐业资源开发则会较为繁盛,如明代中期"诸番又鲜出没之患",于是当地"盐井之利"颇盛,"则建昌之为乐土也久矣"⑨,足见"夷人"劫掠对于当地盐业生产负面影响之巨。清康熙十八年(1679年),位于盐源县"夷地"的黑盐井"夷人因井拘乱,戕卫官,事定封禁后有司及土司等数请重开,皆不许"⑩。康熙四十八年,当地出现了更为严重的

---

① 张铭、李娟娟:《川盐、民族与地方社会——历史时期川西南盐业发展研究》,《盐业史研究》2019年第1期。
② 《后汉书》卷一一三《郡国五》,中华书局,1965年,第3511-3512页。
③ 《三国志》卷四三《蜀书·张嶷传》,中华书局,1964年,第1053页。
④ (唐)樊绰撰,向达校注:《蛮书校注》,中华书局,1962年,第189页。
⑤ (唐)张九龄撰,熊飞校注:《张九龄集校注》,中华书局,2008年,第689-690页。
⑥ (宋)乐史著,王文楚等点校:《太平寰宇记》卷七七《剑南西道六·黎州》,中华书局,2007年,第1559页。
⑦ (宋)祝穆撰,施和金点校:《方舆胜览》卷五六《成都府路·黎州》,中华书局,2003年,第999页。
⑧ 张凯基:《西康盐源县食盐调查及增产之检讨》,《新宁远》1941年第10-11期。
⑨ (明)陈子龙等:《明经世文编》卷九一《送郡闻萧君赴四川行都司序》,中华书局,1962年,第813页。
⑩ (清)丁宝桢:《四川盐法志》卷五《井厂五·沿革下》,清光绪八年刻本。

"丫马车之乱"，"逆番丫马车等聚煎滋事，戕毙卫官"，盐井"井民死者计以千，一卫官没，夷民死者计以百十二村亡"，而由"丫马车之乱"引发的军事征剿对盐源县盐业生产损害巨大。因盐源盐井地处"夷汉"交界地区，盐井"夷有则汉争，汉开而夷锢，虽盐泉乃祸水也"，各族群为争夺盐利导致盐源县盐业生产极不稳定。这一事件的影响甚至延续到咸丰、光绪年间。到光绪七年（1881）四月，宁远府再次呈请四川总督丁宝桢并获其派员实地勘察，才准许照按月由中所土司缴银210两外还要缴"公费银四十两"。黑盐井在雍正年间被封禁后，到光绪年间才得以正式解封开采①，可见清代宁远府地区的民族冲突及民族矛盾很大程度上限制了当地盐业资源的开发。

光绪《盐源县志》载，"明季盐井卫户口因乏食转徙河西柏林山下，墟里无烟聚族居者，汉民于番，不过什之一"，可见明代盐源地区少数民族众多，而汉族人口较少。经过清初以来"贾哈喇、丫马车、刘文秀蹂躏，移民稀少，弥望荒芜"，少数民族、汉族人口都大减。此后随着社会稳定，人口逐渐增加。嘉庆十九年（1814年）清查户口时，盐源县清出汉民25637户，计126704丁口，道光十四年（1834年）清出"夷民"共7048户，计35782丁口，嘉道之际，盐源县汉民数量已经是少数民族数量的四倍了。到清晚期，经过清中期以来的恢复和发展，人口"安集滋生，不巡而力，不召而来，汉民较番多逾十倍矣"，大量汉族人口的迁入与自然增长，使得"夷汉"人口比例发生了较大变化，汉民数量由清代中期夷民数量的四倍左右增至十倍左右。大量汉民迁入与自然增长主要得益于盐源地区盐业、铜、铅、金、银等矿产资源的开发需要大量的矿夫、背夫，同时亦需要大量农民耕作土地，提供矿产资源开发所需各种粮食与农副产品，保障矿产资源开发的顺利进行。明清以前的历史时期，川西南因人口不多，经济开发过程中出现人力不足的局面，故而"昔患民少"。但经过乾嘉时期承平日久的发展，到清代晚期"每岁中自秦、楚、吴、黔及川东、川北来者以千计，自凉山迁入者，猓夷以百计"，于是清代晚期盐源地区已经"患民多"矣，这些外来移民与本地居民之间已经有了嫌隙，本地居民认为这些外地迁入的汉民因无产业，容易铤而走险；至于迁入的凉山"夷民"则"凶黠不驯庶"②。大量人口的增加使得当地食盐资源更加紧要，"夷汉"之间围绕当地盐业资源的接触增加，虽然和平交流更多，但军事冲突亦不少。经过冲突与交流，民族融合进一步加速，光绪时期盐源县"在昔汉夷杂处之风久，已翕然丕变矣"③。

到民国中前期盐源地区"僻处夷巢，交通不便，夷匪劫杀成性，行旅危险，故人至其地者甚少"④。黑盐井深处"夷区"，因盐源县自梅雨镇以西进入山区后，尽皆"夷人区域"，"以环境特殊，政令有时不能到达"。民国初期黑盐井产盐较盛，但民国十三年（1924年）夷汉冲突，夷人数千劫掠屠杀汉人，驻守黑盐井的川军退出黑盐井，夷人摧毁盐灶颇多。民国二十三年川军再次入驻黑盐塘时，将"夷汉"冲突首领刘蒲阿母捉去，引发"夷汉"冲突，夷人再次攻占盐塘镇并火烧

---

① 光绪《盐源县志》卷三《食货志·盐法》，清光绪二十年刻本。
② 光绪《盐源县志》卷三《食货志·户口》，清光绪二十年刻本。
③ 光绪《盐源县志》卷九《风俗志·风俗》，清光绪二十年刻本。
④ 谭锡畴、李春昱：《盐源盐产》，《地质汇报》1933年第22期。

盐塘镇，全镇皆毁。到民国三十年时，黑盐塘仅有十余户汉人，盐业生产亦受到冲击①。

历史时期虽然"夷汉"颇多纷争，但更多的是和平交流。历史时期盐源地区各个民族都在当地盐业资源等社会经济开发过程中发挥了重要作用，只是所处历史时期不同，发挥主导作用的群体不同而已。如当地流传甚广的"牧羊夷女"重新发现盐井的故事，虽然发生时间在元初或是明初尚有争论②，但可以证明的是历史时期少数民族在当地盐业资源开发中发挥了重要作用。因盐源地处边陲，全县有二十余种民族，明清时期"其中尤以猓猡，最为强悍"③，一般认为彝族在盐源历史时期或者当前社会中都起着重要作用，故而认为"牧羊夷女"是彝族。但在此次考察过程中发现，关于"夷女"族群身份，当地民众有不同的理解。72岁的居民谢中友介绍，硝水塘的重新开发是摩梭姑娘放羊的时候，发现羊群每日都要跑去舔食卤水，她觉得奇怪，蘸着尝了尝发现是盐，回去告诉村民后，村民开始在此煮盐。这与以往听到的彝族姑娘发现白盐井的说法有些出入，但传说故事情节都大体类似，只是姑娘的族属从彝族变成了摩梭族。谢老说那时候彝族还主要住在山上，没有下来生活，而当时摩梭人已经在盐井周边生活了，故而只能是摩梭族姑娘发现盐井，谢老的分析还是有一定逻辑依据的。

黑盐井考察时带路的彝族大哥苏日铁

黑盐井考察时带路的彝族同学马国英、马学玲

---

① 张凯基：《西康盐源县食盐调查及增产之检讨》，《新宁远》1941年第10-11期。
② 张铭、李娟娟：《川盐、民族与地方社会——历史时期川西南盐业发展研究》，《盐业史研究》2019年第1期。
③ 张凯基：《西康盐源县食盐调查及增产之检讨》，《新宁远》1941年第10-11期。

黑盐井附近盐塘乡彝族民居

黑盐井考察时访谈彝族老乡

6月26日考察过程中，发现历史时期曾经常发生"夷汉"冲突的黑盐井所在地盐塘乡已经没有了冲突的痕迹，也没有了往日煮盐时期的热闹喧嚣，更多的是宁静。现在盐塘乡街道上主要居民是彝族，汉族很少，全乡7869人中有97.98%是彝族，民族人口结构的变化也为历史时期以来的"夷汉"冲突画上了句号，现在当地一派民族和谐相处的场景。如我到黑盐塘考察，给我带路的苏日铁、马国英、马学玲、路边饭馆女老板等都是彝族，采访过程中遇到的当地老人也都是彝族，但他们并未因我是汉族而心有嫌隙，而是热情地接待，提供力所能及的帮助，这也是当地各民族相处的常态。

（三）盐业生产对区域地名的影响

历史时期川西南盐业开发对当地地名的形成亦产生了重要影响，这以产盐最集中的盐源县最具代表性，这些以盐为特色的地名很多延续至今，对当地民众生产生活都有一定影响。盐源县白盐井盐厂位于南北两个山坡之间，中间一条河流穿过，光绪《盐源县志》载盐源河流中有"小盐井河""白盐井河"，具体哪条河是指盐厂旁边这条小河，梳理光绪《盐源县志》并结合实地考察、相关地图可知，"白盐井河即白沙河"，系盐源县河流中"自南山出者"，而盐源县河流中"自南山出者"有五条，除白盐井河外，还有桃园河、龙口河、合哨堡河、曲山村河；盐源县河流中"自北山出者"亦有五条，即龙潭河、小堡子河、柏溪河、干海子河、清水河。由于这十条河流水量甚小，虽然"皆曰河，实溪涧耳"，这十条小河都汇聚流入凉山河，"盐源邑中入若者惟凉山河"，并最终流入雅砻江，凉山河亦是"所称扎坝河也"。"《图经》谓之盐井河，此水之西流者也。"可见凉山河在不同流向的河段有不同的名称，其"西流"部分称为"盐井河"。凉山河在"红门口经黑盐井"，此后下游"右受蓑水、溪水，左受卡坝沟水，而流愈昌"，水流越来越大，最终汇入"卧罗河，亦为打冲河"。因凉山河"初经白盐井"，"又经黑盐井"，"故通谓之盐井河"[①]。盐井

---

① 光绪《盐源县志》卷二《舆地志·山川》，清光绪二十年刻本。

河的名称现在依然使用，特别是盐源县城从卫城镇迁往盐井镇后，县城就在盐井河环绕之下发展起来。但是现在盐井河地名所用较少，多是用于该河流某段，20世纪80年代初该河因流经梅雨镇后便唤作梅雨河，流经盐塘乡后便呼为盐塘河，下游河段又分别呼作甲米河、卧罗河，后汇入小金河，流入雅砻江①。

在盐源的考察过程中，结合《四川省凉山彝族自治州盐源县地名录》亦发现了许多与盐相关的地名，如"盐井镇"得名主要是因为驻地有白盐井长期产盐，"盐厂路""盐务上街"是因为临近白盐井盐厂而得名，"小盐井"是因为临近小盐井河且出过盐水而得名，"水市"是因历史时期卖煮盐卤水而得名，"盐灶房"是因历来为设灶熬盐之地而得名，"盐塘乡"是因为当地有黑盐井长期煮盐而得名，"巴折乡""盐水坪子"因有股浸水味咸而得名；除了与产盐相关的地名外，盐源地区还有许多与盘查私盐相关的地名，如"梅雨镇""下关"即因1949年前此地曾设关卡对往来盐商盐贩进行盘查而得名；"青天铺村"境内有一河沟，沿河草木茂盛，旧时设有哨卡，习称"水关箐"，此地位于小高山东北盐源通往西昌的要道上，设卡利于巡缉私盐。除了缉查性质的关卡地名外，盐源县还有服务性质的盐业相关地名，如"平川镇""禄马铺"地处西昌、盐源交通要道，设有骡马店，俗称禄马堡，后为禄马铺，为盐源所产盐斤运销西昌的重要通道歇息地点②。

位于盐井河上游的白盐井

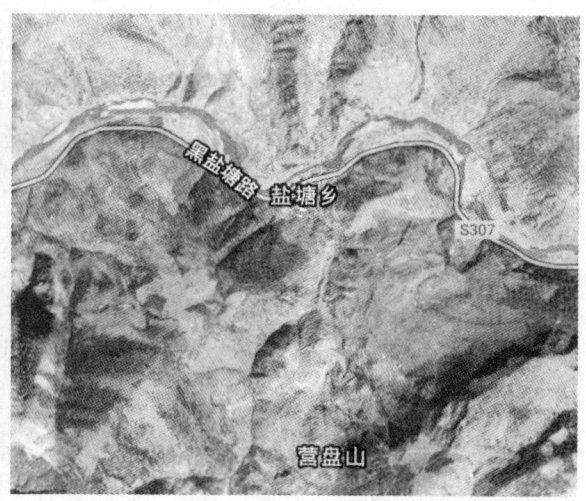

位于盐井河下游的黑盐井

（四）盐业生产对地方经济与风俗的影响

历史时期盐源地区盐业生产对当地社会经济亦产生了较大影响。笔者曾作过简要梳理③。文中谈到：明代中期，建昌地区受到政府重视，得到进一步开发与治理，盐井多有创建。且建昌地

---

① 四川省综合测绘大队编印：《盐源县行政区划图》，载盐源县地名领导小组：《四川省凉山彝族自治州盐源县地名录》，凉山日报印刷厂，1985年。
② 盐源县地名领导小组：《四川省凉山彝族自治州盐源县地名录》，第4-163页。
③ 张铭、李娟娟：《川盐、民族与地方社会——历史时期川西南盐业发展研究》，《盐业史研究》2019年第1期。

区"南接滇池，西杂吐蕃，诚蜀之要冲"，同时"国家承平百年，王化之渐，被者日广"，良好的社会环境促进了当地盐业的发展，"盐井之利，足以裕边"。①明代盐井卫军民指挥使司因土产"盐"，且产盐颇丰，对社会经济发展有积极促进作用，促使人口聚集，故盐井卫有"编户二十六里"②。明清时期，盐源县"以白盐井之开，致客民恋为土著，遂渐聚成都邑"③，对当地城镇发展促进明显。明清时期，"每到冬春农闲季节，西昌、盐边、迷易、德昌、冕宁、越嶲乃至川滇、康藏边境的小商小贩"运送土产到盐源销售后，再购买盐斤回当地销售，每日白盐井附近贩盐的骡马数以千计，白盐井亦有"万马归槽、川南第一场"的美誉④。足见盐业生产对盐源县地方社会经济的影响。黑盐井曾遭长期封禁，咸丰三年（1853）中所土司那文清取水煮盐，光绪年间大盛，每日出盐水八百担，盐水浓度比白盐井高，"故四方来煮盐者渐多，于是荒凉之地，立成镇市"，至民国初已有"汉人四百户"⑤。光绪后期，盐源县"税课莫大于盐"，食盐为盐源县"邑产巨擘"⑥。可见，明清时期川西南盐业资源开发不仅促进了人口增长、城镇发展，还促进了地方社会风俗的变化，无疑对地方社会经济具有重要促进作用。

乾嘉时期，盐源县"咸醝、木植、物产富而商贾云来，凿井耕田，户口繁而农桑风变，人多军籍，俗兼乎秦、楚、越、瓯，言操土音，乡辨乎豫、黔、滇、粤、豫章、八闽"，可见乾嘉时期盐源地区因食盐、杉板等优质物产颇丰，使得各地商旅聚集，各省移民亦众，加速了当地社会经济的发展与封闭风俗的改易⑦。煮盐、贩盐过程中大量流动人口流入盐源地区，同时因盐源地区杉板丰富，铜、铅、金、银等矿产资源颇多，清代晚期清廷遭遇财政危机，国用日绌，西方列强对川省铅矿等矿权觊觎日甚，在内忧外患之形势下，清廷中央与川省地方政府都对四川地区少数民族地区矿产资源开发极为重视，通过制定相应的鼓励性矿业政策、延请高明的矿师、购置先进的机器、兴办相应的矿物学堂等，积极鼓励川省少数民族地区矿产资源开发，盐源地区矿产资源开发在官方各类鼓励之下出现了更加兴盛的局面。在国家力量的推动下，咸丰以后盐源少数民族地区盐业发展出现更加兴盛的局面，如黑盐井得以解禁开采，大量盐户、盐贩聚集此地，带来了大量的流动人口。因盐源地区盐、铜、铅、金、银等矿产资源丰富，需要众多盐工、矿夫进行生产，同时食盐、金属产品外运亦需要大量背夫，故而明清以来，当地亦产生了大量"留守妇女"。迫于生计，她们不得不从事大量的体力劳动，故而女性在当地生产社会活动中占据着重要地位，这一现象一直延续至今。

笔者在2019年6月26日考察时，早早起床赶车前往盐塘乡，去找短途车站时，一年轻妇人正在给这些联运汽车招呼旅客，还跟我开玩笑，您到西昌吗？我不知道这里是否有车到西昌，只说我到盐塘，她笑着说，来这个车站肯定到盐塘那边啊！后来才得知她是我们这个小班车的师傅，女

---

① （明）陈子龙等：《明经世文编》卷九一《送都阃萧君赴四川行都司序》，第813页。
② 佚名：《大明官制》卷三《四川省》，皇明制书本，明万历十四年刻本。
③ 光绪《盐源县志》卷三《食货志·盐法》，清光绪二十年刻本。
④ 邓荣安总编、《盐源县志》编纂委员会编：《盐源县志》，四川民族出版社，2000年，第501页。
⑤ 张凯基：《西康盐源县食盐调查及增产之检讨》，《新宁远》1941年第10—11期。
⑥ 光绪《盐源县志》卷三《食货志·税课》，清光绪二十年刻本。
⑦ 光绪《盐源县志》卷九《风俗志·风俗》，清光绪二十年刻本。

司机在这么偏远陡险的山路上跑班车，也显示出这边妇人的强悍。不过女师傅说女性开班车在这边很常见啊，不仅开班车，开大货车的也有很多。上车正好遇到两位盐塘乡的女性工作人员，因扶贫需要，去县城交资料。她们也要到盐塘，问她们知道黑盐井吗？皆答不知道。但她们问黑盐井是不是老盐塘，我说应该是，她们说那就很熟悉了，她们也要到那里，让我跟着她们就行了。虽然现在在加速撤乡并镇，但盐塘乡还在并镇进程中，尚未最终并镇，所以现在还叫盐塘乡。前往盐塘乡的216省道两旁苹果挂满枝头，再过两月就可成熟。花椒已经开始泛红，再过半月即可采摘。道路两旁相较于昨日从西昌到盐源已经非常富庶，田园风光无限，居民房屋密布。10:05过梅雨镇，遇赶集，人员众多，非常热闹。街上马车很多，拖拉机、小四轮也不少。镇边的烤烟长势喜人，远优于德昌等邻县的烤烟。道路两旁许多川菜馆，多打成都、重庆招牌。这一地区水域不多，却有许多鱼庄饭店。主要是216省道是四川前往泸沽湖旅游景区的重要道路，路况较好，自驾游者很多，骑自行车旅游的也很多，故而饭店林立。

在黑盐井考察过程中突遇大雨，考察结束后回到盐塘乡公路边，满身是泥，路边小饭馆女老板给我找了刷子，才将满脚泥浆刷去。盐塘乡现在主要是彝族聚居区，以往较少抛头露面的彝族女性也开始在公路边开饭馆、开超市，在社会生产中发挥更大的作用。赶车回县城考察白盐井时，发现班车师傅仍旧是女性，开车很快，但也很稳，剽悍之风可见一斑！

盐源县地处川滇交界处，盐、铜、铅、金、银等矿产资源丰富，大量矿夫、商人等流动人口聚集，同时，陕西、湖北、贵州、江南、川东、川北等地汉民以及凉山腹地的少数民族亦大量迁居盐源地区，"流寓"之民"既不尽皆有业，而猓夷又凶黠不驯庶矣"①；大量

白盐井南坡坡顶古庙遗址上捐建的庙宇

被盐厂卤水管道破坏了环境的东岳庙

---

① 光绪《盐源县志》卷三《食货志·户口》，清光绪二十年刻本。

"奸人""棍徒"混迹其中,而这些矿夫、商人又多单身男性,故而引发了一系列社会问题。

历史时期盐源县的盐业生产对当地的信仰空间也产生了较大影响,宋、元、明朝代更迭之际,盐源地区受战乱影响颇大,盐井淹没,幸得"牧羊夷女"指引重新发现盐井,煎熬盐斤。"牧羊夷女"亦因此到清代后期都被"祀之如玉女神焉"①。可见,宋、元、明朝代更迭之际盐源县盐业资源的重新发现具有传说色彩,这一传说成为当地盐业开发者的共同信仰,并形成了专门的祭祀习俗,是盐业资源开发对地方社会环境影响的具体体现。

清代因盐源县白盐井生产旺盛,商旅辐辏,人员聚集,故重要的祠庙在白盐井附近皆有配备,如文昌宫、龙神祠、火神祠、城隍祠、东岳庙等②。这些祠庙的大量存在,也丰富了周边民众的精神生活,如晚清、民国时期每年正月初九日白盐井玉皇阁大烛会、十三日禹王宫大烛会异常热闹,"每烛一跋重五六十斤",人们"饰功曹鬼卒,鼓乐旌旗,盈街溢巷","旄倪杂沓,汉夷阗闤";二月初二白盐井的文昌宫会举行文昌会,"谈演大洞仙经";二月初八白盐井城隍庙举行城隍会,"舆神出庙游街,扮演判卒,狰狞丑怪","男女献花进香者塞途也",比正月初九的大烛会更热闹;农历三月二十六,白盐井东岳庙举行东岳会,"以像巡,如城隍会";清明及十月朔日,白盐井亦举行城隍会,"出驾赏孤"③。笔者在2019年6月26日的考察中了解到,盐厂南面有一座规制不大的东岳庙,据65岁的当地居民彭启碧介绍,就是老东岳庙旧址,不过早些年毁了,由现在主事的当地人在原址修建了新的东岳庙,规制不大,但香火非常旺盛。在主干道旁有东岳庙的指示路牌,有专门的驻庙人士负责日常运作。此东岳庙即光绪《盐源县志》所载白盐井之东岳庙,现在规制虽不复当年,但在当地民众中的地位却很高。近年盐厂开采的盐井主要在盐厂南面,为输送盐井中打出的卤水到厂房,两根巨大的输水钢管从道路、农田中穿过,又从东岳庙正大门前横空穿过,当地人对输送卤水管道占据公共空间、有碍观瞻、破坏东岳庙环境感到不满。

(五)盐业生产对地方诗文谚语的影响

关于历史时期川西南盐业资源开发对当地诗歌、杂记等艺术作品创作的影响,笔者曾有简要论述④,其中谈到:乾隆时期,川西南食盐多仰仗盐源供应,所产食盐主要由盐贩通过陆路进行贩售,政府则设置哨卡进行盘查管理,收取税款,并严禁私盐贩售。时任盐源知县王廷取《盐源杂咏竹枝词》中"冬日晴干是好天,岭头吃饭树头眠。冕宁哨接西昌哨,只论盐斤不论钱"⑤即是盐源食盐外销的真实写照。从中可见盐贩生活之艰辛,他们不仅起早贪黑、露宿于野,还要遭受各种哨卡的盘剥。乾隆时期,为救济贫民,盐源县规定"贫民汲水三斗煎盐一斤度活"。恐被"强暴有力者夺去",于是王廷取"乃定以腰牌,不致冒领,且沾实惠多矣",他的《盐源杂咏竹枝

---

① 光绪《盐源县志》卷三《食货志·盐法》,清光绪二十年刻本。
② 光绪《盐源县志》卷四《营建志·祀典坛庙》,清光绪二十年刻本。
③ 光绪《盐源县志》卷九《风俗志·风俗》,清光绪二十年刻本。
④ 张铭、李娟娟:《川盐、民族与地方社会——历史时期川西南盐业发展研究》,《盐业史研究》2019年第1期。
⑤ 王廷取:《盐源杂咏竹枝词》,载雷梦水、潘超等:《中华竹枝词》,北京古籍出版社,1997年,第3443页。

词》中"盛世恩波井不枯,穷民无告尽欢呼。分班但取腰牌看,蓝本东坡调水符"①即是这种情况的真实反映。以盐业惠及贫民,是以盐业发展资助地方慈善事业的典范。杨学述《建昌竹枝词·盐井》载:"不似海田例候潮,亦无火井听商消。南人但识私盐利,争羡豪家灶几条。"②反映出乾隆时期建昌盐业资源开发虽较为艰难,但在当地社会经济中占据重要地位。陈震宇的《盐井即事》亦载:"万山蟺蟺气所聚,一井泓泓人共资","经今阅历千百载,鳞比廛市咸攘熙","什一恒来吴楚客,三倍竟雄白圭赀","不惜余波分微润,肯教孤苦泣断炊","朱门怙势尤偃蹇,呼卢演剧惟恐迟。千金未堪一席费,岂犹赖此涓埃贻。胡亦扼喉夺民食,我欢一任向隅咨"③。反映出盐源县盐井生产历史久远,对地方经济社会具有较大促进作用,因盐业生产使得当地"鳞比廛市咸攘熙",商旅辐辏、市场繁荣。同时,清代盐源县盐业发展使得当地普通"孤苦"民众亦能从中获利,是盐业资源开发社会救济功能的体现。但随着盐业资源开发过程中弊端逐渐扩大,原来居民共享之利被剥夺,造成诸多贫富分化严重等社会矛盾。

历史时期盐源县所产盐斤因"山重水隔,交通闭塞,县境内外,仅凭马帮驿道进出西昌。150千米途程要走6天时间,经6个马头,16道哨卡",盐运较为困难,故而当时民间谚语说"好船难渡打冲河,好马难过小高山"④。主要是因为当时盐源县所产盐斤陆路通过小高山驿道运销西昌,但山势高,冬日积雪结冰,甚难通行;而水路通过树河渡打冲河运销德昌、米易、会理等地,但夏日洪水滔天,渡河是非常困难的,一般小木舟较难通过,增加了运盐的难度。乾隆时期,时任盐源知县的王廷取在《盐源杂咏竹枝词》中即写道,盐源地区"冲河水涨未归槽,波浪如山雪作涛。隔岸马嘶人意冷,两边盐米价齐高"⑤,反映了当地食盐运销易受到洪灾等自然灾害影响,运输不畅导致盐价、米价上涨的情况经常出现,物价的普遍上涨导致居民食盐困顿。

考察过程中亦发现了许多与食盐相关的谚语,这些谚语从某种程度上反映了盐业资源开发及食盐在当地经济社会生活中的重要作用。谚语一:"盐之源在盐源,石头草根都姓盐。"反映了盐源地区盐业资源在川西南地区的重要地位。这主要是因为川西南地区盐业资源较为丰富,明代前期川西南盐业资源开发长期集中在盐源地区,到明代中期扩展至会川地区。清代后期,川西南产盐地由盐源、会理扩展至冕宁、西昌、德昌、昭觉等地,虽然会理、冕宁、西昌、德昌、昭觉等地盐业资源或开发后迅速中断,或规模过小,但整体而言川西南地区盐业资源较为丰富,其中又以盐源地区为主⑥。而盐源又以白盐井、黑盐塘两地为中心,其中白盐井的规模更大,影响更为深远,如白盐井"两千多年前,此地发现盐泉,遂凿井熬盐",当地遂有了白盐井或盐井的名称⑦。谚语一亦反映了盐源地区盐业资源的丰富。盐源地区岩盐矿计有大、中型矿床各一个,以科学意义的矿区来

---

① 王廷取:《盐源杂咏竹枝词》,载雷梦水、潘超等:《中华竹枝词》,第3443-3444页。
② 道光《西昌县志》卷一《艺文》,清道光五年抄本。
③ 光绪《盐源县志》卷一二《艺文志·诗》,清光绪二十年刻本。
④ 盐源县地名领导小组:《四川省凉山彝族自治州盐源县地名录》,第9页。
⑤ 王廷取:《盐源杂咏竹枝词》,载雷梦水、潘超等:《中华竹枝词》,第3442页。
⑥ 张铭、李娟娟:《川盐、民族与地方社会——历史时期川西南盐业发展研究》,《盐业史研究》2019年第1期。
⑦ 盐源县地名领导小组:《四川省凉山彝族自治州盐源县地名录》,第2页。

划分,盐源地区盐矿资源主要有面积1.56平方千米、总储量27.7亿吨的盐井河矿区;面积0.6平方千米、储量大于4.1亿吨的黑盐塘岩盐矿区。有盐井河盐泉点、黑盐塘盐泉、小盐井盐泉点、铁厂盐泉(巫木乡)、花龙拉达盐泉(巫木乡)、郑家田盐泉(辣子乡)、岔丘盐泉(黄草乡)、盐水湾盐泉(卫城乡)、香房盐泉(香房乡)等盐泉数十处[①]。

谚语二:"梁子上打死了盐巴老二。"其产生的原因除了当地恶劣的自然环境,历史时期川西南盐商、盐贩还要面临复杂的社会环境。盐商、盐贩首先要面临官方的各种课税及盐业政策的困扰,当盐业政策不合理、盐业课税繁重时,盐价陡涨,食盐的空间流动亦会受到迟滞,盐商、盐贩面临沉重的压力。此外,历史时期川西南地区匪患横行,盐商、盐贩翻山越岭运盐会受到匪患影响,故川西南民众购盐不畅,常常食淡。因此,当地民众在一有食盐机会时往往放盐异常重,人们戏谑放盐过多时会用"梁子上打死了盐巴老二"这句俗语。盐巴老二即盐贩,梁子即横断山区很常见的山梁,因横断山区山脉多南北纵向分布,为便于就近运销盐斤,盐贩在川西南西部地区的盐源等地购置盐斤后通常不会沿着山脉走向的河谷大道前行,而是直接翻越这些南北纵向分布的山梁,抄近路前往居民点销盐,但各种匪寇亦多把守在这些山梁小径上随时准备打劫这些盐商、盐贩。"梁子上打死了盐巴老二"这句俗语的广泛流传,亦反映了历史时期川西南盐商、盐贩销盐面临的社会环境之艰难。

谚语三:"世间百味,盐占头一位。"大概即谓:从前当地有一位财主,已经吃遍天下美食,自视甚高,认为自己对天下美食已了如指掌,对府内的厨师手艺大为不满,将其辞退,另悬赏招聘大厨。当地厨师了解这一情况后纷纷回避,都不来应聘。直到最后来了一位外地厨师应聘,财主想考考他的理论基础,出了一题,问"世间百味谁最美",厨师想了想回答"盐",财主以其食遍天下美食的经历即刻加以否认。但财主还是令厨师试试手艺,厨师做了一桌色香俱全的菜肴,财主便上前品尝,吃了第一道菜后随即吐掉,直到最后一道菜依然吐掉,众人以为其不满意厨师手艺,但厨师并不慌张,沉着地立在一旁。财主尝完所有的菜肴后脸色铁青,质问厨师为何如此。厨师便问

"好船难渡打冲河"中的"打冲河"

"梁子上打死了盐巴老二"中的"梁子"

① 邓荣安总编、《盐源县志》编纂委员会编:《盐源县志》,第221页。

财主：您先前问我"世间百味谁最美"，我答是"盐"，您却不同意，现在同意了吧？这些菜皆色香俱全，唯独缺盐，即不可算为美食。说罢将事先备好的熟盐撒上，一桌菜肴顿时色香味俱全。财主连连称赞，感叹道："果然世间百味，盐占头一位。"此故事虽然情节较为简单，与渝东南地区"敬詹"的故事亦有些类似，但透露出历史时期川西南地区食盐在日常生活中的重要地位，故而历朝历代当地民众都积极开发盐业资源以满足生活需求，并围绕盐业资源展开激烈争夺。

三、后盐业时代——川西南盐业资源历史遗迹的整合开发探析

随着盐源地区盐业生产时代的结束，盐业资源的相关历史符号也逐渐退出历史舞台。如何将这些已然成为历史符号的盐业遗迹整合起来，与西昌前往泸沽湖的旅游黄金线结合，推动川西南盐业遗迹、盐运古道及南方丝绸之路的整合开发，协调区域旅游与线性旅游的互动发展，对提高历史时期川西南盐业资源遗迹的利用率有重要作用。

（一）黑盐井历史遗迹的整合开发

盐源地区盐业生产首先消失的是黑盐井的盐场作坊。黑盐井于清末重新开启后，在民国时期依旧比较兴盛。民国时期黑盐井有上、下二井，分别被称为上、下尖子，盐水用竹筒抽上后通过木枧槽输送至今盐塘乡所在镇上的作坊煮盐，每天可煮盐360斤左右[1]。1955年，黑盐井盐厂有个体私营灶户65家、110人。1958年，建立黑盐厂盐业合作社，1960年3月5日，转入盐源盐厂，成为盐源盐厂盐塘分厂[2]。黑盐塘原本卤水流量不大，1976年黑盐井遭遇6.9级地震，卤水流量由原每秒0.6升增至3升[3]。卤水流量的增加使得黑盐井产盐量增加，但随着白盐井地区打机井采卤技术的运用，白盐井产盐量大增，足以供给川西南民众食盐需求，加上靠近县城的便利区位优势，使得作为盐源县盐厂分厂的黑盐井盐厂逐渐失去了其存在的价值，于1980年停产[4]。

黑盐井盐厂停产后，今盐塘乡乡政府附近的煮盐作坊也逐渐被当地居民改为民居，但黑盐井卤水依旧在流，当时正值改革开放初期，黑盐井所在的盐源西部地区经济较为落后，当地贫困的彝族群众还自己煮盐，主要是桶桶盐。但随着近二十年来经济快速发展，食盐价格进一步降低，彝族群众收入增加，购置食盐不再是问题，于是煮盐不再继续，黑盐塘卤水口逐渐废弃。传统时期从盐塘乡乡政府黑盐井煮盐作坊到黑盐塘卤水口大约山路三四千米，在认识路的情况下步行需两小时。历史时期卤水均靠木质枧槽输送至盐塘乡的煮盐作坊，这样便于加强监管，减少偷漏。枧槽检修及盐工往来的古道依旧蜿蜒在山路上。黑盐塘卤水口自从当地少数民族不煮盐自食后就废弃了，只是偶有民众来此游玩。随着水土流失加剧，卤水口有崩塌的危险，当地还修造了防护堤加以保护。当前

---

[1] 张凯基：《西康盐源县食盐调查及增产之检讨》，《新宁远》1941年第10-11期。
[2] 邓荣安总编、《盐源县志》编纂委员会编：《盐源县志》，第502页。
[3] 邓荣安总编、《盐源县志》编纂委员会编：《盐源县志》，第221页。
[4] 邓荣安总编、《盐源县志》编纂委员会编：《盐源县志》，第499-500页。

卤水口所出卤水咸度依旧较高，当地政府也无意打造。在西昌前往泸沽湖的旅游黄金线，将黑盐井卤水口、挑运卤水的古道打造起来，其实更能提高这条旅游线路的历史韵味；与白盐井、西昌串联起来，既是南丝路的重要支路，也是重要的盐运古道，有一定的开发价值。

黑盐井卤水口

黑盐井护堤

破败的黑盐井

黑盐井盐厂作坊所在地

（二）白盐井历史遗迹的整合开发

白盐井有更长的开发历史，自汉晋以来得到有效开发，是供给川西南食盐的主要产地。中华人民共和国成立前，白盐井仅有66条半灶的盐灶房一处，为直桶铁锅直接煎卤制盐的落后的个体手工业，70年代制盐的半机械化代替了手工操作，建成了年产4000吨的真空制盐车间[①]。历史时期白盐井有班井和闰（硝）井各一眼，两井相距百余米，1980年黑盐井盐厂停产后，白盐井更成为川西南地区唯一的食盐产地。先在盐厂北坡打有3眼机井生产[②]，后又在盐厂南坡打机井采取卤水煮盐，直到近年来停产。

我们在田野调查中发现，白盐井盐厂虽然换了新设备，但已经停产好几年了，盐场成了停车场。采访谢中友、彭启碧两位老人时，他们介绍的盐厂停产原因也大致相似。盐厂虽然停工，但厂房之中的盐业生产设备依旧较为健全，同时盐厂北坡、南坡上抽取卤水的机井依旧矗立。盐厂南坡坡顶安装设备的机井房里，机器久已无人收拾，灰尘遍布，机井房的窗户亦被周边淘气的孩子打碎。卤水蓄水池西面有一座类似庙宇大殿的建筑，显得格外突兀，彭启碧介绍这一建筑原本是住家人户，一对姐妹终身未嫁，笃信佛教，去世后就把房子、地基都布施给了公山庙子。公山庙子的僧人在原地基上修建了这座大殿，但没有塑菩萨。大殿为仿古建筑，可惜无人照料，坝子长满了荒草，大殿的玻璃被村里淘气孩子敲碎，殿中也堆满了荒草。

谢中友居所离白盐井取盐水的硝水塘亦不过50米，他热情地带我们前去考察。硝水塘虽然不深，但比较宽，面积大概有七八十平方米，卤水浸出后盐户就在此取水煮盐。由于白崖顶部打机井抽取卤水后，白崖经常滑坡，年年堵塞河道，于是当地组织施工队将白崖用水泥加固。疏浚河道产生的大量泥沙因无处堆放，请示盐厂负责人后，遂将这些泥沙填埋于硝水塘，延续两千多年的白盐井卤水采集点——硝水塘，就这样湮没于泥沙之中。谢中友对此感到甚为可惜，对盐厂负责人的无知亦感到愤怒，认为当年若不是盐厂负责人的愚昧，硝水塘能够留下来，将会是一个著名的历史文化景点。谢中友依然清晰地记得，硝水塘是1997年被填埋的，距今22年了。硝水塘被填埋之后，种上了花椒，现在花椒树已高达两米左右，硝水塘的具体面貌已经消失。此时花椒结得正好，再过几天即可采摘，谢中友说去年十块钱一斤，请人采摘的工钱都是三四块一斤，此地花椒的品质与汉源地区不相上下，可惜未能形成自己的品牌。而曾经用当地花椒、食盐腌制的风干腊肉则是当地主要特产。要使当地盐业资源遗迹富有生命力，看来与当地其他特产相结合，进行优势资源组合，打造独属于当地的产品，或许是一条途径。

谢中友介绍，以往吃盐都在硝水塘取水煮盐，中华人民共和国成立后很长一段时间盐厂都在硝水塘取水煮盐，那时为了提高煮盐效率，还专门搭建了"晒卤台"。晒卤台在民国时期当地叫"枝条架"，但当地居民长期都采用"泼灰皮子"的方法提高卤水浓度，而泼灰皮子的盐田常有牲畜、行人走入，"以致污秽不堪"，故而生产出的食盐也不够卫生，虽知道设立枝条架有利于提高

---

① 盐源县地名领导小组：《四川省凉山彝族自治州盐源县地名录》，第8页。
② 邓荣安总编、《盐源县志》编纂委员会编：《盐源县志》，第499—500页。

卤水浓度且卫生，但是因不明图样，又无人指导，故而一直未能采用①。"晒卤台"在中华人民共和国成立后才开始广泛运用。"晒卤台"主要用木料、竹子制作，先用木料在卤水池上搭好框架，然后用竹子编制的席子一层一层地盖在木质框架上，竹席顶端绑有一根斑竹，斑竹钻了许多孔眼，盐工们将盐度较低的卤水舀起倒入斑竹筒，卤水均匀地流淌于竹席上，借着太阳、风能挥发水分的作用，提高卤水的盐度，待卤水盐度提高到一定程度后，一般是十多度时，方才将卤水池的卤水舀入煎锅煮盐，这样既节约了燃料，亦提高了煮盐的效率。之后抽水机替代了人工舀水，提升卤水盐度的效率进一步提高。据介绍，中华人民共和国成立后盐厂兴盛时期，硝水塘边搭了好几个"晒卤台"，长的可达四五十米。盐厂采用传统方式煮盐时，主要是生产大盐，煮盐用的锅又大又厚，如石磨盘一般。

荒废的白盐井盐厂锅炉

荒废的白盐井卤水取水口

白盐井盐厂废弃的机井平台

谢中友老人与被填埋后种上花椒的硝水塘盐井

① 张凯基：《西康盐源县食盐调查及增产之检讨》，《新宁远》1941年第10-11期。

随着盐厂北面、南面坡顶打机井抽取卤水后，机井打出的卤水盐度达二十七八度，可直接用于煮盐。而硝水塘仅四五度的低盐度卤水便不再用于盐厂煮盐了，多是周边居民自行取用。当地居民无力搭建"晒卤台"，遂采用较为原始的方法提高卤水浓度。他们将硝水塘的卤水挑来后直接泼在地上晒，晒到盐霜结于地面，就连同灰尘、渣子、沙子一起收拢装入竹篮，放进石头砌成的卤水池中淘洗，将渣子倒掉，盐分融入池水中，以此提高卤水的盐度，然后将卤水舀入烧大盐的铁锅，用以煮制大盐。其实这种较为原始的晒卤方法在民国时期也大量使用，民国时期抽取咸度较低的卤水之后，当地居民会以卤水泼洒盐田，待其蒸发后，将盐田内泥沙收集，泡水澄清，然后舀入锅内煮盐①。这种提高卤水浓度的方法叫"泼灰皮子"，提高浓度的卤水舀入像石磨盘一样的大型铁锅，煮出来的大盐每个在一百二三十斤左右，这些大盐也叫硬盐。

硝水塘虽然被填埋了，但具体位置仍然比较清楚，如果将硝水塘重新淘挖出来，再搭建一座"晒卤台"，恢复两座传统盐田及煮盐作坊，同时有如此完整的现代盐业生产工厂，如此集中保留了两千年来盐业生产许多面貌的场地，完全可以做一个盐业资源开发的博物馆。历史上，东汉时期盐源地区盐业资源开发主要是"积薪，以齐水灌而后焚之，成白盐"②；两晋时期亦"积薪，以齐水灌，而后焚之成盐"③；晋末当地亦用"井水泼炭"制盐的方法制盐，《益州记》所谓"越嶲先烧炭，以盐井水泼之刮取盐"④。"井水泼炭"制盐技术在汉晋时期长期延续，在隋唐时期当地被吐蕃占据后依然广泛运用。这一较为独特的制盐方法在整个川盐生产中较具特色，故而在考虑恢复当地盐业生产技术博物馆时，也可将这一虽然落后但独具特色的食盐生产技术加以复原，让更多人了解盐源地区这一"另类"川盐的生产技术。但是较为单一的盐业博物馆，位置又较为偏僻，恐难吸引游客，因而需要与历史时期川西南的盐运古道结合起来，做到点线结合，方能将当地盐业遗迹的旅游资源整体开发出来。

（三）盐运古道历史遗迹的整合开发

川西南除了黑盐井、白盐井这两个主要的固定盐井遗迹外，更为重要的盐业遗迹就是盐运古道。川西南的盐运古道主要由大盐商走的官道、小盐贩走的小道等组成，其间还包括盐商们歇息停留的各类栈房等服务设施。川西南有"梁子上打死了盐巴老二"这句俗语，主要反映了盐运过程中盐商盐贩时常遭遇匪患，故而历史时期川西南食盐运销过程中大盐商请有护从，小盐贩则结伙同行。长年累月，山间盐运古道也走成了大道，留下的历史遗迹较多。这些大道也成为现在川西南地区国道、省道、县道、乡道等交通线路的重要组成部分。

笔者曾梳理过明清时期川西南地区食盐空间流动的路径⑤，文中谈到：因川西南地区较为封闭

---

① 谭锡畴、李春昱：《盐源盐产》，《地质汇报》1933年第22期。
② 《后汉书》卷一一三《郡国五》，第3511-3512页。
③ （晋）常璩撰，刘琳校注：《华阳国志校注》卷三《蜀志》，巴蜀书社，1984年，第320-323页。
④ （唐）虞世南撰，孔广陶校注：《北堂书钞》卷一四六《酒食部五·盐三十三》，天津古籍出版社，1988年，第656页。
⑤ 张铭、李娟娟：《川盐、民族与地方社会——历史时期川西南盐业发展研究》，《盐业史研究》2019年第1期。

独立的区域环境，历史时期川西南盐业资源开发主要供给当地，偶有接济滇省者。清代以后，因当地人口增长较快，额配盐斤不敷食用，私盐亦随之大增，遂不断有巴蜀内地、滇省私盐浸入川西南地区。因川西南盐业资源开发主要集中在盐源，当地所产盐斤空间流动主要以盐源为中心，向川西南周边区域扩散，流动方式以陆运为主。盐商、盐贩翻山越岭，运输艰难，又时常遭遇匪患影响，故川西南民众食盐较为艰难，购盐不畅，常常食淡。因此当地居民戏谑饮食过咸时多会用"梁子上打死了盐巴老二"这句俗语。元代时川西南地区食盐非常珍贵，故用作货币进行空间流动，谓"其所用之货币，则有金条，按量计值，而无铸造之货币。其小货币则用盐。取盐煮之，然后用模型范为块，每块约重半磅，每八十块值精金一萨觉，则萨觉是盐之一定分量。其通行之小货币如此"①。明清之前，川西南盐业资源开发以盐源地区为主，流动路径亦以盐源盐井为中心，向川西南及邻近滇省地区扩散。清代以来，随着川西南人口的增长，对食盐的需求不断增加，川省内地及邻近滇省的私盐亦大量充斥川西南地区，使当地盐斤的空间流动更加复杂。明末清初，四川地区战乱频仍，人口锐减，川盐熬制困难，转运有限。因此，清初川盐课税无定额，引票有盈缩，停用明代所用大引。雍正时期，随着经济的复苏，人口增长，商贾云集，川盐课税逐渐定额。雍正八年（1730），盐源县额行"陆引二千四百八十张"，"分给西昌、会理、冕宁、越巂、德昌、建昌左所各州县厅民人自行赴井采买，盐税银两俱系本县征收，按年批解盐茶道库"②。其中，西昌县"行盐陆引五百五十四张"，会理州"行盐陆引三百四十六张"，冕宁县"行盐陆引二百张"，越巂卫"行盐陆引二百张"，德昌所"行盐陆引一百零九张"，米易所"行盐陆引七十张"，盐中左所"行盐陆引一百零五张"，盐源县行"陆引三百二十四张"，应征盐税皆由盐源县典史于各行盐州、县、所"居民赴井买盐时按引抽税上纳盐源县汇解"③。清光绪以前，西昌县"县民食盐，系仰给于盐源县之盐池"④，盐源县所产食盐"引行于宁远合属"。光绪后期"则越巂于清溪买盐，而冕宁、西昌皆食私盐矣，会理于滇贩盐，而米易、德昌皆食私盐矣，私盐行引，盐愈滞，煎户愈稀，则盐愈少而价愈昂，而私卖亦专利，公行鲜不为"。咸同时期，宁远府属州、县、所多食私盐或不从盐源县贩盐，导致盐源县盐业生产受到严重干扰。私盐盛行的主要原因是"私煎、私贩上无课税之供，下无煎熬之苦，不引而行，价何为不贱"；同时"食盐者贫"⑤，当然选择价廉的私盐。清代盐源县白盐井产盐兴盛时，其所产之盐除销往川境外，亦销往"云南北部诸地"⑥，运输方式主要以人力背挑或骡马驮运。清末民初，盐源县所产盐斤除行销宁远府境内的所、县、州、厅外，亦行销云南之永江、永北、革坪、丽江等县，当然"云南各属并非定案"⑦。光绪后期，盐源

---

① （意）马可波罗（Marco Polo）著，（法）沙海昂（A.J.H.Charignon）注，冯承钧译：《马可波罗行纪》，中华书局，2004年，第453页。
② 光绪《盐源县志》卷三《食货志·盐法》，清光绪二十年刻本。
③ 雍正《四川通志》卷三四《盐法》，清乾隆元年刻本。
④ 民国《西昌县志》卷二《产业志·物产》，民国三十一年铅印本。
⑤ 光绪《盐源县志》卷三《食货志·盐法》，清光绪二十年刻本。
⑥ 张凯基：《西康盐源县食盐调查及增产之检讨》，《新宁远》1941年第10—11期。
⑦ 林振翰：《川盐纪要》，商务印书馆，1919年，第283页。

县盐业资源开发兴盛，"人所共知者白井之外凡五，五者不常有，既使时有以济其穷，又使不常有以逃其课"，除白盐井之外，盐源县其余规模较小的盐井开发管理较为困难。清代晚期，"私盐以西、会、嶲、冕为市矣"。私盐盛行导致"灶民怯于煎盐"，同时"灶之筑，井之治，器用之修，皆无其力，水亦愈少，外来者知难而退，居民谈灶而蹙其眉，灶户亦愈少"，盐业衰落导致"盐少价自昂，私贩趋之若鹜"。川西南私盐盛行引发的恶性循环干扰了盐源县盐业资源开发，"故会川之人不得不食滇白、黑狼井盐，嶲、冕不得不食自流诸蜀井盐，西昌人亦廉于得盐久而亡，盐源有井，即邑山后，人且得食黑盐井盐，木里人且得食丽江中甸盐"①。清末盐边厅商人贩售食盐时，"趁墟入市，逐什一之利，聊图温饱"②，可见当地盐业销售规模及利润并不大。清代晚期，盐源县额定陆引2180张，在"本井"配引③。同时，盐源县行盐过程中每百斤加耗盐15斤④。

明清时期川西南为加强对盐斤空间流动中的监管，设置了各类职官与关卡局所进行巡缉。明洪武初，四川设有盐课提举司，建昌地区盐井卫的"黑盐井盐课司、白盐井盐课司"受其管辖⑤，负责盐井卫地区的盐业生产与税收。洪武十九年（1386年）四月，"置盐井、建昌、苏州、越嶲、会川五井盐课提举司"⑥，加强对当地盐税的征收。洪武二十六年（1393年）正月，"置建昌白、黑二盐井盐课司，设大使、副使各一人，隶四川盐课提举司"⑦，主要负责盐斤课税的征收及巡缉私盐，严防透漏。明末清初，盐井卫于黑、白盐井"置盐课司，司在治东"⑧；康熙后期，宁远府置有"黑盐井盐课司，在盐源县南"⑨。雍正八年（1730年），盐源县设置"典史署"，"在白盐井，距县四十里"。典史署设在白盐井主要是便于典史"截角批验"⑩。清晚期，川省西南宁远府地区除盐源县私盐横行外，亦有川省内地私盐透漏至宁远府地区，如"犍乐上游私盐""由鹰嘴崖旁出铜雅两河以达雅、泸、宁远，浸灌蛮地"⑪。清末，川省有26处盐场，盐源盐场属川南盐场，为加强对私盐的稽查，设有泰安街、牛东路、江西湾、东门桥4个分卡巡缉私盐⑫。民国时期，盐源盐场设有盐捕厅主管查缉私盐，缉私要道主要设在东路四拦垭、南路大水塘、西路长坪子（距合哨乡2000米），缉拿的私盐多是肩挑背负的小贩，数量仅50斤左右，而有权势的走私者备有枪支护送，查缉队莫可奈何。

少数民族地区食盐则"完全依靠汉商"，邻近汉地者自己进市场购置盐斤，远离汉地者则依靠"盐巴老二"等盐贩转卖时购买，主要用"硬银子"购置盐斤，"硬银子为五两十两的生银锭"，

---

① 光绪《盐源县志》卷三《食货志·盐法》，清光绪二十年刻本。
② 《盐边厅乡土志·风土志》，民国元年刻本。
③ 林振翰：《川盐纪要》，第7-8页。
④ 林振翰：《川盐纪要》，第308页。
⑤ （明）申时行等：《明会典》卷三三《户部二十·课程二·盐法二·四川》，商务印书馆，1936年，第938页。
⑥ 《明实录》卷一七七"洪武十九年四月丙午"，上海书店出版社，1984年，第2688。
⑦ 《明实录》卷二二四"洪武二十六年正月甲子"，第3276页。
⑧ （清）顾炎武：《天下郡国利病书》卷六八《四川四》，清光绪五年刻本。
⑨ 康熙《大清一统志》卷二四五《宁远府》，清道光九年关赜木活字本。
⑩ （清）丁宝桢：《四川盐法志》卷三一《职官五·公廨·局卡》，清光绪八年刻本。
⑪ （清）丁宝桢：《四川盐法志》卷三三《缉私二·关隘》，清光绪八年刻本。
⑫ 林振翰：《川盐纪要》，第187-191页。

少数民族亦用"过剩的农牧出产，如米、鸦片烟、牛羊皮、猪鬃"等"易取""必须"的盐斤①。少数民族地区因盐甚为珍贵，一般百姓食盐甚难，"他们用盐很吝啬，平常的烹调少有用盐，因都淡而无味"；同时，家畜甚为珍贵，故"人的食盐较羊子的食盐尤为减省"②。因而民国后期川西南少数民族地区仍然面临"食淡"危机。

到民国中前期，盐源县所产之盐名为"帽壳盐"，每个重数斤至五六十斤不等，在制盐成本基础上每百斤赚取七角至一元三角的费用后，食盐"在场售卖"；同时收税，税率每担正税一元五角，附税二角，随即送入公垣存储。凡是盐贩购盐贩销，先赴收税处报运盐斤，照章纳税，领取发票四联，持往公垣，照票发盐，当日出关。装盐主要用竹篾编成的篾包进行外运，由人力负运或骡马驮运，运费每百斤每百里约一元五角。除运销川西南各地外，还运销云南省永北县地区。民国初期，盐源盐产一直维持在四万担以上，但民国十七年起产量降至四万担以下③。

传统时期盐源县所产盐斤外运主要依靠人力、畜力，人力外运主要有背负外运及挑担外运两种形式。人背及马驮的食盐形制更大一些，每口（当地形容食盐数量的量词）盐高达六七十厘米，重达120多斤。挑担外运的食盐形制小一些，每口盐仅高30厘米左右。挑着食盐外运的盐贩俗称"挑挑客"，是"盐巴老二"中的一种。传统时期盐源县所产盐斤外运主要是陆运与水运结合，以陆路为主，但要销往西昌、会理、冕宁、越西等地需要渡过雅砻江，故需水陆结合。盐源所产食盐除了一些比较固定的路线对外行销，还有其他分路销行。其主要线路有：其一，从白盐井出发，经传统时期盐源县城卫城镇，沿今307省道经小高山、平川镇，渡雅砻江，经金河乡、佑君镇、经久乡、马道镇后到达西昌，传统时期这条路要赶两天半到三天才能到达西昌，到达西昌后或沿今108国道行销冕宁县，或沿今307省道行销昭觉县，到昭觉县后沿今208省道行销越西县等地。其中从盐源卫城镇沿今307省道到西昌这条路是盐源县所产食盐外销的主要交通线路，沿途补给站较多，大盐商主要沿此路外销盐源所产食盐。其二，从卫城沿今307省道向西，在梅雨镇沿着216省道向北，前往木里等地销行盐斤。其三，从卫城沿今307省道向西，再沿今093县道经树河镇，沿雅砻江南行，在下荒田附近渡雅砻江后沿大路槽向东，经大六槽乡后翻梁子到茨达乡，再沿今092县道向北，在宽裕、巴洞、王所、德昌等地销行盐斤。其四，从卫城沿今307省道向西，然后沿今093县道经树河镇，到雅砻江边渡江，再溯江而上，原有大道因二滩电站水库蓄水导致被淹水下，行至今马安乡附近时翻越梁子到今德昌县城附近销行盐斤；或溯雅砻江而上，顺着沿江大道到铁炉乡附近翻越梁子到阿月、麻栗、黄水等地销行盐斤。其五，从卫城沿今307省道向西，然后沿今093县道经树河镇，到雅砻江边后渡江，顺沿江公路而下，该大道因二滩电站水库蓄水导致被淹水下，经张门扎后分作两条干道：一条沿着盐米路，经普威到达米易，在当地行销盐斤，或南下新山、丙谷、撒莲、垭口等地行销盐斤，在新山翻梁子直接到会理县城行销盐斤，或沿着今214省道北上，在草场、白马、湾丘、永郎、锦川、乐跃等地行销盐斤，在湾丘沿今108国道南下，在云甸、白果湾、益门、外

---

① 庄学本：《西康夷族调查报告》，西康省政府印行，1941年，第55页。
② 庄学本：《西康夷族调查报告》，第35、52页。
③ 谭锡畴、李春昱：《盐源盐产》，《地质汇报》1933年第22期。

北、南阁、鹿厂、会理县城等地销行盐斤；一条沿着雅砻江江边大路顺流而下，到盐边等地销行盐斤。

历史时期盐源地区盐业资源的开发虽然使得传统时期的盐运古道非常繁华，到明清以来盐源铜、铅、金、银等矿产资源开发颇盛，金属矿业产品也大量从盐源运往西昌，盐源通往西昌的运盐古道亦是铜运古道、铅运古道等等，但进入现代社会后，当地盐业等矿产资源却未能对盐源的交通发展起到突飞猛进的促进作用。到目前为止，盐源地区依旧无高速公路，虽然泸沽湖旅游兴起多年，但从西昌前往泸沽湖的道路依旧沿着古老的运盐古道行进，这条运盐古道现在大致沿着307、216省道蜿蜒于山间。虽然近年来政府为改善307省道的交通情况，兴建了磨盘山隧道、煤炭沟隧道，小高山店子隧道也在积极兴建中，这些隧道的建成会在一定程度上改善盐源通往西昌的交通情况，使得盐源通往西昌的古老运盐通道更加通畅，但盐源地区丰富的盐业资源却未能使得盐源通往西昌的通道发生质的变化，到目前为止307省道并非全路段都是柏油路，而是从西昌西木收费站下高速后一直到平川镇都是水泥路，车行其上，颠簸异常。过了平川镇，307省道才由水泥路改为了柏油路，路况稍微好些。

盐源县"解放前无公路，运输全靠人背马驮"，盐运艰难，故而留下的遗迹也较多。即使到了20世纪80年代初，盐源县仍有许多地方不通公路，如当时盐源县"阿萨公社""全社不通公路，交通不便，运输靠人背马驮"，可见20世纪80年代以前的整个历史时期盐源县阿萨公社等交通不便之地，居民食盐等长期依赖"人背马驮"，这些"人背马驮"的古道均是盐运古道的重要组成部分，

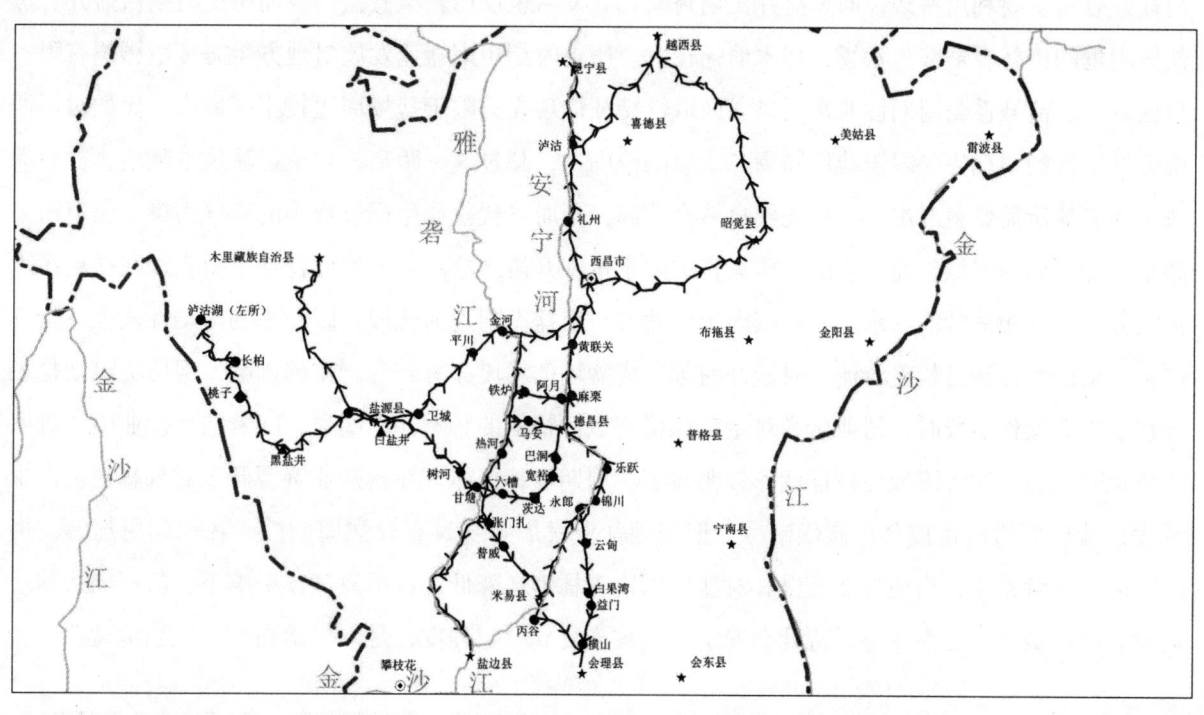

历史时期盐源所产食盐空间流动路线示意图

307省道覆盖的黑盐井盐运古道

307省道覆盖的小高山附近的盐运古道

许多尚未被现代公路所覆盖，仍是重要的历史遗迹[1]。历史时期川西南的盐运古道现今有许多已经成了当地的国道、省道、县道、乡道等，除了沿途一些与盐相关的地名外，如前文提到的"盐井镇""盐厂路""盐务上街""小盐井""盐塘乡"等，已经少有人知道其当年作为盐运古道的辉煌历史了，因而加强这些地名的标识与宣传就显得更为必要了。

四、结语

历史时期盐源地区盐业生产对生态环境的影响是一个发展的过程，在清代煤炭广泛应用之前，白盐井煮盐主要利用薪柴，而黑盐井长期封禁，开发后也仅用薪柴煮盐，故而历史时期白盐井、黑盐塘附近的山林多被辟为薪场，林木消耗较大。历史时期川南盐业发展对地方生态环境影响有限，且区域性、流域性与周期性非常明显。区域性特征体现在只限于盐场周边较小区域内，比如对川西南森林植被的消耗主要限于盐厂周围二十里的范围内，超过这一距离，薪柴运输成本陡增，盐户无法承受煮盐所需燃料成本，煮盐规模自然会下降，同时当代盐业生产过程中的空气污染、噪声污染亦限于盐厂周边区域，而引发的地质灾害更限于机井开凿之盐厂。流域性特征主要表现在盐场污水排放方面，盐源的盐场污水影响不仅限于白盐井、黑盐塘附近河流段，因河水的流动性较强，受到严重污染的水体经过长途奔流，对盐井河等远离盐场的河段亦有较为严重的影响。但历史时期盐场还在手工业操作阶段时，盐业生产对生态环境流域性特征的影响并不明显，随着当地盐业生产进入工业化时代后，这种流域性特征就非常明显了。周期性特征体现在，盐业资源开发对森林植被需求量大，盐厂周边的植被会被砍伐殆尽，但当地盐业发展本身具有较强周期性，在王朝更迭、"夷汉"冲突的背景下，当地盐业衰退，对盐厂周边森林消耗降低，在季风气候影响下，盐厂周边缩小规模后的植被亦会逐渐恢复，待社会安定，植被恢复到一定程度，足以供给薪炭时，当地盐业又会

---

[1] 盐源县地名领导小组：《四川省凉山彝族自治州盐源县地名录》，第1、77页。

进一步发展；进入当代工业化时代后，盐源地区盐业发展对当地生态环境影响剧烈，但随着盐厂关闭，当地生态环境又逐渐恢复，周期性特征更加显著。

历史时期盐源地区盐业生产对社会环境亦产生了较大影响，首先是盐业生产发展对厂民关系、民族关系都产生了重要影响，虽然颇多冲突对立，但还是加速了厂民交流与民族融合。盐源地区盐业发展过程中产生了颇多与盐业相关的地名，这些地名成为盐源这一已经停止开采盐业资源的富盐县域的重要历史记忆。历史时期盐源地区盐业资源的开发促进了当地社会经济的发展与资源型城镇的兴起，对当地社会风俗产生了强烈的冲击，一些不良冲击的惯性一直延续下来，伴随当地盐业生产的发展，历史时期当地的信仰空间也发生了较大变化，进入新时代，当地因盐而兴的信仰空间已经逐步萎缩。盐业生产对地方社会的所有影响中，最容易被忽视的是盐业生产对诗文谚语形成的影响，这虽与居民日常生活不直接相关，但却从更高层面总结了盐业生产对整个社会的影响范畴，是历史时期当地盐业发展盛景的缩影。

历史时期川西南地区盐业生产的盛景随着20世纪80年代初以来黑盐井的停产及近几年白盐井的停产，在当地社会中的地位一落千丈，与其他矿产资源日益重要的历史地位相比，川西南地区的盐业资源逐渐从当初历史舞台中央走出了历史舞台，盐源地区也进入了"后盐业时代"。此时，盐源地区若以其盐业资源开发在历史时期川西南地区的独特性与重要性为历史支撑，将黑盐井、白盐井及相关盐运古道综合打造，复原标志性景点，就白盐井现有盐厂打造盐业技术与文化博物馆，同时将盐运古道中的经典路段集中打造，做到点线结合，融入到川西滇北民俗文化、自然景观旅游当中，特别是随着西昌、盐源、泸沽湖一线规划高速路的落实与开工，盐源县地区的盐业景观必是游客们关注的重要焦点。

要言之，历史时期川西南盐业发展对当地生态、社会都产生了较为剧烈的影响，其中生态影响会随着历史发展逐渐消失，但对社会的影响相对而言却更加深远。其对社会环境的影响中，当地居民感受最深切的即是当地盐业等各类矿产资源极其丰富的情况下，当地并未从矿产资源开发过程中获得更多的利益，众多的贫困村落与丰富的矿产资源之间的鲜明落差与矛盾逐渐成为了国家当前急需调整的对象，也是扶贫工作可以考虑的"捷径"。

湖北襄阳城市历史地理考察报告（下）

武汉大学历史学院历史地理研究所

作者简介

考察指导教师：鲁西奇教授。考察组成员：赵尔阳、罗丹、但昌武、梁振涛、陈阳、代鹏芳、高欣媛、冀昌、刘聪、李红扬、李兆宇、王鑫、於莹楠、苏占旗。本文由但昌武、梁振涛负责全文统稿，各章节分撰者注于文中。

三、历史遗迹的改造与重塑——以习家池、观音阁、米公祠为例

习家池片区是襄阳市重点打造的5A景区，而习家池和观音阁是其中两个重要的景点。同时，处于樊城区的米公祠也是襄阳的著名景点，毕竟襄阳有着"米襄阳"之称。这几处历史遗迹之所以能成为襄阳市重点推广的景点，而且吸引众多的游客，除了所有旅游景点普遍具备的休闲、娱乐功能，也说明它们本身有着值得开发的特色文化资源，能够以文本书写中的传统、历史和一些文化符号来勾起人们的回忆或者对过去的想象。一遍一遍萦绕在耳边的景点讲解词和方志等书中"古迹"条的追溯和描述，使得我们可能会误认为看到的地理景观似乎是一个延绵不断的实体存在或者是线性的发展，似乎本来的历史过程就是这样，但真实的过程可能更加复杂，我们通过文献梳理和实地考察，探寻这些历史遗迹的断面，试图理解其变化过程，例如景观面貌变化、文化内涵和意义的变

迁。从东汉到现在，习家池基本上一直存在于历史文献中，似乎是一脉相承的，但通过史料检索和梳理，我们会发现其实这个地理景观是有变化和断裂的。通俗意义上，将观音阁称为凤林寺，但事实上二者应该是互不干涉的两个寺院，由于记载的混乱以及某些有意塑造的行为和人们的追忆，我们往往将其混淆。米公祠的始建年代应该是在康熙年间，但是米氏后人促成了米家庵到米公祠的转变，从而使米公祠成为襄樊的重要文化景观。下面，我们就详细谈谈这三处历史遗迹的变化和所反映的历史断面。

（一）习家池的景观与文化①

在去往习家池约半小时的车程里，我们对襄阳有了最初、直观的感知。到达习家池后，发现这里正在扩建，我们边走边观察周围新的建筑物，老师带着我们找寻习家池较早的建筑遗存。沿途最先看到的便是"习氏宗祠"，接着到了"湖北省文物保护单位"的题字碑，穿过林荫小道，到了清代的建筑遗存处，水中亭阁、园前古树及一些碑刻。老师细致地给我们讲解了如何完整、清晰地采集一块碑的信息，以便后期的整理、学习。

在找寻早期建筑的过程中我们意识到，就连清代的建筑都掩映在那林荫中，考察前我们翻阅的文献所记的"东汉习家池""西晋高阳池"……离我们又该是多么的遥远，无法触及。阅读文献时，或许我们也知道当时的建筑不可能保留在现在，但方志等书中"古迹"条的追溯和描述，使得我们心理上总觉得习家池是一个连续的存在。

考察回来反观文献时，我们便更加留意不同时代习家池的兴废、景观和功能的差别。东汉时的习家池，我们只能借助《水经注》"沔水"条的注文来窥测一二②，它是私人园林、游宴之处。西晋时，这里是山简饮酒散心的"高阳池"③。孟浩然《高阳池送朱二》一诗言明唐代习家池已经荒凉④。南宋时，官府在习家池修建了候馆，"筑堂二十八楹，扁曰'习池'；为寝舍二十有八楹，扁曰'怀晋'；凌地引泉，压以飞梁，外缭以垣，蠹门临衢，扁曰'习池馆'"⑤。这里成为官府的办事单位之一。我们不知道候馆是何时湮没的，正德十二年（1517年）杨铨重修时⑥，此地俨然一幅田园生活的景象，私家园林、候馆都已荡然无存，建亭曰"凤泉"。后来，江汇又给这一区域

---

① 由陈阳撰写。
② 郦道元著，陈桥驿校证：《水经注校证》卷二八《沔水》，中华书局，2013年，第637-638页。
③ 《晋书》卷四三《列传第一三·山涛附山简传》，中华书局，1974年，第1229-1230页。
④ 孟浩然著，佟培基笺注：《孟浩然诗集笺注》卷下，上海古籍出版社，2005年，第279页。
⑤ 尹焕《习池馆记》，襄阳城南沿汉江一带居民鲜少，官吏往来无下榻之处，尹焕沿路寻访合适的地方设置候馆，当时习家池已毁，只存故迹，他见此处风景优美、地理位置适宜，于是选址此处修建候馆。见：嘉靖《湖广图经志书》卷八《襄阳府·文类》，《日本藏中国罕见地方志丛刊》本，书目文献出版社，1991年，第863页。
⑥ 此次重修留有记文，见王从善《重修习家池亭记》，万历《襄阳府志》卷四七《文苑五·记上》，明万历刻本；光绪《襄阳府志》卷五《舆地志五·古迹》，《中国地方志集成·湖北府县志辑》第62册，江苏古籍出版社，2001年，第98页。

增添了新的景观——习杜祠堂①。这时的习家池，不仅是风景游览区，还有教化民风的功能。清代又有数次重修：第一次，康熙七年（1668年）重建，毛会建《重建高阳池馆记》②；第二次，王奉曾《修习家池记》③；第三次，主持修建的是知府周凯④，"池广三亩，深七尺，四围陂堤广丈许，栽枣、柳、芙蓉，下设石洑，稍西为小池二，以蓄泉源。又建亭于池中"；第四次，同治间知府方大湜主持修缮，"浚曰溅珠，池曰半规，池稍东为一大陂，陂中起钓台，有亭翼然，度以石梁，环以周堤，芙蓉杨柳，蔚然弥望"⑤。

现在习家池保留下来的清代建筑还有六角亭、两个小池子，应该是道光和同治年间的部分遗存。其余建筑在20世纪70年代被拆毁，我们看到的大部分建筑基本上是2010年及以后建的。已经建成和正在规划中的建筑物有"习氏宗祠""怀晋山庄""高阳池馆""凤泉馆"等⑥，我们会发现历代习家池的景观名称都汇集在这里。现在我们看到的习家池景区，不是某个时代习家池的复原，而是不同时代习家池的投影，是不同文化断面的组合。

习家池的景观在历代呈现不同的面貌，功能和性质也是复杂变化的，私人园林、官方候馆、宴会游览地，兼具文化教育功能。周凯主持重修后的习家池还变成了一个水利工程，"今与父老约，官出钱，民出力，即故址深广之，设东西二石洑，以时启闭，则自白马陂以下田皆可溉矣"。不过，根据万历《襄阳府志·水利》所载，明代习家池就有可能被改造为水利工程。

习家池祠堂的祭祀对象也在变化。江汇认为习凿齿著《汉晋春秋》以裁正当时，杜甫的诗有爱国忠君的色彩，因而建祠纪念。周凯重修习家池时，在西边发现旧祠，所祀为山简、习郁和佛像⑦。我们不知祠中何时开始供奉佛像，明代刘一儒《习池聚乐记》言"山僧煮茗"⑧。重修之后，

---

① 万历《襄阳府志》卷四七《文苑五·记上》所收孙继鲁《习杜祠堂记》一文载："公名汇，字巨（东）之，江西进贤人，丙戌进士"，再根据卷三六《宦迹一》"江汇，字东之，进贤人，进士，历荆南兵巡副使……有《游楚稿》"和光绪《江西通志》卷一三七《列传四》（清光绪七年刻本）载"江汇，字东之，进贤人，嘉靖进士，授兵部主事，历升湖广按察副使，浙江按察使……有《游楚稿》"的记载，可判定此处的"丙戌"指嘉靖五年（1527年），所以，此次江汇主持修建应在正德年间任襄阳卫副使的聂贤所作修缮之后。

② 光绪《襄阳府志》卷五《舆地志五·古迹》，第98页。此碑原石现在依然保存在习家池，碑末刻有"康熙七年，岁在戊申"。

③ 光绪《襄阳府志》卷五《舆地志五·古迹》，第98-99页。文中言"岁在癸丑"，再参照周凯《习池四贤祠记》，应为乾隆五十八年（1793年）。

④ 周凯文章保存下来的共有四篇，按时间顺序依次为《游习家池诗序》（道光五年，1825年），《浚复高阳池碑记》《习池四贤祠记》（道光六年，1826年），《高阳池修禊诗序》（同治五年，1866年）。文章见光绪《襄阳府志》卷五《舆地志五·古迹》，第99-100页；卷七《建置志二·祀祀》，第139-140页。

⑤ 光绪《襄阳府志》卷五《舆地志五·古迹》，第98页。

⑥ 参见"襄阳市人民政府门户网站"的相关报道：《习家池核心景区开门迎宾》http://www.xiangyang.gov.cn/resources/auto3277/auto3285/201407/t20140715_529362.shtml?keywords=习家池；《习家池风景区建设如何规划？目前进展如何？》http://www.xiangyang.gov.cn/resources/auto3176/tdcb/201207/t20120727_338412.shtml?keywords=习家池。

⑦ 《习池四贤祠记》："凯以道光五年春游池上，见池畔古屋三楹，半就倾圮，中奉栗主二，为晋山简季伦、汉习郁文通，中设释家像。急命僧扫除，去其像。江副使碑已失，杨、王二公碑犹存，一卧池侧。"

⑧ 此文写于隆庆戊辰（隆庆二年，1568年），见万历《襄阳府志》卷四七《文苑五·记上》，明万历刻本。

变为祭祀山简、习郁、习珍①、习凿齿,然而主祀山简,入祠标准也不是习氏中的贤德之人。民国时期,祠堂有住持②。然而有一点可以明确,即习家池的祠堂不是家祠,而且资金来源和修建者也多不是习氏子孙。从习家池祠堂的这几个断面我们可以看到,人们赋予建筑物一定的文化意义,并且因时因人而变化。

周凯发现旧祠后根据文献进行追溯,能找到的只有江汇所建祠,其实,江汇建造的祠堂,乾隆年间就已毁废③。在这个过程中,我们看到文本对事物的保存,我们从文本中寻找传承,进行追忆。

习家池的景观和功能在变,祠堂祭祀对象也在变,但它所蕴含的一个文化因子却一直在,就是山简及其代表的酒文化。翻阅万历《襄阳府志·文苑》和顺治《襄阳府志》"诗"的部分,发现其中吟咏习家池的诗文,多数都化用山简饮酒典故。即使保存下来的诗文只是当时的一部分,大概也是可以说明问题的。我们无法得知这些作者是否真正到过襄阳,游览过习家池,无法把握其内容是实写还是虚指,而这恰恰说明了山简及其饮酒典故成了习家池的一个文化符号。

我们再来看看几位名家留下的有关习家池的诗句,李白《襄阳曲四首》其二和其四④,孟浩然《高阳池送朱二》⑤,曾巩《高阳池》⑥,杜甫《王十七侍御抡许携酒至草堂奉寄此诗便请邀高三十五使君同到》⑦。前三位诗人都到过襄阳,应该也游历过习家池⑧,然而杜甫从未到过襄阳⑨,诗中依然行用此典故,可见山简与酒已成为习家池的一种标签。

离开习家池时,正好路过景点讲解的广播:"习家池、东汉、私家园林、高阳池……"这些词汇一遍遍萦绕在耳旁,似乎是习家池发展的历史脉络,然而我们应清楚的知道,这只是文化传统上的对接,是一些断面的叠加,不是历史发展的全部过程。不同的文化层相互叠压和断裂,似乎又有一些不变的文化符号,是人们印象中的文化内涵。

(二)记忆的传承与重建:襄阳观音阁的相关考察——兼论"副总戎来将军去思碑"⑩

从习家池步行而出,我们沿着岘山路于14时40分行至观音阁。观音阁在习家池东南方向,直

---

① 据《襄阳耆旧记》载,习珍为刘备零陵北部都尉,为保全百姓,先降于孙权,后起兵反对孙权,被孙权将领潘濬围攻,宁死不降,曰:"我必为汉鬼,不为吴臣,不可相逼也。"最后,弹尽粮绝,自尽而亡。见习凿齿撰,黄惠贤校补:《襄阳耆旧记校补》,中州古籍出版社,1987年,第19页。
② 据《为保存古迹维持文化公恳发还原有簿产以便支持永久事》(1935年),此时,用公田来供养祠堂。
③ "嘉靖末,副使江汇建习、杜二公祠堂,以祀习凿齿、杜甫。里人孙继鲁为《记》。今亭堂俱圮,仅存残碑、废址。"见乾隆《襄阳府志》卷五《古迹》,湖北人民出版社,2009年,第88页。
④ 管士光注:《李白诗集新注》,上海三联书店,2014年,第93-94页。
⑤ 孟浩然著,佟培基笺注:《孟浩然诗集笺注》卷下,第279页。
⑥ 朱国富、谢若水整理:《唐宋八大家全集·曾巩集》卷五,国际文化出版公司,第54-55页。此诗也称《习家池》。
⑦ 杜甫著,钱谦益笺注:《钱注杜诗》(下)卷一一,上海古籍出版社,2009年,第395页。
⑧ 李白的《襄阳曲》作于他34岁(开元二十三年,735年)游历襄阳时,在他26岁(开元十五年,727年)游历扬州、汝海、安陆时也可能到过襄阳。孟浩然是襄阳人,且在襄阳城南有田园。曾巩于熙宁六年(1073年)到熙宁九年(1076年)间知襄州,此诗应作于这个时期,文集中还有《初发襄阳携家夜登岘山置酒》和《游鹿门不果》。
⑨ 参见刘文典:《杜甫年谱》,云南人民出版社,2013年;莫砺锋、武国权:《杜甫》,南京大学出版社,2009年。
⑩ 由李红扬撰写。

线距离不足一千米。按照行程，我们先要考察一方"唐碑"。但在观音阁中未发现此碑，遂询问寺中僧人，僧人将韦驮殿的侧门打开，远远地可以望见"唐碑"伫立在观音阁正门台阶下一潭水池的前方。走近而观，目测此碑高2米左右（高2.23米，宽0.85米①），碑首呈半圆形，碑外建有砖砌碑亭，将整块碑镶嵌其中。碑阳、碑阴皆无文字，整块碑仅存碑额阴文楷书"副总戎来将军去思碑"九字。碑阳表面光滑，未见风化剥落的痕迹，据说其表面被后人用水泥涂抹。此碑长期埋藏于地下，直至20世纪70年代才被发现②。

此碑之所以被认定为"唐碑"，就是因为碑额"副总戎来将军去思碑"九字。唐代来瑱曾任山南东道节度使（治襄阳），被朝廷赐死后，其手下大将梁崇义为其立祠祭祀，四时拜飨③。有学者认为此碑可能立于此时④。但从碑额官衔来看，唐代"总戎"泛指战时总管国家戎事、统率军队之意，并无"副总戎"的名号。而查检史料，总戎、副总戎开始作为正式的职官名，似乎应至明朝才出现。如《杜曲集》中所收"副总戎何公去思碑"⑤、漳州市诏安县悬钟城明万历二十四年（1596年）摩崖石刻"皇明大总戎欧侯去思碑"⑥等等。此外，来瑱与"来将军"天然吻合，这是判断"来将军"为来瑱的一个重要逻辑。但倘若史书中有不是来瑱的来将军的记载，又该如何判断？查检史料，我们找到宋元之际诗人方回曾为一位"来将军"作《题来将军括苍送行诗卷》一诗，其中写道："将军从元戎，六年守襄阳。大小百余战，裂衣裹金疮。"诗中"来将军"很可能为宋将来兴国，其曾在宋元襄樊之战中镇守过襄阳，后又降元⑦。我们不知后人是否会为来兴国立碑，但此材料也提供了另一种可能，那就是襄阳历史上可能还存在着其他的来姓将军，并非只有唐代来瑱。

考察完"唐碑"后，我们由滩地拾级而上，回到观音阁。面向汉江的一面是观音阁的正门，这里曾经是一个渡口。而我们刚开始从岘山路进来的一侧是其后门，由于现在的主干道位于岘山路一侧，主要的人流量也是从岘山路而来，所以原本的正门一直处于关闭状态。观音阁是一座规模不大的寺院，由韦驮殿、大雄宝殿、钟楼、五福殿和僧人居所等建筑构成，皆为重檐歇山顶、黄墙、红柱、红门窗，显得肃穆而庄严。五福殿本为鼓楼，后由民间集资改建而成。钟楼内放置一铜钟，正面竖写"凤林禅寺"四大字，在"凤林禅寺"上方又横排小书"观音阁"三字。特别的是在僧人居所上立有一高大的鎏金观音菩萨像，当与该寺观音传说有关⑧。

观音阁，又名"凤林禅寺"，凤林禅寺（即凤林寺）是该寺的原名，而观音阁为其俗名。据方志记载，观音阁将前身追溯至梁武帝时兴建的凤林寺⑨。换言之，观音阁与凤林寺是同寺异称的

---

① 数据来自叶植主编：《襄樊市文物史迹普查实录》，今日中国出版社，1995年，第137页。
② 见http://www.hj.cn/html/200905/06/0629980805.shtml。
③ 《旧唐书》卷一一四《来瑱传》，中华书局，1975年，第3365-3368页。
④ 参见叶植主编：《襄樊市文物史迹普查实录》，第121页，其中"梁荣义"应为"梁崇义"；《中国文物地图集·湖北分册》，文物出版社，2002年，第69页。
⑤ 戴澳：《杜曲集》，《四库禁毁书丛刊》第71册，北京出版社，1997年，第368页。
⑥ 诏安县委员会文史资料研究委员会编：《诏安文史资料》第21期，2001年，第69页。
⑦ 《元史》卷一二八《阿术传》，中华书局，1976年，第3120页；《元史》卷一二七《伯颜传》，第3103页。
⑧ 左龙岗：《观音阁的传说》，《襄阳日报》2013年12月10日。
⑨ 道宣著，郭绍林点校：《续高僧传》卷二八《隋京师胜光寺释明诞传》，中华书局，2014年，第1088页。

关系。但也有人认为两寺互不干涉，应属两座不同寺庙①。按天顺《重刊襄阳郡志》记载："凤凰山在县东南五里，梁武帝叡立寺其上，今不存矣。"②也就说至迟明朝天顺年间凤林寺的实际建筑已不复存在。与此同时，在县南十里观音阁关后，又出现"观音阁"的记载。此"观音阁"所处位置是否为今天观音阁的位置呢？明人袁中道《游居柿录》云："过襄阳观音阁，登水边亭，汉水怒吼，对岸即去鹿门道也。亭后有石潭，石理亦奇古，大类虎丘剑池。不数里，即为习家池。"③这与今天观音阁所在位置的周围景观大致相同，鹿门即汉江对面鹿门山，石潭应为今天所见"凤凰池"，亭很可能为清方志中所言"凤凰亭"（只是明朝并不叫凤凰池、凤凰亭）。位于县东南五里凤凰山上的凤林寺已不存，而县南十里观音阁关又新出现观音阁。所以，观音阁与凤林寺似乎并非是同寺异称，也并不具备继承关系，而是两个不相干涉的寺院。

至于为何将观音阁与凤林寺等同，视为一个寺庙？我们推测可能与方志中混乱的记载有关。凤林寺的名称与凤林山（即凤凰山）有关，但在方志中凤凰山的位置并不确定，于是便给凤林寺的定位造成诸多不便。至乾隆《襄阳府志》中，将凤凰山与卧龙山等同，于是卧龙山上的观音阁便与凤凰山上的凤林寺重合④。当然，还存在另一种可能，那就是对"传统"的回顾。正如前所说，凤林寺虽然实体建筑已被摧毁，但"凤林寺记忆"仍然存在。而传播这种记忆的载体正是明清诸种方志，书中不厌其烦的强调在凤凰山上梁武帝建有一座寺庙。其具备强大的"传统"力量，传统代表着过去，"过去虽然不可重复，但是却可以通过符号建构来重新召唤回来"⑤。而宗教的重建，也正是在这种对传统记忆的呼唤中重新焕发活力。而清代方志中，观音阁周围产生了许多与凤凰有关的景观，比如凤凰池、凤凰亭（"凤凰亭"三字之碑现存于米公祠）、凤凰滩等⑥，似乎一直在向读者或者游客暗示观音阁即凤林寺，两者具有天然的传承关系。毫无疑问，宗教或寺院的重建需要借助传统（或记忆）的力量，以获得发展的动力与活力。甚至可以说，观音阁在一定程度上传承了"凤林寺记忆"，将往日之凤林寺保存至今。作为记忆的空间，观音阁发挥了应有的作用。但回到历史的场境中，我们应客观的对待两个寺院的发展历史，从史料中两寺的相关记载中剥离出两个互不干涉的历史线索。

（三）碑刻所见襄樊米公祠与米氏世系⑦

米公祠是为纪念北宋大书画家米芾而修建的祠宇。我们于5月14日11点多到达米公祠北门，随后到了南门，跟随讲解人员，考察了米公祠的建筑布局等。重点参观了碑廊，其中有关襄阳米氏家

---

① 李俊勇、方莉：《华中胜景——岘山纪录》，收入刘群主编：《襄阳印记》，商务印书馆，2015年，第213页。
② 天顺《襄阳郡志》卷一《山川》，《陕西省图书馆藏稀见方志丛刊》本，北京图书馆出版社，2006年，第48页。
③ 袁中道著，钱伯城点校：《游居柿录》卷八，收入《珂雪斋集》，上海古籍出版社，1989年，第1291页。
④ 乾隆《襄阳府志》卷四《山川》，第51-52页。
⑤ 引自汲喆教授为"空间、记忆与宗教权威的合法性——以一个佛教寺院为例"的讲座发言，2018年4月19日，武汉大学历史学院。
⑥ 乾隆《襄阳府志》卷四《山川》，第51-52页；同治《襄阳县志》卷一《山川》，《中国地方志集成·湖北府县志辑》本，第64册，江苏古籍出版社，2013年，第100页；光绪《襄阳府志》卷二《山川》，第44页。
⑦ 由李兆宇撰写。

族以及米公祠历史的碑刻引发了大家的兴趣。此处将以米公祠所见碑刻为中心，探讨米氏家族渊源、世系传承以及米公祠的形制和历史变迁。

1.《米氏世系述》《米氏宗谱序》《米氏世系碑识》三碑与米氏世系

《米氏世系述》和《米氏宗谱序》二碑树立时间较晚，此前，清人对这支米氏家族渊源的认识，主要来自于明代郑继之的《米氏世系碑识》①。邵嗣尧所撰《修建米氏故里碑记》记载他曾在襄樊寻访米家庵的过程中得一碑，上书"米氏故里"。当天，米芾第十九代孙米永爵等人又携来断碑，这块碑正是郑继之的《米氏世系碑识》。而同治《襄阳府志》中的《米氏世系碑识》全文并没有"米氏故里"四字，可以知道这两块碑不属于同一块碑，但王谨微于康熙六十年所作《米南宫碑记》中却为故事添加了更多的情节。首先是康熙十一年（1672年），吴、郑二公寻得郑继之的《米氏世系碑识》的一部分残碑，邵嗣尧在这一年也来到了襄樊，但似乎除了找到米家庵外一无所获。康熙三十二年（1682年），邵嗣尧再次来到襄樊，在路旁发现一方残碑，而当地人说还有另外一块残碑，于是命人挖出带来辨认，始发现二碑其实为一碑。

通过对比邵嗣尧与王谨微的叙述，发现三个问题：（1）邵嗣尧是于康熙十一年还是三十二年访得残碑？（2）到底有几块残碑？（3）两块残碑有没有被拼合过，是不是《米氏世系碑识》的两部分？

由于篇幅有限，我们将考证结果简要说明：康熙十一年邵氏所见残碑确是《米氏世系碑识》，此碑断裂的地方就在碑文"孙讳仲良"处。邵氏所见的这半块碑就是吴、郑二公访得的那块碑，当然也是米永爵携来的那块碑，更是邵氏二十年后在道旁再次见到的那块残碑。至于王谨微所云邵嗣尧再次来到襄樊并拼合一事，不能认为是邵氏《碑记》中提到的米永爵所携碑与另一残碑的拼合，而是二十年后邵嗣尧故地重游，尤其是在撰写完《修建米氏故里碑记》后才见到郑继之《碑记》的上半部分，将其与下半部分拼合，所以，他才未将此事记入《修建米氏故里碑记》。

关于襄樊米氏家族的源流与传承，《米氏世系述》《米氏宗谱序》和《米氏世系碑识》三者之间存在一点分歧：《米氏宗谱序》《米氏世系碑识》都认为居陕始自米德修，而《米氏世系述》却认为居陕始自米仲辉、米仲美。从仲辉、仲美的名字来看，他们应该与仲良同属第九代。由于没有太多的材料，所以我们猜想可能由于战乱等原因，仲良不得不率领一支族人迁居襄樊，而留在陕西的仲辉、仲美也可能离开了凤翔府塔儿湾，在他处定居，成为留居陕西米氏的两祖。大体来说，《米氏世系述》《米氏宗谱序》与《米氏世系碑识》所载的米氏世系渊源、传承是一致的。

襄樊米氏的迁徙与分支，依据碑文，主要有几个节点：第一，南宋末年，第四代米德修、聿修兄弟避兵难，移居凤翔府岐山县塔儿湾。第二，元末至正年间，第九代仲良回迁襄樊，仍有一部分

---

① 郑继之，《明史》有传，本籍襄樊，曾任吏部尚书，明万历四十七年撰写碑文的时候因朋党之争已经隐退，所以，王谨微《米南宫碑记》云："明季，吾乡冢宰鸣岘郑公记南宫之始末也"，认为郑继之当过襄樊当地的父母官是不对的，而至于郑继之为何撰写此碑，是受人所托还是闲情所致，都不太清楚。

米氏族人留居陕西。第三，明隆庆至万历年间，第十五代米玉出仕锦衣卫指挥①，居家于北宛，即北京旁的宛平②。第四，明末清初③，第十七代米颐民移居湖南辰溪县。

从碑刻所述的米氏世系，我们还可以得出三点认识：第一，虽然米氏的每一代都比较清楚，但代与代之间的传承关系并不十分明晰，明确的父子传承关系是从第十三代到十四代开始的。第二，在家族谱系中，有一系的传承自十三代至第二十代都十分明确，即"假—汉—国储—严—长民—瓒—永宁、永爵—澍、滌、洁、溢"，这一系是否是长房长孙，碑刻没有交代，但是，在现存碑刻中我们的确发现这一系子孙在家族事务中发挥着中坚作用，也可以进一步认为他们是米氏宗族内部的"核心家族"。第三，米氏北宛"玉—万钟、万春—寿都、寿图—总众"一房来源不明，一种可能是他们来自留守陕西的米氏一系，更大可能是他们本身与襄樊米氏毫无关系。我们大胆推测北宛米氏被归入襄樊米氏可能来自后世的攀附。至于什么时间、什么原因会攀附上这支米氏家族，很可能是在米万钟发迹之后，他一手策划将自己的北宛米氏与襄樊米氏搭上关系。因为他本人在书画方面造诣非常高，所以能够证明自己是米芾的子孙，对宣扬家学渊源、抬高自身身价很有帮助。同时，米万钟这位文化名人对襄樊米氏提高家族影响力、重振家学也有重要作用。

2. 米公祠的修建与形制

明末的米家庵应该与后来的米公祠在同一地点，此地先前可能是米氏家族旧居，后来房屋颓废荒芜。可以确信，当时并没有建立祠宇。直到邵嗣尧第一次游历襄樊时看到的还是这样的场景。

米公祠始建于邵嗣尧第二次来襄樊期间。上文已论，邵嗣尧第二次来襄，拼合了郑继之的《米氏世系碑识》，对襄樊米氏家族的渊源和历史有了更深的认识，促成了米公祠的草创，由米氏第十八代米瓒、米永爵父子牵头，"建碑立祠，岁时致祭焉"。

28年后，祠宇倾颓，亟须重建。康熙六十年（1721年），永爵之子米澍带领族人对米公祠进行了首次大修，我们认为可能在这一次大修中，米公祠初步奠定了现有的规模。其实，除了祠宇倾颓，这次大修还有其他原因。按照王谨微《米南宫碑记》和鲁之裕《重修米南宫碑记》的记载，康熙六十年前不久，襄樊很多先贤祠祀及名胜古迹都被整修过。同治《襄阳县志》卷二"祠祀"条也记载了这一时期很多祠祀展开了大规模的整修活动。

康熙六十年后米公祠的状况如何？又经历了几次大修？我们不太清楚，据光绪《襄阳府志》，雍正、同治年间又对米公祠和洁亭进行了小规模整修④。另外，《襄樊市文物史迹普查实录》载："殿门额题款：1.米公祠拜殿门额题'光绪六年（1875）十二月谷旦文渊阁大学士单懋谦敬书'"。

---

① 米玉之子米万钟，《明史·董其昌传》称其与董其昌并为当时的书画大家，世称"南董北米"。米万钟于明万历二十三年（1595年）中进士，则其父生活之年代推而可知。

② 北宛米氏可能与襄樊米氏无关，而碑刻中的说法很可能来自于米万钟的攀附，详后。

③ 据《米氏世系述》记载："寿图之子曰总众，顺治甲辰进士。复考我清湖省辰溪颐民之子曰元侗，甲午举人，侗之弟曰元侗，甲午者也。"寿图是北宛一系万春之子，与颐民同属第十七代。又考顺治无甲辰，《米氏宗谱序》云："寿图之子曰总治戊子（1648年）进士"，当是。而颐民之子甲午（1654年）中举人，则北宛与辰溪各世系大致生活年代推而可知之。

④ 同治《襄阳县志》卷五《祠祀》，第141页。

2.宝晋斋门额题'同治五年（1866）岁次丙寅春三月重建'。"米公祠中心的两座建筑宝晋斋与拜殿可能至少分别于同治和光绪年间整修过。

现在米公祠的建筑，据《襄樊市文物史迹普查实录》，宝晋斋曾于1985年按原样重建，较以前升高了40厘米，并加盖稍间。而拜殿后的碑廊则于1983年重建，洁亭系1984年重建。

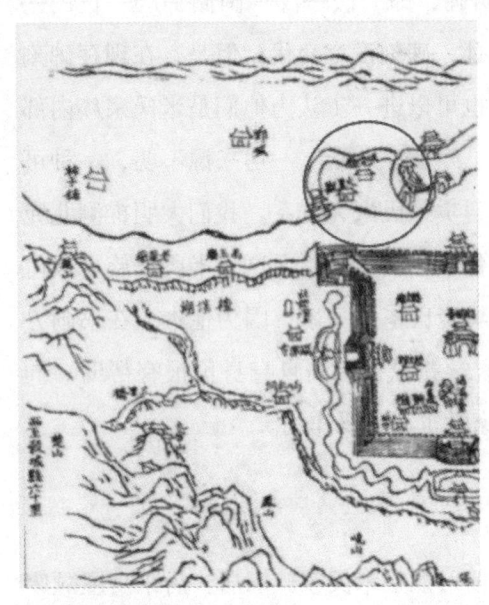

同治《襄阳县志》所绘襄阳县图

《重修米家庵碑记》载米公祠的位置："米家庵在樊城柜子城上。"所谓柜子城，可能就是宋代的雁翅城。《宋会要辑稿》："樊城东西已有雁翅城，襄阳城北若不依此条筑固护，则诸军车战马船无所系泊。"①按雁翅城就是樊城的两个子城，因其地处东西两边，像大雁翅膀一样护卫着樊城，得名雁翅城。乾隆《襄阳府志》卷五"古迹"记载："屯军囤二，在樊城西北隅，皆附城，囤内可容兵。"②这里说的"附城"应该就是指樊城西的子城。

在同治《襄阳县志》所绘的襄阳与樊城图中，樊城西边即是子城。同治《襄阳县志》又云"米公祠在樊城朝觐门内"③，朝觐门是樊城内城西北隅的城门，说明米公祠不但在樊城内城里，还与子城有牵连。同治《襄阳县志》载："祠前有墩，中为通衢。雍正五年知府高茂选以墩归祠，建桥以合于祠，下作券门，以通行路，筑亭墩上，曰面墩亭……券门内外有米氏故里新旧二碑。同知王正功改面墩亭曰洁亭，以表公志。"④

同治《襄阳县志》前附有米公祠图，所示圆圈范围内，从左往右依次就是志中所说的墩、洁亭、券门（在墩亭下）和券门内的"米氏故里"碑。米公祠院内两侧的碑刻应是同治《襄阳县志》中所说的45方碑刻。再往里走，两座中心建筑分别是宝晋斋和拜殿。总体来看，米公祠位于一处高地上。同治《襄阳县志》载，咸丰十一年（1861年），"守道金国琛于米公祠截断旧城，增加砖垛炮位"，米公祠因地势较高，其上就被架起居高临下的炮

同治《襄阳县志》所绘米公祠图

---

① 刘琳等点校：《宋会要辑稿》，上海古籍出版社，2014年，第9455页。
② 乾隆《襄阳府志》，第83页。
③ 同治《襄阳县志》，第96页。
④ 同治《襄阳县志》，第96页。

台，可以警戒汉江水面。我们在考察过程中也发现，米公祠的正门的确非常高，台阶也比较陡峭。

从《樊城街道图》所标箭头处望去，上述墩、洁亭、券门以及米公祠正门都是靠南临江的，包砖城墙也是对着柜子城。同治《襄阳县志》米公祠图中，朝觐门与米公祠之间绿树掩映的区域就是樊城西北角的城墙。米公祠的位置也大致清楚了，坐北朝南面江。它地势较高，天然地成为了樊城内城的城垣，并与剩下的樊城内城西面城墙相接，从《樊城街道图》上还可以看出与它相接的城墙遗迹，因为修路需要而断开。米公祠内部主要有拜殿和宝晋斋两大建筑，在正门与拜殿、拜殿与宝晋斋中间的院子两旁就矗立着米公祠的书法石刻。从现在米公祠的平面图可以看出，还是以拜殿、宝晋斋为中心，但改革开放后又增添了仰高堂等建筑，在米公祠东面又修建了东苑，丰富了祠内的景观。

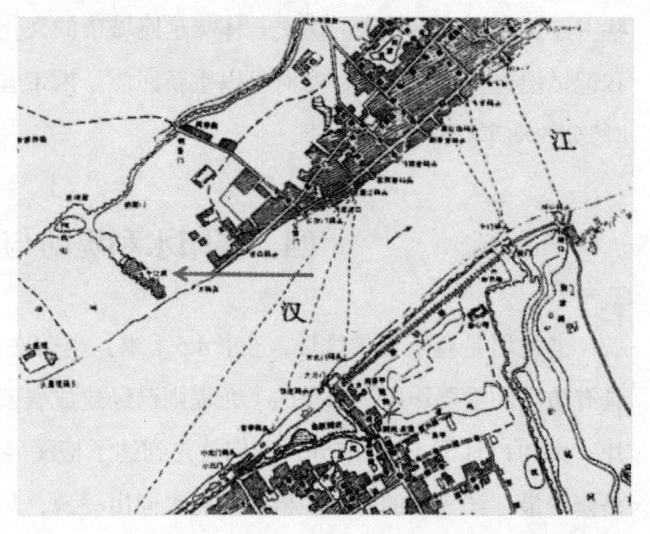

樊城街道图

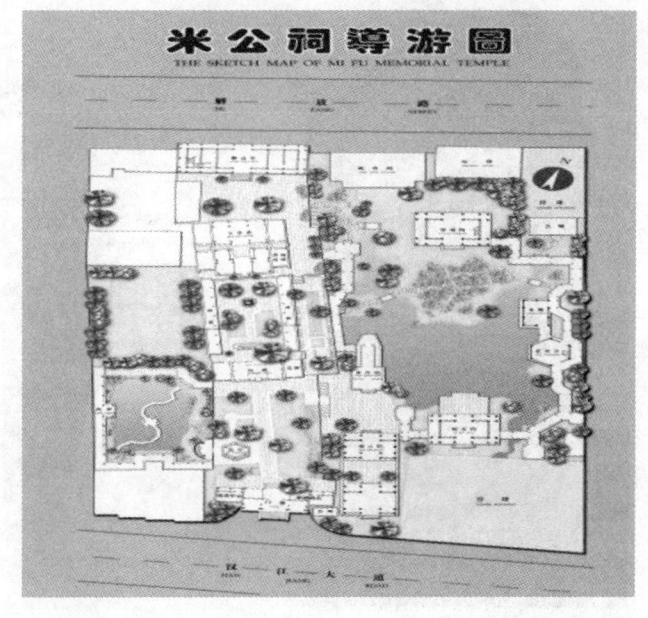

米公祠景区导游图

通过上文分析，我们知道米公祠始建于康熙年间，可以追溯的历史其实比较短，当地在清初只存有米家庵遗迹，所以邵嗣尧才有"古宅襄阳在，扶持欲问天"的感慨。米氏族人通过家谱的书写，构建了一个比较严密的世系传承，并且，这个世系传承在明清之际是得到士大夫们承认的。同时，米氏族人又促成了从"米家庵"到"米公祠"的转变，通过重修祠宇和立碑纪念等方式，强有力地重塑襄樊的"地方记忆"，将米公祠打造成当地著名的景点，使得米芾、米氏家族、米公祠这几个词汇在襄樊大地上紧密地结合起来，从而被襄樊的地方文化全盘接纳，成为它的重要组成部分。

总体来看，有些古代遗迹虽然不在了，却被纳入到地方记忆，并延续了它的生命力。还有一些遗迹，虽然作为实体被保留了下来，但人们对这些遗迹也进行了长时间的改造，不仅使得它们的遗存状态，更使得它们作为一种地方文化的面貌发生了巨大变化，从而被注入到历史记忆中，对后来生活在这里的人们产生了影响。

结束了米公祠的考察后，我们便收拾行李回武汉。行程匆匆，我们却依然尽力去踏寻襄阳的一些古迹，触摸这座城市的历史，体味这座城市的文化，记录我们了解到的故事和信息。我们的笔头和记忆把这些时间定格，时时可以重新回放。携带着田野考察记录和自己独特的记忆，我们乘坐14时5分的动车离开了这里。

四、襄阳水利堤防与水利社会的构建

老龙堤是襄阳城护城堤，全长4.5千米，坐落在古汉江的老河床上，经历了无数次水患侵袭，具有防洪的重要作用。如今的老龙堤则已经建成襄阳市民休闲娱乐的绿道，成为襄阳的一张风景名片。大约13日下午5时15分，我们首先到达了檀溪码头，这是襄城现存的码头中最西边的一个，也是修得最"洋气"的一个。檀溪与襄水同出一源，却因老龙堤的建设而逐渐干涸变为良田。这个檀

《重修老龙堤记》碑

老龙庙

溪码头，无言地证明着曾经檀溪的存在。虽然码头已经没有了船的停泊，但码头文化依然是襄阳文化中不可或缺的一部分。沿着檀溪码头向西，我们走了一小段路，欣赏现在的老龙堤绿道。因为时间关系，我们乘车赶往老龙庙。老龙庙位于万山东二里的老龙堤上，庙不大，灰瓦红墙，从外观看像一个精致的小院子。老龙庙门前西面有一块碑，为《重修老龙堤记》碑，虽有磨损，字迹依稀可以辨清，是清朝时任襄阳知府的尹会一组织安排修堤而记。我们站在老龙庙前的老龙堤上，正对着汉江上的一个沙洲，如今称桃花岛，也称老龙洲、解佩渚。老龙堤、老龙庙和老龙洲都拥有着自己的传说。

（一）依水治民：老龙堤所见的襄阳水利与社会[①]

《湖北省襄樊市地名志》言老龙堤亦称"大堤"[②]，其实，老龙堤只是大堤的一个部分。《湖广通志》对大堤做了详细的介绍，其言："按古大堤，西自万川，经檀溪、土门、白龙、东津渡，绕城北老龙堤，复至万山之麓，周围四十余里。"[③]据此可知襄阳古时的大堤，是从万山绕城南到东津渡，再由东津渡绕城北到万山共四十里的环形堤。乾隆《襄阳府志》有关"老龙堤"的表述亦能证明，老龙堤仅仅是大堤的沿江的一段[④]。另据乾隆《襄阳府志》可知，老龙堤始建时间为明嘉靖三十年（1551年）。[⑤]

官方文书记载之外，襄阳民间尚有众多相关的传说与老龙堤的命名相关。民间传说大体分为两个版本：

过路的道人解草绳，踏着祥云，把绳索一端拴在万山半腰处，一端钉在夫人城墙上，指挥百姓沿草绳垒土筑堤，河堤终于修筑起来了。原来这个道人是个镇河神，他的草绳其实是一条老龙，"老龙堤"由此得名[⑥]。

在此种"文化诉说"之外，尚存在另外一种"文化表述"：

镇河神化作一白胡子老头，把手中的龙头拐棍往地下一掷，那拐棍立马变成了一条老龙。白胡子老头从乾坤袋中拿出一枚铁钉，化成一根铁桩，将龙头钉在襄阳夫人城脚下；他又用铜锁把龙尾拴在万山半腰处，然后让全城的老百姓往龙身上堆土，河堤修好了。人们为了镇住大堤下的老龙，就在龙尾巴万山半腰处修了座保堤寺，在堤中间盖了座老龙庙。从此以后，河堤再也没有垮过，人们就叫它"老龙堤"[⑦]。

由此可见，两种民间传说的文字表述不同，其源头当是一致的，可以表述为：镇河神带领民众修筑老龙堤。将民间传说与官方记载相对照，亦可以发现三者之间的共性，那便是老龙堤不是民众自发组织构筑的[⑧]。老龙堤之命名，多为地方文化的创造，而非当时之情形。老龙堤真正命名

---

① 由苏占旗撰写。
② 湖北省襄樊市地名领导小组编：《湖北省襄樊市地名志》（内部资料），1983年。《湖广通志》"襄阳县"下亦言："老龙堤在县西三里，即大堤也。"（《湖广通志》，《文渊阁四库全书》本，第531册，第693a面）
③ 《湖广通志》卷二〇《水利志》"襄阳县"条，《文渊阁四库全书》本，第531册，第692d面。
④ 乾隆《襄阳府志》卷一五《水利》，第197页。《大清一统志》也有相似记载，云："北自老龙堤至长门，皆沿城甃石，南自万山山麓至土门，皆仍古大堤。"穆彰阿、潘锡恩等纂：《嘉庆重修一统志》卷三四八《襄阳府》，上海古籍出版社，2008年，第8册，第298页。
⑤ 乾隆《襄阳府志》卷九《坛庙》与卷一五《水利》，第83、197页。
⑥ 襄阳地区群众艺术馆编：《襄阳民间传说故事集》，襄阳地区群众艺术馆，1982年。
⑦ 襄阳地区群众艺术馆编：《襄阳民间传说故事集》，襄阳地区群众艺术馆，1982年。
⑧ 对于民间无法自主修筑堤坝的原因，张建民先生通过研究认为，"水利建设具有的公共性与个体小农分散性之间的矛盾，是导致民间堤垸难以自主进行的重要原因"。张建民：《湖北通史·明清卷》，华中师范大学出版社，1999年，第266页。

之缘由当如《湖北襄樊市地名志》所讲："由于它工程浩大，蜿蜒似老龙伏地而行，故称'老龙堤'。"①老龙之名源于堤的形制，却蕴含了襄阳人民消除汉江水患的美好愿望。

《林则徐文集》对于汉水堤防的情况做了大致的描述：

盖滨汉各州县堤工，除襄阳老龙堤系属石工，尚属坚固外，其钟祥、荆门、京山、潜江、天门、汤阳、汉川等州县，南北两岸正堤土性多沙，易于冲刷，且工长计有十六万六千一百余丈，其旁出之支河各堤，尚不在此数之内②。

由此可见，明清之际在汉水两畔修筑绵延万丈的护河堤，以石筑堤也充分说明了老龙堤在汉水水利格局中的重要地位。地方政府以及襄阳地方社会对老龙堤的重视，不仅仅在于以石筑堤，还多次重修老龙堤，奏请修堤的官员都是身居高位的官员，多以湖广总督为首③。从某种程度上说，修筑老龙堤是一种官方权力向民间社会的渗透，地方政府以此展现其对地方社会的控制力。老龙堤修防经费源自官方：

湖北襄阳府老龙石堤，捍御襄河，保护郡城，最为紧要。前因南岸堤身屡被冲溃，估工修筑，本款不敷，借动司库各款，共银八万二千一百三十七两零，至今尚未归还。兹该督等查明堤河生息一款，本银十五万两，汉商每年应缴息银一万八千两，原备合省堤河之用。请拨出五万两本息，为老龙堤经费，历次借项，得以逐渐归还。著照所请，准其拨银五万两，作为老龙石堤修葺之用。其前借商捐堤河息银一万五千六百五十一两，即于本款开销，毋庸归还。其余借动款银六万六千四百八十五两零，均著照规定章程，按年扣还，该部知道④。

"借动司库"说明老龙堤的修筑是"借帑兴工"的方式，需要地方政府逐渐归还相关款项。除了官帑外，尚有"河息银"，乾隆九年（1744年）总督鄂弥达享在襄阳府库存军需银内拨款5000两，发襄阳府属各当铺生息，以一分五厘生息，每年可得息银900两⑤。可见地方政府也借助襄阳民间力量来完成老龙堤的修筑，但是官方的力量仍然起主导作用⑥。堤的修建和管理多为地方政府所主导，正应合了老龙堤传说之中的"老人""道人"形象，他们都是地方"精英"人物，指挥襄阳人民筑堤防御水患，在筑堤之中官民社会开始进行"互动"。

---

① 湖北省襄樊市地名领导小组编：《湖北省襄樊市地名志》（内部资料），1983年，第126页。
② 《筹款生息防守襄堤折》，道光十八年闰四月十八日，载于《林则徐全集》第3册，海峡文艺出版社，2002年，第22页。
③ 督率地方水利是地方官的重要职责，对于重要的水利工程设施，设置专官负责。张建民：《湖北通史·明清卷》，第257页。
④ 中国水利水电科学研究院水利史研究室编校：《再续行水金鉴·长江卷》，湖北人民出版社，2004年，第49页。
⑤ 黎世序等：《续行水金鉴》卷一五三《章牍二》"乾隆九年湖广总督鄂弥达奏"，文海出版社，1970年，第78册，第83页。
⑥ 雷平先生在研究了清代襄阳的碑刻之后，认为在襄阳地方水利事务中官府承担着领导的职责，并将其延伸为官民共治的水利格局。参见雷平：《襄阳碑刻所见基层社会治理》，《湖北大学学报》（哲学社会科学版）2014年第1期。

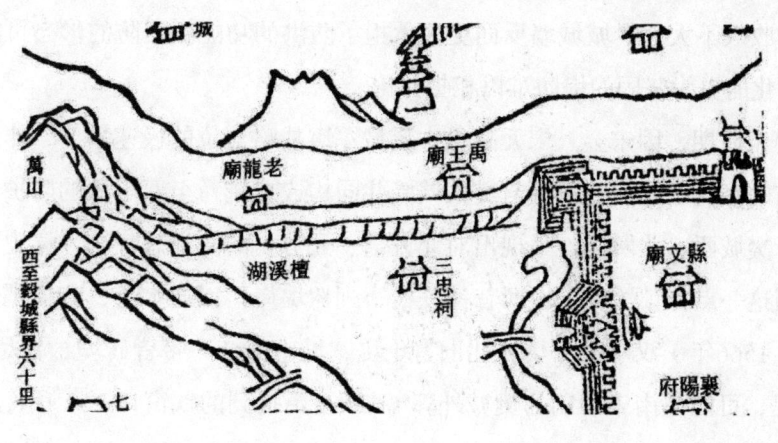

老龙堤万山—襄阳城段①

除老龙堤外，樊城堤和襄渠作为两城重要的水利堤防，也列入我们的考察计划当中。略微遗憾的是，由于时间所限，我们对樊城堤和襄渠只是在坐车经过时匆匆一瞥，所幸在米公祠中有几方与之相关的碑刻，为我们探究两堤提供了重要的材料。

（二）从"东冈"到樊城石堤：樊城堤的千年变迁②

不同于官方对老龙堤的重视，樊城堤在历史上一直地位不显，直到清朝后期才最终形成较完整的樊城堤防体系，并不时修补。樊城筑堤虽是官府主持，却实际依赖于民间力量的支持，与襄阳城堤防经费由官帑、官银生息、随额附征的官方力量支撑迥然不同③。历史上樊城堤防发展经历了四个阶段④：

1. 雏形期。东汉后期，应筑有最早的樊城堤防，大约位于樊城东北，称"东冈"⑤。"冈"意为"山脊"⑥，既然称"冈"，那么堤防有可能是利用较高的地势而建，仅有少量人工夯土修筑。樊城之名初见于汉桓帝时⑦，则樊城堤防的初创应在东汉后期，自2世纪下半叶至3世纪初⑧。至南朝时期可能沿汉水亦有堤防，与樊城南城墙共同起防洪作用。

2. 荒废期。唐朝至北宋时期，樊城不受重视，原有堤防日渐塌毁，几无相关文献资料。雏形期与荒废期的樊城堤防主要用于护城，无论是屏障淯水或汉水，都是为了更好地保存樊城，虽具有一

---

① 图片截取自乾隆《襄阳府志》图二《襄阳府城图》。
② 由高欣媛撰写。
③ 参见鲁西奇、潘晟：《汉水中下游河道变迁与堤防》，武汉大学出版社，2004年，第245页。
④ 樊城堤的变迁过程参考鲁西奇、潘晟：《汉水中下游河道变迁与堤防》，第166-167、169、173-174、183、191-193、211-212、243-245页；同治《襄阳县志》卷二《建置志》，第105-106页。
⑤ "东冈"之名见于《水经注·河水篇》关羽围樊城一战的记载，杨守敬、熊会贞疏：《水经注疏》卷二八，江苏古籍出版社，1989年，第2375-2376页。同一战役另见《三国志》卷一八《庞悳传》，第546页。
⑥ 《说文解字·牛部》"㭷"条段玉裁注："《说文》冈训山脊"。许慎撰、段玉裁注：《说文解字注》，上海古籍出版社，1981年，第108页。
⑦ 《水经注·河水篇》引《汉晋春秋》："桓帝幸樊城，百姓莫不观。"杨守敬、熊会贞疏：《水经注疏》卷二八，第2375页。
⑧ 鲁西奇、潘晟：《汉水中下游河道变迁与堤防》，第167页。

定的防洪作用，却收效不大，樊城城墙反而更多承担了防洪的功能。堤防的形态可能依自然地貌而建，与襄阳城体系化的更为坚固的堤防难以相提并论。

3. 重建期。南宋后期，因宋金、宋元战役中樊城军事战略地位的极速攀升，作为樊城城防建设的重要一环，堤防的修筑是必然的，且与樊城城墙共同构成樊城乃至襄阳城的防护圈。此时修建的樊城土堤主要位于樊城西、北两面，呈现出对北方金、元势力的防守态势。《读史方舆纪要》中有相应记载似能证明这一点："（樊）城西昔铸铁樋，列树堤岸，以通水道，如窗櫺然，名铁窗口。明嘉靖四十五年（1566年）汉水溢，樊城北旧有土堤，城南面江一带皆砖城，皆尽溃决。"①明以前樊城北边的土堤，可能是南宋后期的樊城外郭②。顾祖禹提到的铁窗口，天顺《襄阳郡志》卷二《古迹》有载："铁窗口在县北樊城之西，昔人铁铸窗櫺通水道，其上筑土为堤以防水患，故名之。"③则明中期以前，樊城西面筑有土堤以防水患，鲁西奇先生等据此推测铁窗口土堤很可能建于南宋后期襄樊攻围战过程中④。明朝时期，由于樊城地位再一次衰落，北面樊城土堤于嘉靖年间被洪水彻底冲毁后，数十年无人修缮。樊城城墙在很大程度上承担着防洪的功能，被冲垮后，也未见如襄阳城老龙堤一般进行修护。究其原因，四库本《湖广通志》已给出答案："然樊城溃，则襄城无恙，其利害之轻重又不可不审也。"⑤为保襄城而舍樊城，应是樊城不修筑堤防的一种人为考量。

4. 完成期。清道光四年（1824年）以前，樊城沿江堤应为自大码头至邵家巷的一段土堤。同治《襄阳县志》卷二《建置志》云："樊城土堤，自道光四年以后，水扫北岸，逐年坍塌，居民苦之。"⑥表明道光四年以前，樊城沿江筑有土堤。"八年冬，知府郑敦允改修石堤，自大码头至邵家巷，计四百余丈。"⑦同治八年（1869年）至十二年又继续增修，最终形成自火星观至邵家巷的沿江长堤。时任襄阳知府郑敦允居功甚伟，他不仅组织将原樊城土堤改为石堤，还新修百余丈土堤⑧。此时，樊城城墙虽在客观上依然具有防洪的作用，但不再扮演重要角色，樊城的防御体系与堤防体系实现了分离。

《樊城新堤记》载："其地与襄阳相掎角，二城对峙，汉水中束，性浊且疾。唐邓之水复自唐白河南注，横截汉流，其波涛激射，为害尤烈。数十年来堤岸日圮，富庶渐减，守土者忧之，思建长堤以捍洪波，而苦于费之无出也。"⑨樊城堤与樊城经济的发展息息相关，与樊城商业的每一位参与者息息相关，虽然政府"经费无出"，但"绅者、土著者、商者、贾者，腰金而好义者争先恐

---

① 顾祖禹：《读史方舆纪要》卷七九《湖广五·襄阳府》，中华书局，2005年，第3703页。
② 鲁西奇、潘晟：《汉水中下游河道变迁与堤防》，第193页。
③ 天顺《襄阳郡志》卷二《古迹》，第216页。
④ 鲁西奇、潘晟：《汉水中下游河道变迁与堤防》，第193页。
⑤ 《湖广通志》卷二〇《水利志》，《文渊阁四库全书》本，第531册，第693页d面。
⑥ 同治《襄阳县志》卷二《建置志》，第105页。
⑦ 同治《襄阳县志》卷二《建置志》，第105页。
⑧ 同治《襄阳县志》卷二《建置志》，第105-106页。
⑨ 《樊城新堤记》碑文内容，参见徐琳琳：《嘉庆至同治时期的襄樊水利社会研究——从水利碑刻切入》，湖北大学硕士学位论文，2011年，第56页。

后，乃召土工、木工、石工、金工"①。所以地方捐款是郑敦允主持所筑新堤的最重要的来源。

表1 道光十年（1830年）樊城筑堤工商业界捐输名单表②

集体捐输	名称	捐输额	个人捐输	姓名	捐输额
会馆行帮	山陕馆	钱3712串900文	官员陕西刑部郎中	张联捷	钱4000串整
	武昌馆	钱2075串700文	增生蒲城县增生	张海	钱3000串整
	江西馆	钱1810串整	绅商	周如玉	钱400串整
	徽州馆	钱1105串400文		杨德元	钱200串整
	黄州馆	钱575串900文		张修全	钱100串整
	汉阳馆	钱468串500文		周琼琚	钱100串整
	福建馆	钱448串900文		杨光亮	钱50串整
	怀庆馆	钱404串600文		周如金	钱50串整
	江苏馆	钱149串整		杜继惠	钱50串整
	韩城馆	钱120串整		许尔封	钱30串整
	抚州馆	钱100串整	民众（仅列捐输额高于100串者）	王永亨	元银10000两
	泾县馆	钱100串整		刘梦	钱1500串整
	湖南馆	钱100串整		高凌云	文银1000两
	独梳馆	钱100串整		马广升	钱1200串整
	楸子馆	钱40串整		王显烈	钱1000串整
票号公号	众票号	纹银750两整		胡谨中	钱640串整
	广东公号	钱500串整		乔维纲	钱620串整
坐商	体仁堂	钱1000串整		罗路氏	钱500串整
	众粮行	钱800串整		王调元	钱400串整
	广聚正	钱300串整		曾志鹏	钱400串整
	昌源堂	钱600串整		朱占元	钱375串
	大木行	钱380串		王廷兰	钱300串整
街巷客商	中正街及客商	两次共捐钱3794串100文		王廷献	钱300串整

---

① 《三瑞亭记》碑文内容，参见徐琳琳：《嘉庆至同治时期的襄樊水利社会研究——从水利碑刻切入》，湖北大学硕士学位论文，2011年，第53-54页。另见同治《襄阳县志》卷二《建置志》，第106页。

② 根据《本镇城内光宜众姓捐输芳名列左》及《各郎众姓捐输芳名列左》碑文内容整理。前者参见徐琳琳：《嘉庆至同治时期的襄樊水利社会研究——从水利碑刻切入》，湖北大学硕士学位论文，2011年，第54-55页；后者根据考察照片录释。另有王汉东先生录释此二碑并制作《樊城石堤樊城镇众姓捐输明细表》和《樊城石堤襄阳县各乡众姓捐输明细表》，王汉东：《水与城：堤防视野下的清代襄阳地方社会——以樊城石堤为中心》，《中国社会经济史研究》2019年第1期。

续表：

集体捐输	名称	捐输额	个人捐输	姓名	捐输额
街巷客商	下中正街及客商	两次共捐钱2142串400文	民众（仅列捐输额高于100串者）	王朝栋	钱200串整
	磁器街及客商	两次共捐钱1488串900文		李文朝	钱200串整
	新打洪及客商	两次共捐钱470串整		徐万贞	钱200串整
	丰乐街	前次捐钱347串整		李克曲	钱200串整
	教门街	钱214串200文		柳青万	钱200串整
寺庙客商	晏公庙	两次共捐钱3639串整		尚德溥	钱135串
	华严寺	两次共捐钱1100串600文		武文斌	钱120串
工厂	河竹厂	钱800串整			
	杉木厂	钱200串整			
其他	城乡典	钱903串400文			

从上表可知：（1）捐款来源包括集体和个人两大部分。集体以工商业团体为主，包括会馆、票号、商业街铺及工厂等，另有宗教团体参与其中。集体捐款并非一次性完成，而是有两次，客商通过街巷或寺庙进行二次捐款，是相对特殊的群体，一定程度反映出客商对于樊城的归属感与责任感；个人则包括官员、增生、绅商和普通民众，即所谓的"绅者、土著者、商者、贾者"等，捐款数额虽多少悬殊，但参与阶层和人数众多，还出现同一家族多人捐款的现象①。（2）捐款大部分来源于工商业团体及绅商个人，是堤费的主要来源，表明工商业团体及绅商阶层在樊城当地公共事务管理方面发挥着较大的影响力。

清樊城沿江石堤的修筑体现出樊城地方上官民互动、官民配合的特色，是官督民修制度下的成果。官员作为组织者和监管者间接参与，绅商阶层则通过掌握财权而逐渐成为实际的控制者和管理者，宗教团体、普通民众则以或捐款、或投身一线的方式直接参与②。这种互动与配合本质上是因为在相对分散的经济活动以外，存在着超越了家庭或小团体的合作需要，单独的家庭或团体无法抵御洪水以保证生产生活的稳定，需要诸种力量的"合力"来共同完成堤防建设；修筑大堤同时符合政府的利益需求，只有保证经济的繁荣，政府才会获得更多的税收，维持地方的稳定③。

---

① 表中的周如玉、周如金疑似同一家族，王廷兰、王廷献疑似同一家族。
② 参见徐琳琳：《嘉庆至同治时期的襄樊水利社会研究——从水利碑刻切入》，湖北大学硕士学位论文，2011年，第44-46页。
③ 参见王汉东：《水与城：堤防视野下的清代襄阳地方社会——以樊城石堤为中心》，《中国社会经济史研究》2019年第1期。

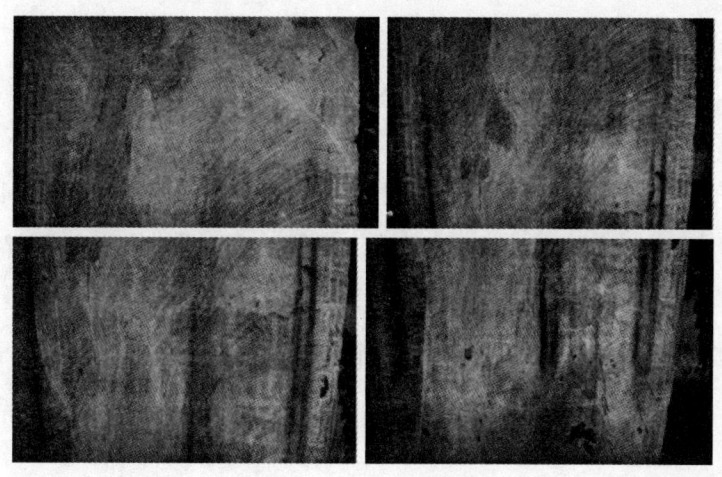

《各郎众姓捐输芳名列左》碑考察照片①

（三）"襄水之阳"——襄水与襄阳的关系②

光绪《襄阳府志》卷二《山川》云：

> 襄水，即今襄渠，檀溪水之东南出者也。宜城溹水亦名襄水。《寰宇记》记曰：荆楚之地水驾山而上者，皆呼为襄水，其名无定。又陆澄之《地记》曰：襄阳有襄水。水出县西柳子山下，东为鸭湖，溪水自湖两分，一水东南出。应劭曰：城在襄水之阳，故曰襄阳。是水当即襄水也。（《水经注》）今檀溪水已涸，而襄水不改，城西南诸山之水皆归渠入汉③。

襄水上游已经干涸，现仅存下游一段，称襄渠。襄阳城紧邻汉水，为何不以汉水命名，而选择以一条小水即襄水命名呢？

叶植先生对此问题有过讨论，他认为可能与当时的襄阳城与襄水的关系有关，即襄阳城与襄水关系更为密切，而离汉江较远，故未以汉阴之类的名字命名。不过当时的汉中地区已经有一个汉阴县存在，这也可能是襄阳没有被命名为汉阴的真正原因④。叶植先生没有继续探究。我们认为这两种说法稍显牵强。相对于襄水，汉水与襄阳城的关系应当说更加紧密。根据相关考古发现，证明两汉时期襄阳城内外人们居葬的高地较现在地表普遍低约3米。襄阳城内地表长高主要是人类活动堆积所致，城外则完全是汉江洪水泛滥所携带的泥沙淤积的结果⑤。一方面历史时期的汉水泛滥，给两岸带来肥沃的土壤；另一方面，襄阳百姓又要时刻防范洪水的侵扰。因此，我们不难发现，在历史时期乃至今日，汉江与襄阳的关系更为紧密。可以说，一方面汉江造就了襄阳，另一方面又威胁

---

① 碑现藏于米公祠石苑中。
② 由刘聪撰写。
③ 光绪《襄阳府志》卷二《山川》，第49页。
④ 叶植：《襄阳城名何处来——采访湖北文理学院教授叶植问答实录》，见http://blog.sina.com.cn/s/blog_ec2448240102vfbc.html。
⑤ 叶植：《襄水释名》，《历史地理》第26辑，上海人民出版社，2012年，第296页。

着襄阳的生存与发展。

对于其提出的第二种说法，通过传世文献我们不难发现，在汉代有诸多重名的县，如在《汉书·地理志》中就有两个朝阳，南阳郡下，"朝阳，莽曰厉信"①；济南郡下，"朝阳，侯国，莽曰修治"②。再如，《汉书·地理志》中记载，在九江郡和东海郡也都有曲阳县，应劭均注曰："在淮曲之阳。"③且襄阳在历史时期，也曾有"汉阴"之别称。如陆机《辨亡论》语："魏氏尝藉战胜之威，率百万之师，浮邓塞之舟，下汉阴之众。"④以"汉阴"代称襄阳；而《水经注》中亦有记述檀溪"北径汉阴台西"⑤；更有本土诗人孟浩然所作，如"余亦忘机者，田园在汉阴"等⑥。

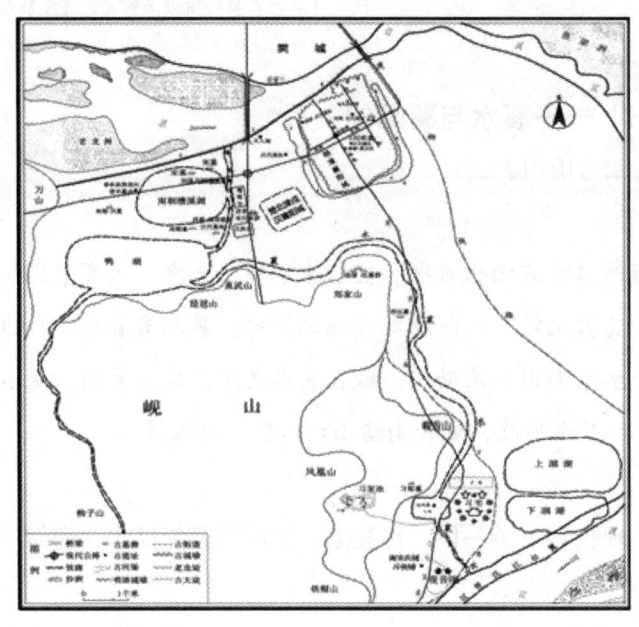

襄水流向示意图⑦

通过对汉水沿岸城市的考察我们发现，凡是在汉水沿岸以河流命名的城市，都不曾以汉水来命名河流，而往往选择汉水的支流，即使有以汉水命名的地方，往往出现年代也比较晚，如汉阳。以下是几个典型例证：筑阳，《汉书·地理志》载："筑阳，故穀伯国。莽曰宜禾。"颜师古注引应劭曰："筑水出汉中房陵，东入沔。"颜师古曰："在筑水之阳。"⑧旬阳，《汉书·地理志》

---

① 《汉书》卷二八《地理志上》，中华书局，1962年，第1564页。
② 《汉书》卷二八《地理志上》，第1581页。
③ 《汉书》卷二八《地理志上》，第1569、1588页。
④ 《三国志》卷四八《吴书三》，第1180页。
⑤ 杨守敬、熊会贞疏：《水经注疏》，第2369-2371页。
⑥ 《孟浩然集》卷四《都下送辛大之鄂》，文学古籍刊行社，1954年，第35页。
⑦ 图片来源于叶植：《襄水释名》，《历史地理》第26辑，第301页。
⑧ 《汉书》卷二八《地理志上》，第1564-1565页。

载:"旬阳,北山,旬水所出,南入沔。"①旬阳位于旬水之北,故以旬水而得名。当然也有例外,如沔阳,《汉书·地理志》载:"沔阳,有铁官。"颜师古注引应劭曰:"沔水出武都,东南入江。"②沔阳之所以以沔水而命名,有两个原因,一是沔阳周边除了沔水外,无其他河流经过。二是沔阳距离沔水发源地不是太远,这里的沔水属于汉水上游,沔水的河流不宽,且流量应当较小,故以沔水命名。另外还有一种可能就是,古代先民往往选择居住在河流北岸阳光充足、且距离水源较近的地方,因此,以"在某水之阳"命名的地名较多。我们通过对《汉书·地理志》与河流有关的地名进行分析,可以发现以某水之阳而命名的地方占绝大多数,达40多个,而以某水之阴命名的地方仅有平阴、雕阴、澶阴三处。这或许是襄阳以襄水命名而不以汉水命名的一个原因。

综上所述,我们似乎可以认为襄阳之所以选择以襄水命名,而非汉水命名,其原因有二:一是中国古代尤其早期,一个地方以河流山川命名,选择哪条河流往往与该地方的统治能力以及时人对于自然实体的认知有关,襄阳在汉初之时,仅为一个小县城,其统治范围和权力有限,无法驾驭汉水那么大的一条河流,且时人对于汉水流域这一地理区域认知尚浅,没有完全认知的能力,故不以汉水命名,而是选择他们能够完全认知且与其生产生活较密切的襄水。二是古代先民往往选择居住在阳光充足、且距离水源较近的地方,因此,襄水以北便符合先民生存条件,既然如此,襄阳以襄水命名就不足为怪了。

---

① 《汉书》卷二八《地理志上》,第1596页。
② 《汉书》卷二八《地理志上》,第1596-1597页。

一个沿江城镇的生命史
——安徽大通镇的调查与研究

胡旻、马剑

作者简介

胡旻，女，1998年生，安徽铜陵人，西南大学历史地理研究所研究生。

马剑，男，1981年生，四川夹江人，历史学博士，西南大学历史地理研究所教授、硕士生导师，主要研究城市历史地理。

一、荒洲、巨镇与焦土：大通镇的发展史

大通镇位于安徽省铜陵市西南部的郊区，距市区约18千米。南临大通河，与池州市贵池区相隔；西濒长江汊道，与名为和悦洲的江心洲相望。狭义的大通镇仅指大通河北岸与长江交汇处的市镇，也是其发展的"母体"；广义的大通镇则还包括江对岸和悦洲上东侧的街市，即所谓"大通镇，与和悦洲隔，一衣带水"①。

南方地区的开发和长江航运的发展促进了沿江州县及市镇的兴起，大通作为一个乡邑聚落也日

---

① 《皇朝续文献通考》卷三一三《舆地考九》，《续修四库全书》第820册，上海古籍出版社，1996年，第2页。

益成型。大通河自东南而来,"其源自青阳者四:一出九华山,一出分流岭,一出黄檗岭经木竹潭,一出水龙山经双河会于管埠。自铜陵者三:一出梅冲山,一出伏牛山,一出天门山,会于车桥河。与诸水交于将军潭为大通河,流入江"①。而青阳县南境的九华山在唐代中期开始香火逐渐旺盛,成为地藏菩萨道场。地处大通河口的大通是进出皖南山区诸县及朝山礼佛朝香的重要中转节点。虽然有文章称在唐代设有"大通水驿"②,但笔者并未搜检到可靠的史料证据,而考虑到此时大通外长江的航运条件及大通河并非常年通航,且唐代陆驿远多于水驿的情况,则大通置水驿的可能性并不大。

宋代是大通发展的重要时期。自秦汉至唐宋,人口持续南迁,不断推动长江流域的开发,毁林开荒,发展农业,水土流失加剧,江沙淤积速度加快,"洲渚日增"③。即如北宋宣和六年、曾任太平州判官的卢宗原所言:"池州大江……西岸则沙洲,广二百余里。"④大通下游不远处有羊山矶,其下更分布许多矶头,江流束狭;加之南岸诸山阻隔,河道蜿蜒,发生壅水,流速减缓,江水携带的泥沙淤落堆积,从而在大通外形成江心洲。数百年后,嘉靖《池州府志》卷一于贵池县"大江"条下称"江之洲……曰上荷叶",同卷铜陵县"大江"条下又称"江之洲曰下荷叶"⑤,而我们在宋代文献中并没有看到有"荷叶洲"之名,或可想见,宋代在此地很可能形成两个甚至多个相邻的沙洲,且面积较小,尚处于发育阶段,并不稳定。

大通镇及和悦洲卫星图

但沙洲的形成也使其与长江东岸之间成为"夹江",是船只往来的主航道。从范成大、陆游等人的行纪中即可见,他们乘船在长江中下游航行时,往往"入夹行"⑥,即是利用沙洲与江岸间的航道,以避开大江的风涛。大通江中所形成的沙洲也使得大通江段的航行环境得以提升,自然条件愈加优越,正如后世所言,其"有荷叶洲以杀汹涛,有羊山矶以障下臂,最便泊舟"⑦,往往成为

---

① (清)顾祖禹撰,贺次君、施和金点校:《读史方舆纪要》卷二七《南直九·池州府》,中华书局,2005年,第1336页。正是因其源自青阳,于大通注入大江,因而也有"青通河"之名。
② 曹牧瑶、查良松:《近代皖南通商口岸城镇的主体功能变迁——以铜陵市大通镇为例》,《池州学院学报》2017年第3期。
③ 《读史方舆纪要》卷二三《南直五》"扬子江",第1117页。
④ 《宋史》卷九六《河渠六》,中华书局,1977年,第2390页。
⑤ 嘉靖《池州府志》卷一《舆地篇·山川》,明嘉靖二十四年刻本。
⑥ 陈新译注:《宋人长江游记》,春风文艺出版社,1987年,第39、303页。
⑦ 乾隆《江南通志》卷二九《舆地志·关津三》,清乾隆四十六年刻本。

《长江万里图》中的大通市

船只抛锚停泊之处，发展为一个颇具规模的市镇。美国弗利尔艺术馆藏有一幅据传是北宋巨然所绘的《长江万里图》，其中在池州以下长江中正有沙洲存在，其南面岸边的聚落即标注"大通市"①。《元丰九域志》记铜陵县有"大通、顺安二镇"②。宋代在此设务收取商税，熙宁十年（1077年），大通镇收税约3616贯，在池州9个商税务中排名第4，是其隶属的铜陵县所收商税的两倍多③，亦可窥见其繁荣之一斑。宋人也在此留下诸多诗文，如杨万里作《舟过大通镇》："淮上云垂岸，江中浪拍天。顺风那敢望，下水更劳牵。芦荻偏留缆，渔罾最碍船。何曾怨川后，鱼蟹不论船。"④

明代大通镇的机构设置变化颇大。明初洪武年间，相继在大通镇创置大通驿、大通巡检司、大通河泊所⑤，并设有大通递运所，创置时间不详。但大通驿在嘉靖初改迁于铜陵县城外的河口河之滨，河泊所和递运所也随之裁革，仅剩负责军事的巡检司发挥着保障大通江段治安的作用⑥。如前所述，至嘉靖时，大通江外的沙洲已有了上、下荷叶洲之名，当是泥沙落淤，略呈圆形，以形似而名。沙洲的形态仍在发生变化，且分而为二，并分属于不同县份。沙洲的消涨、分并无疑会对大通的码头和航道产生巨大影响，水文条件的恶化削弱了大通驿的地位和递运所的设置基础。

清代前中期，长江下游北岸筑圩联堤，沙洲向左并岸，江流趋南，凹岸渐深；而上、下荷叶洲的称呼已不见于此后的文献记载，表明两者业已联并，逐渐稳定，大通的航运条件改善。太平天国起义期间，太平军和清军在长江下游的拉锯、对峙是大通镇快速发展和繁荣的契机。曾国藩于咸丰五年（1855年）奏称，"大通镇、殷家汇水陆交冲，南窥徽、严，东障芜湖"，是太平军必争之地，南岸东一路最为紧要⑦，成为清军军需保障的前沿。咸丰年间，先后在大通外的荷叶洲上设卡

---

① 美国华盛顿弗利尔艺术馆F1911·168《长江万里图》。
② （宋）王存撰，王文楚、魏嵩山点校：《元丰九域志》卷六《江南路·东路》，中华书局，1984年，第244页。
③ 徐松辑：《宋会要辑稿·食货一六·商税二》，上海大东书局，1935年。
④ （宋）杨万里：《诚斋诗集·江东集》卷三四，《四部备要》本，上海中华书局，第238页。
⑤ 嘉靖《铜陵县志》卷二《建置》，明嘉靖二十四年刻本。
⑥ 茅元仪：《武备志》卷二二〇《占度载·度·江防·信地·池州府信地》载："大通巡检司，巡检下弓兵二十名，哨船二只。上巡至五埠沟二十里，与池口巡司兵船接哨；下巡至横港二十里，与铜陵县兵船接哨。"
⑦ （清）曾国藩：《曾国藩全集》第1册《奏稿·统筹全局折》，岳麓书社，2011年，第439页。

抽厘，设立官盐局，驻扎水师，并"清江路"①，由此吸引了大量因江南、江北激烈战事而迁徙流离的百姓。"南北居民避乱流寓，视若乐郊，渐至商贾云集，比屋鳞次，成一大市焉"②，故而，光绪初，设江、汉、澄、清等二十巷③。不过，在传统时期，孤立江心的沙洲并没有独立的发展空间，仍然要依托于江岸腹地。而光绪二年（1876年）签订中英《烟台条约》，规定大通等地"轮船准暂停泊"④，显然与此地在太平天国起义期间对航道、码头的浚治和商贸繁荣密切相关。因此，荷叶洲实则是大通镇的拓展，大通镇发展为一江两岸。

不过，大通镇的这种繁荣却带有极为强烈的时代色彩和偶然性。太平天国起义及随之而来的政治、经济地域结构的变化造就了包括和悦洲在内的大通镇的勃兴。正如已有学者所指出，和悦洲的勃兴依赖于以木船为工具的传统水运，以及盐岸、厘金等制度性安排⑤。而清末民国时期，轮船代替木船和汽车的发展带来交通格局的转变，盐引制度废除造成运销垄断的打破，原有的经济基础不复存在。同时，和悦洲"滨临江面，商贾辐辏，民情既极驳杂，奸宄尤为溷迹"⑥，治安问题颇为突出。日本发动侵华战争，空袭各大城镇，国民政府实行"焦土抗战"的策略，成为压垮大通的最后一根稻草。

二、水陆交冲：大通镇现状

从现今大通镇政府西南行约500米，便是大通澜溪老街。街道沿大通河而建，略呈西北—东南走向，其东侧为祠堂湖。关于澜溪老街的位置，曾有说法：唐时老街旧址更在上游处的今光荣村附近，元时迁至今址。自街道南端起至大士阁一段是夹于祠堂湖与大通河之间的圩堤，堤宽五六米，结合此处又为青通河几字型河段凹岸处，历史时期青通河河道多变，且其南面尚有称为老镇的地方，或可猜想，旧时入江口较今位置偏东南，更深入内陆，在经受冲刷崩岸和湖面拓宽之前，沿江堤岸宽度应远超现今，早期设街于此大有可能。

大通镇卫星图

---

① （清）朱寿朋编，张静庐等校点：《光绪朝东华录》光绪二年九月，中华书局，1984年，第108页。
② 《重修两淮盐法志》卷二五《皖岸图说·荷叶洲总销口岸图说》，《续修四库全书》第843册，上海古籍出版社，2002年，第213页。
③ 《余兴》第十五期《鹊江问俗记》。
④ 王铁崖：《中外旧约章汇编》第1册，三联书店，1957年，第349页。
⑤ 李发根：《近代皖江区域市场圈的构建与解体——以和悦洲为中心的考察（1851-1938）》，安徽大学硕士学位论文，2016年，第106页。
⑥ 《申报》1877年10月6日第1673号第5页。

青通河（大通河）大士阁附近凹岸处

澜溪老街南段街景

澜溪老街受地理位置限制，水患严重，且北段处于江河交汇处，因洪水泛滥而坍毁大半，现存老街长约780余米，约为明清时期规模的60%。老街宽约7—15米，便于街上商铺运输货物，与和悦街所铺的传统皖南街区长条青石板不同，全街以四方形红麻石铺就，颇为罕见。镇口渔户称，这条街道早在元朝便已存在，历史上多次经受洪水侵扰，除却街面为明时旧迹，临街古建筑多为清代中后期及民国所建。街名出于大通古称"澜溪"，史料关于"澜溪"记载颇少，仅在对五溪水的描述中提及龙溪、漂溪、双溪、观溪、澜溪"俱出九华山，合流而北，环绕于五溪山，下入贵池县境，汇为大通河入江"①。则明时澜溪仅指大通河上游支流。

夏洪兴老秤行

行于老街中，两边建筑除青砖黛瓦马头墙的皖南传统民居风格，中段夹杂着中华人民共和国成立初期建筑样式的五金厂、邮电局、百货公司，古今建筑交相辉映，凝聚澜溪老街不同时期的历史记忆，映射出大通百年的历史沧桑痕迹。老街布局颇为严谨，有着明显的功能分区，其西北端为商业区，渡口、店铺多立于此；中段为行政区，有邮电局、水产养殖总场、原五金厂；东南段为生活区，多为民宅，大通镇曾经唯一的老电影院也立于此。因临近年末，除却少数几家店铺营业，大都大门紧闭。根据店招粗略统计，整条老街店铺多经营杂货、江鲜干货、渔具、豆干等生意。街上两家号称的百年老店"夏洪兴老秤行"与"大通理发店"都已停业。在"夏洪兴老秤行"的景区标牌中得知，店主祖上由于战乱而从湖北孝感迁至铜陵，凭其手艺在大通落

---

① （清）顾祖禹撰，贺次君、施和金点校：《读史方舆纪要》卷二七《南直九》，中华书局，2005年，第1339页。

户。近代"沿江地带移民比例较高，靠山地带则可能较低"①，如前所述，大通地区的人口以移民占比最大，人口来源多为湖北、安庆地区，受召垦政策吸引迁于大通，并且相较于南部丘陵地带，沿江地区与移民原籍地有相似的生活环境，移民能较快适应迁入地的经济、文化。近代大量两湖移民，从大通的西南官话片区、杨四将军信仰、渔业经济重要地位等方面都有迹可循，这种不同文化和谐共处是移民活动带来的良性社会互动的结果。

澜溪老街店铺

老街建筑沿用传统上住下铺、前店后坊的两层格局，下层多为带有活动门板的店面，上层则为生活区，屋顶为浮桥架柱式。但与和悦洲上的老街建筑结构不同，这些房屋二层除主体墙垣以青砖为主料，临街屋面则多为全木质结构，这类设计多见于江南传统街区，出于采光通风考虑。在考察老街建筑时笔者发现，复修时大量采用红砖、混凝土等材料改造的古建筑现代痕迹明显，经过雨水侵蚀后裸露出的现代建材在以黑白灰色彩为基调的老街显得较为突兀。

相较于和悦老街被废弃后只剩残垣断壁，澜溪老街自被评为"历史文化名镇"后，在保持"原真性"的基础上进行反复修缮整葺，街上的民居店铺统一翻新为明清徽派式样，虽出于"风貌统一协调"的目的，对街中夹杂的新建建筑与街尾的中华人民共和国成立后的住宅色彩、形式进行改造，确保古镇景观风貌整体性。然而

翻修后的"古建"

对核心保护区的规划仍硬套这一模式，未遵循"修故如旧，以存其真"的原则，在对老街传统建筑修葺中大量加入现代建筑材料，甚至拆除原有砖木结构，统一采用砖混结构为主，这类情况在南段尤为严重，极大冲击古镇古朴风貌，破坏传统文化氛围。

三、三街十三巷：和悦洲现状

和悦洲原名荷叶洲，与大通镇隔江相望，约2平方千米。因"地段较阔，四周皆水"，状若荷叶浮江而得名；近代以降，文献记载中涉及此地，多以和悦洲称之。关于和悦洲易名问题，现今主流观点认为源自光绪二年（1876年），时任水师提督彭玉麟检阅时发现洲上常因买卖发生冲突，遂

---

① 葛剑雄、曹树基：《中国移民史（第六卷）》，福建人民出版社，1997年，第460页。

洄字巷

将"荷叶洲"改为"和悦洲",意在取其和平安宁,商贾之间公平买卖、和气生财、和颜悦色之意[1],这一说法在采访当地村民时得到印证。民国《中华全国风俗志》也载:"荷叶洲别名鹊江,清光绪初年,彭宫保雪琴(即彭玉麟)巡阅长江时改荷叶洲为和悦洲。"[2]另一种说法源于《申报》光绪二年九月初五京报全录报讯:"两江总督沈葆桢、安徽抚臣裕禄跪奏……迨水师入江,先清江路,即就此洲屯扎,以为水营,贼不致犯。于是四处商民纷纷避居于此,贸易其间,遂名之曰'和悦洲'。"《申报》对易名的行为解释为"此地本一荷叶浮于江面,恐极盛之后或有陆沉之日,乃相约呼为和悦洲"[3]。将以自然特性命名的"荷叶洲"改称为具有人文意味的"和悦洲",反映了此地人文面貌的新气象。

据记载,和悦洲上自清末设江、汉、澄、清等二十巷,形成纵横排列的街衢。从和悦渡口上岸,有一条长约250米的水泥路通往清字巷。清字巷原为进入和悦洲的主要渡口之一,沿巷两边散布着大通警察局、新大通报社、舒复兴大布店、姚记茶馆、同乐酒楼等商铺和单位。因其居中位置,港阔水深,现今和悦洲居民进出大多取这条巷道。

穿过清字巷口,进入和悦老街。和悦老街为繁盛时期"三街十三巷"目前留存的格局最全、保护较好的街巷,全长2560米,经过大通自立军起义、孙黎之争,以及1938年两次日军轰炸、国民党、"焦土政策",街巷几近焚毁,现存遗址约1790米,1996年省政府批准其规划保护面积为23公顷。

和悦老街的街道采用传统徽州村落的网格型街巷布局,且同宏村一样为三街多巷,由一条主街连接其他次街并贯穿整个空间,支巷则以网格状散乱分布。街长巷短,功能差异明显。和悦洲头道街是三街中保存最为完好的一处,仍保留清朝原貌,铺以长约半米、宽约30厘米的长条浅红石板,两边铺设方形麻石块。夏季洪潮汹涌,带状分布沿江的和悦街巷受灾最甚,堤溃决圩后洪水一泻千里,方寸之地难以泄洪排涝,排水系统尤为重要。1000余米的和悦古街,排水系统非常发达,修建时将排水道置于路面之下,上架长条石板,路面积水最后与暗渠居民生活用水汇流,通过临河石驳岸上排水孔排入长江。笔者认为和悦洲的先进排水系统既可及时排水,降低内涝风险,又可阻挡落叶、生活垃圾等杂物落入排水道阻塞管道。

---

[1] 范守恕:《古镇大通兴衰史》,转引自《安徽文史资料全书》编委会编:《安徽文史资料全书》(铜陵卷),安徽人民出版社,2006年,第310页。
[2] 胡朴安:《中华全国风俗志》卷五《安徽·鹊江风俗志》,上海科学技术文献出版社,2011年,第543-544页。
[3] 《荷叶洲大火记》,《申报》1893年9月16日第7330号第2页。

头道街

头道街上损毁严重的建筑

二道街

进入和悦洲头道街后，一路向北，临街两边皆为小瓦屋顶青砖马头墙的传统徽派建筑。这里曾为洲上最繁华的商贸大街，约400米的路面平整无突起，石板规整，大小一致，这样设计主要是便于运输。头道街两侧多为商号、行政机构，如黄家旅馆、大通邮电局、盐务招商局、裕和祥杂货店、同乐春酒楼、一品鲜酒家、蒋氏酱坊、大中华钟表店、何氏金店、李氏银楼、夏氏膏药店、醉乐园酒馆等，"巨商云集，不数年而正街已绵长六七里，灯火楼台，辉煌满目，临淄七万户当亦无此喧哗。其附于正街长与相等者曰二街，再次则曰三街。除长街尽系正经店铺外，二街则居民、衙署与店铺相半，三街则茅屋居多且又五方杂处，烟馆、娼寮无一不有"①。车马、货物络绎不绝，同治二年（1863年）淮盐督销总局设立后，"承运淮南引盐，建仓屯储，行销铜陵、青阳、池州、石埭、至德、怀宁、潜山、太湖、望江、宿松等十一县区域，各县赴通购盐者，亦纷载土产互市"②。和悦三街的发展有后来居上之势，甚至超越大通镇本身，以致清末学者王先谦径称"今（大通）镇移洲上"③。

---

① 《荷叶洲大火记》，《申报》1893年9月16日第7330号第2页。
② 《安庆轮运盐斤》，《申报》1933年8月29日第10版。
③ （汉）班固撰，（清）王先谦补注，上海师范大学古籍研究所整理：《汉书补注》第8卷《地理志上三》，上海古籍出版社，2012年，第2524页。

"裕和祥"三字依稀可辨

盐务招商局旧址

进入清字巷，巷口北边有一块巨大水泥平台。根据旧照片，此处原为两个用大青石凿成的蓄水防火池，每个水池长1.5米，宽1.2米，高1米，壁厚0.15米，能盛水20担，外壁刻有"有备无患"四字。这样的防火池共有7组，每组双池，共有14个。笔者在考察时只在寿和巷口发现疑似防火池的残迹，大小形制与资料记载接近。据说，这些水池为光绪年间在当地民间消防队"天一水龙队"和"保太水龙队"主持下凿制，放在每个巷口，平时挑水承包人负责蓄满水池，以便消防队就近抽水灭火，镇上居民即时运水[①]。

自清字巷口沿头道街北走200米左右，经过浩字巷、寿和巷，在寿和巷的北侧立有一房屋遗址。这栋房屋约5米高、3米宽，为传统徽派建筑上下两层结构，下层进行商业经营，上层供生活起居，二楼高敞，一楼较低，整体为砖木混合结构。屋顶为内置木梁穿斗式，上覆方形小瓦，砌有约5厘米厚度的水磨石为门楼，墙体采用小青砖砌至马头墙，外涂有白灰泥防雨水渗漏，下层围有一圈水泥加固，保存尚好。在其南侧墙壁上仍存有一清晰可辨的"裕"字，根据头道街的经济功能，应是一商号旧址。在后期收集资料时，笔者在网上发现一张2010年关于这一商铺的彩色旧照片，照片中的商号招牌"裕和祥"字迹完整清晰，《安徽文史资料全书》中载有和悦洲"裕和祥"杂货店。询问当地居民，得知"裕和祥"原本经营的是糕点杂货生意，制作的点心几十种，尤以酥糖、绿豆糕、方片糕最为出名，是洲上居民走亲访友的必备嘉礼，"裕和祥"同洲上大多数商铺一样，于20世纪90年代特大洪水的袭击下搬出和悦洲，独余一座空楼守护着过去的记忆。

繁盛时期和悦洲上人口最多高达7万人[②]，而据政府最新统计，现今整个大通镇管辖人口约2.3万人，除去东岸陆地上近2万的常驻居民，洲上人口约4000多人。在考察和悦洲头道街时，近1千米的街道只剩下一家经营商户，也是洲上唯一一家棉被店，经营者是一位年过花甲的老人，老人独自坚持着从父辈继承的传统弹棉手艺。在向老人询问和悦洲历史时，老人说抗战时日军两次轰炸使和悦

---

① 俞俊年：《铜陵县和悦洲的青石防火储水池》，《上海消防》2000年第9期。
② 《研究表明 抗战时期日军造成铜陵人口伤亡5001人》，中华人民共和国国务院新闻办公室网站http://www.scio.gov.cn/xwfbh/xwbfbh/wqfbh/2015/33293/xgzc33300/Document/1445712/1445712.htm。

洲化为废墟，随后国军大发国难财，以转移市民财产为由强取豪夺，实行"焦土政策"，除一些宗教建筑外，其余民宅商户都被付之一炬。抗战胜利后，虽有恢复重建，但洲上多次大火、洪涝，难以重现辉煌。和悦洲沦为荒洲，是在20世纪90年代连续遭受特大洪水，政府鼓励搬迁至大通新镇，现如今和悦洲上只剩怀有乡土情结的老人和一些承包蔬菜种植的商户。

四、一炬万命：和悦洲的大火

在考察和悦洲的街道时，笔者发现大多房屋残骸都有大火侵蚀的特征，尤以西南段的建筑群最为明显。和悦洲房屋多为穿斗—抬梁式复合结构，屋顶梁架垮塌，十屋九无顶，木门、格窗燃尽，呈敞开状。但这些房屋大多四壁尚且完整，这是由于房屋修筑时工匠采用空斗墙，"用纸筋石灰，有好时取其光腻，用白蜡磨打……并上好石灰少许打底，再加少许石灰盖面……自然明亮鉴人"①，砖石封火墙形成严密封火层，避免外部起火牵连内部木构架。笔者在考察和悦渡口西南部一片废弃街道时，路尽头距离永平渡口约200米处，在一座仅剩基址与南北两壁的废屋旁边偶然发现一根木梁，长约4米，根据其圆形截面以及上面凿有排列规律的榫洞，初步判定为梁架，沿进深方向水平放置，同时其屋顶又具有典型的穿斗式枋木结构，该建筑为抬梁穿斗混合式结构，中部采用抬梁式，可在有限占地增强建筑宏伟气势，扩大空间，两端则采用穿斗式构架，利用山墙提高抗风性。该梁柱两端呈现火焚后的炭化焦黑，中间部分则为自然黄褐色，估测火势蔓延方向由两侧伸向中间；根据树木纹理，整体呈黄白色，心材还带点淡红褐色，应为杉木，杉木是做构架、隔断、家具的主材、辅材，具有轻便、抗震性好、防蛀防腐等优点，但同时杉木火灾负荷量大、耐火等级低、燃烧发热量大、燃烧蔓延快、火灾危险性大。

自清末至民国，和悦洲上火灾不时而发，究其原因，乃是其自然与人文环境使然。

和悦洲土地面积狭小，约2平方千米，咸丰以前"仅为一蕞尔荒洲"，"著者不过茅屋数椽，人烟寥落"②。洪杨之役后，"徽宁各属人民，避难来居，鳞次栉比，遂成聚落"③。清末民初鼎盛时，洲上流动人口多达7万人（号称10万人）。大量人口聚集在狭小沙洲，"大通与和悦洲向隔一江，该地殷实，商店、行号、局所均设在和悦洲"④。辛亥革命胜利后统计，四大银行在洲上都设有分行，同时大通最大的利和钱庄以及汇丰钱庄、崔氏钱庄等大小10个钱庄立于洲上；洲上作坊、商行林立，仅和悦洲大关口二街就有蜡烛坊30多家，爆竹坊、酱园坊、织布坊各有数十家，两岸米行多达20多家；夹江周边大小旅社、客栈有100余家，9家大型浴室中的7家在和悦洲⑤。局促的建筑用地，造成建筑紧挨相连，街巷密布狭窄，防火间距不足，这与"大而宽，宽而旷，旷而平"⑥的

---

① 杨光辉编注：《中国历代园林图文精选·第四辑》，同济大学出版社，2005年，第151页。
② 《重修两淮盐法志》卷二五《皖岸图说·荷叶洲总销口岸图说》，《续修四库全书》第843册，第213页。
③ 《安庆轮运盐斤》，《申报》1933年8月29日第10版。
④ 《大通水师殴打巡警之恶风潮安徽》，《申报》1911年3月9日第11页。
⑤ 范守恕：《古镇大通兴衰史》，转引自《安徽文史资料全书》编委会编《安徽文史资料全书（铜陵卷）》，第311页。
⑥ 转引自赵华富：《歙县呈坎前后罗氏宗族调查报告》，《首届国际徽学学术讨论会论文集》，黄山书社，1996年，第68页。

村落建筑基地科学原则相违背。一旦火源外泄,火势不能得到有效控制,极易造成"火烧连营"的惨状。

大通属北亚热带湿润气候,具有明显季风性气候特点,全年多风。秋冬受内蒙古高压控制,气候干燥。且受西北大别山区、东南皖南山区和长江的影响,以偏北风为主①。和悦洲位于江中心,四面照水,江面少有屏障,空气流动阻力较小,风速较大,"风烈异常,拔木坏庐舍"。据统计,大旱一般出现于秋深冬初,天干物燥,天久亢晴天,且"时适东南风正紧,洲头横堤擎火患"②,再小的火种,在强烈狂风助长下,都会形成摧枯拉朽之势,火灾全盛期时,只能采取消极被动扑救方式,坐待"直焚至下风尽处"③。

和悦洲植被覆盖率高,种类丰富,有水稻、小麦、油菜、棉花、紫云英、藕、菱白等,并有杉、松、柳等林木分布洲心,低洼地区则有芦苇、蒿草等④。洲上易燃物多,常因雷击和自燃而引发森林火灾,横向蔓延牵连周边房屋及洲上大片种植的蔬菜。并且每逢节日庆典,祭祀活动多在郊外举行,秋冬时落叶阔叶林挂满枯枝干叶,一旦火星散入其中,易形成燎原之势。

建筑材料结构易燃。和悦洲民居多以芦苇、茅草、木材为主材搭建庐舍,极易引火,受灾最甚。同治年间,避难于和悦等洲渚之上的百姓多"编苇葺茅",一旦失火,"茅棚数千,顷刻灰烬",往往造成"一炬万命"的惨状⑤。又如光绪十九年(1893年)大火,后街受前街瓦屋起火牵连,"草屋栉比,风火堪虞","共计去茅舍竹篱六百余户"⑥。特别是秋冬季节,木质梁柱干燥,长期风化,木材含水量极低,燃点低,蔓延速度快。人口密度最高的三街十三巷建筑多采用木构体系,以青阳、贵池等地所产松、杉为主材,经过自然风干,木材水分蒸发,变成易燃烧且火势蔓延快的"干柴"。而木材中丰富的油脂是天然的助燃剂,其挥发物又加剧了燃烧。皖南传统建筑除了大量使用木构件(天花、藻井、斗拱、门窗等),其内部木质家具、字画、屏风、帷幔、牌匾、香烛等可燃物也大大增加了受灾机率。巨型木柱承顶,屋顶又由纯木质结构铺小瓦,以封闭外墙、屋顶等包裹木构架,叠架的木梁架连接木柱与屋顶,形成燃烧的良好条件,容易积聚热量,燃烧时易致"轰燃",无需接触可燃物便直接燃烧,不易控制,增大扑救难度。在扑救过程中,建筑中梁、柱等木材,年代久远多有裂纹,火灾发生时火蔓延进裂纹缝隙,难以完全熄灭,火灾衰减期时裂纹中积蓄热量过高,在散热较差情况下极易复燃⑦。

空间布局缺乏科学规划。洲上土地有限,房屋之间没有足够的防火距离,"间舍鳞次而集,略无尺寸间隙处"⑧,难以将火源控制并消灭在固定区域。出于一定防盗功用,洲上民居门窗十分

---

① 铜陵县地方志编纂委员会编:《铜陵县志》,黄山书社,1993年,第55页。
② 《大通空前大火灾》,《申报》1932年10月17日第7版。
③ 《芜湖火患》,《申报》1890年11月4日第2页。
④ 铜陵县地方志编纂委员会编:《铜陵县志》,第60页。
⑤ (清)曾国藩:《曾国藩全集》第6册《奏稿·密陈巡阅诸军情况及可喜可惧形势片》,第44页。
⑥ 《荷叶洲大火》,《申报》1893年9月16日第2页。
⑦ 王益:《徽州传统村落安全防御与空间形态的关联性研究》,合肥工业大学博士学位论文,2016年,第65页。
⑧ 转引自李俊《徽州消防文献发微》,《徽学》第2卷,安徽大学出版社,2003年,第394页。

狭小，极易给火势增长营造封闭空间。建房之时既为节省空间，同时也是求各家相互照应，成群布置，厅堂廊房相连，每户相隔不足2米，更甚者共墙而建。考察和悦洲时，笔者发现和悦头道街几近全为两户共用一墙，仅在巷间有两三米不甚宽阔的防火道。并且洲上多聚族而居，邻里之间多为兄弟、叔侄，常拼屋而居，房屋混住。他们极易因平日利益冲突、公共责任分配不均而对处于萌芽状态的火灾放松警惕，引发大火①。

大通圣公会旧址

民间节日期间频繁的祭祀、迎神等活动是引发火灾的另一大人为原因。每逢除夕、元旦、上元、清明、中元等节日，引燃物、易燃物增多，用火不规范风险大大增加，建筑火灾次数激增。

战乱械斗频发也是火灾易发另一诱因。和悦洲自古便多匪盗，究其原因：洲上布满芦草，地段较阔，离城较远，四围皆水，"游勇、盗贼、会匪亦最易溷迹其间"②。晚清皖南灾害频仍，盗匪横行，《申报》曾报道光绪二十六年四月初旬铜陵县某姓家被盗劫后，盗党当日便乘舟逃至大通和悦洲，当局束手无策③。和悦洲人烟稠密、"民情即极驳杂"④，为盗贼首选藏匿之处，时有纵火破坏。如1900年5月15日，有"匪党""四处纵火，扬言九龙山大盗来此"。近代以来，和悦洲战火不休，既有内部利益竞逐，也有外部殖民主义入侵，"你方唱罢我登场"。抗日战争时期，日军多次于大通地区抛下燃烧弹轰炸，以致火灾频繁发生，空袭导致火灾呈多处共同焚烧之状，消防难以同时扑灭，且被炸弹袭击之地随时会有电缆折断及墙壁楼板倾塌危险，增加扑救难度。日军于1938年5月6日轰炸大通两岸，20日、30日再次轰炸和悦洲，炸毁市房达10%。其后和悦洲又多次遭受严重轰炸，房屋损毁大半。而为了防止日军在和悦洲登陆，国民党将有碍抗敌射击目标的房屋全部拆除，实行"焦土抗战"，不留市镇资敌，放火烧毁后街茅屋草棚，并将焚后残垣断壁一一推倒。日军登陆和悦洲时，除圣公会、卍字会、法华庵三栋完整房屋外，全部焚毁，成为一片焦土⑤。

---

① 吴媛媛：《明清时期徽州的灾害及其社会应对》，复旦大学博士学位论文，2007年，第54页。
② （清）朱寿朋编，张静庐等校点：《光绪朝东华录》光绪二年九月，第108页。
③ 《鸠江夏汛》，《申报》1900年6月3日第2版。
④ 《申报》1877年10月6日第3页。
⑤ 田清华：《和悦洲"焦土抗战"的真相》，《铜陵文史资料选编》（第3辑），1986年，第25—26页。

明代以降晋北长城边堡聚落形态的演变
——天镇县5处长城边堡田野调查报告①

李嘎

作者简介

李嘎，男，1979年生，山东邹平人，历史学博士，山西大学中国社会史研究中心教授，主要从事历史地理学、环境史、城市史研究。

一、引言

明代北方边塞地带的军事堡寨是明蒙对峙下的产物，学界对其进行了长时期的关注，产生了丰富的研究成果。我们可以将这些成果大致分为两个类别：一是对堡寨聚落本体的研究，主要体现在建筑学、历史地理学领域；一是对堡寨内民众行为的探讨，社会史、人类学、民俗学界的学者们作了不少努力。本文的兴趣点在于前者，具体聚焦于堡寨聚落形态问题。

考察聚落形态问题有重要的学术价值，它不仅可以使我们明了聚落本体的形态特征及变迁历程，还能进一步解释其背后的多重驱动力。也就是说，其价值不止于解释形态本身，也是探讨聚落形态所关涉的地理、生态、历史、政治、社会、经济、文化等多个面向的特性与转变的重要途径。正如法国人文地理学大师阿·德芒戎所言："对村庄及殖民方式进行分类的方法可能很多。可以根

---

① 本文为山西省高校人文社科重点研究基地长城文化生态研究院2020年度项目"堡墙内外：明代以降晋北长城边堡聚落形态演变及其驱动力研究"的阶段性成果。

据它们的位置：它是地理学的基础。也可以根据它们的起源：它是历史学的基础。我们试图根据它们的形态，这个标准也许更全面些，因为它使我们能同时解释地理的和历史的事实。"①建筑学、历史地理学界的学者们久已注意到明代北方边塞地带堡寨聚落的形态问题，并作了大量实证研究。不过，一个不容忽视的现象是，已有成果基本上停留于静态性的考察，在历时性理念之下对聚落形态演变问题进行探讨的成果非常少见。

缘何如此？对大比例尺地图和田野调查方法的忽视当是两个十分重要的原因。聚落形态是指聚落的平面展布方式，不借助大比例尺地图无以清晰展示。德芒戎在20世纪30年代对法国农村聚落形态的分类研究，正是借助1:10000军用地图完成的②。对于创修于明代的晋北军堡聚落来说，实际上并不缺乏大比例尺地图。首先，明朝官方绘制有多种关涉晋北军堡的边防地图，虽然它们均属类似山水画性质的传统舆图，但对考察初创时期的军堡聚落形态却大有用处，这类舆图在清代初年仍有绘制。其次，民国初年北洋政府测绘有基本覆盖全国的1:50000地形图，其中包括晋北全部县份，借助这些地图，我们能够考察明代军堡聚落在民初乃至清代后期的形态特征。另外，时至今日，不少明代军堡仍有较为完整的遗迹可寻，主要是堡墙走向，这从谷歌地球卫星照片中即可清晰识别，我们以堡墙遗迹为坐标，通过对比堡墙内外的建筑区块，能够把握这类聚落在今天的形态特征和变迁幅度。在堡寨聚落形态演进问题上，田野调查方法同样有着极其重要的价值，它可以有效弥补文

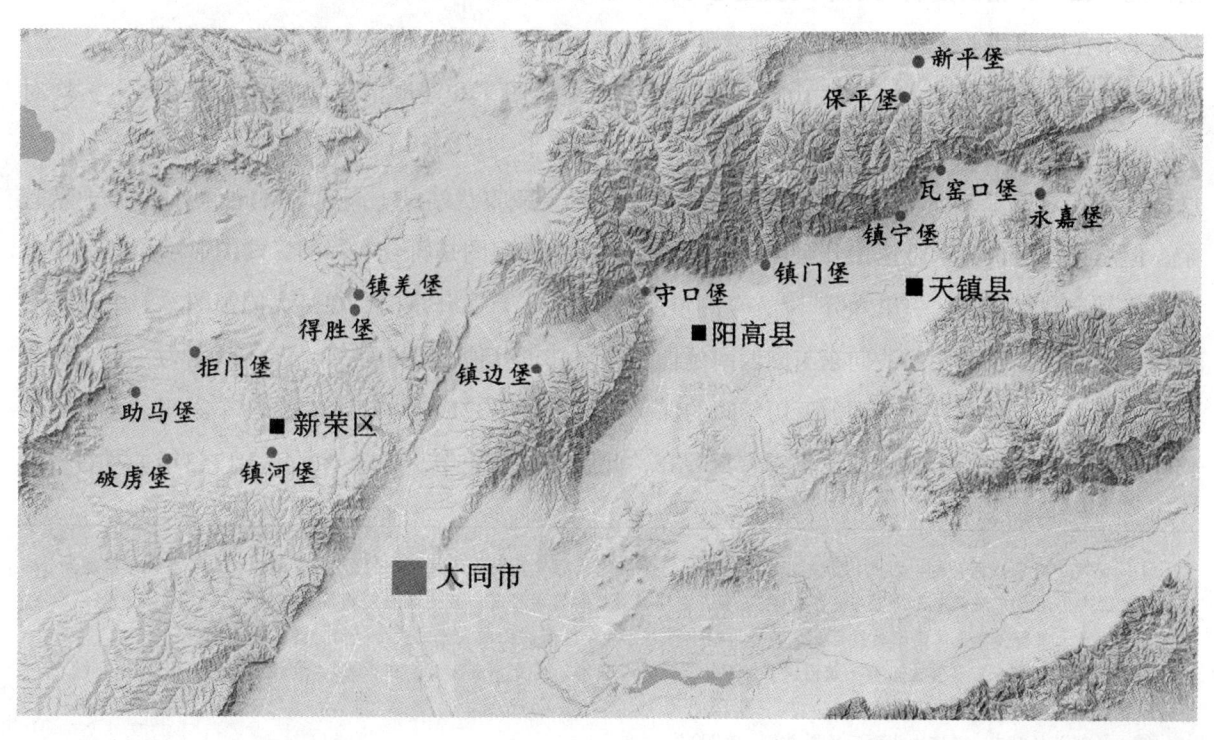

实地踏勘的14处长城边堡的地理坐落

---

① （法）阿·德芒戎：《法国农村聚落的类型》，葛以德译：《人文地理学问题》，商务印书馆，1993年，第279页。
② （法）阿·德芒戎：《法国农村聚落的类型》，《人文地理学问题》，第279-317页。

字资料和古旧地图的不足。通过实地踏勘，我们能够把握堡寨聚落的诸多微观特征，譬如地势倾斜度、城门方位、民生用水的方式、借助卫星照片无法判读的堡墙走向、堡墙内外的民居建筑历史及存废情况、堡墙内外的居民数量等，这些均是聚落形态演变问题中至关重要的面向。

基于以上论述，在前期准备工作的基础上，笔者于2017年7月8日—12日对大同市天镇、阳高、新荣3个区县的14处明代军堡作了初步田野调查[1]。限于篇幅，本文仅对天镇县内的5处军堡聚落作一汇报，希望能够初步复原出这些聚落的形态演进过程，并对其演变特征进行总结。

二、保平堡

2017年7月8日上午，我们对保平堡进行考察。该堡今隶属天镇县新平堡镇，坐落于新平堡南偏西约3.5千米处，西去长城墙体1千米有余，东经114°07′30″、北纬40°62′66″，海拔1240米上下。保平堡创建于明嘉靖二十五年（1546年），先为土筑，隆庆六年（1572年）包砖；始设操守官，嘉靖四十四年（1565年）改设守备，地位加重[2]。与新平、平远、桦门等堡共同受新平路参将节制，遇警则与上述诸堡互相策应，它们在军事上自成一独立防区。《宣大山西三镇图说》载："本堡建在山后，嘉靖三十七年虏由此入犯，势甚危急，赖有新平、平远应援，幸无大害。"[3]这里说的"山"，指的是横亘于今天镇盆地与新平盆地之间东西走向的清凉山，属阴山山系[4]，因包括保平堡在内的新平路诸堡皆位于山岭之北，故有"山后"之称，有些文献也称"山外"[5]。

创作于明万历年间的《宣大山西三镇图说·保平堡图》和清顺治年间的《大同镇图本》均对当时保平堡的聚落形态有清晰描绘。两图将保平堡绘制于一方突起于平地的高台之上，这显示出该堡位处高亢之地。7月8日上午我们乘坐的中巴车自五里墩收费站驶下高速，自此至堡址约2千米有余，但海拔却由1142米迅速抬升至1240米，显然两幅古代舆图是符合实际的。两图显示该堡呈正方形，文献记载其周长"一里六分"[6]，今测量所得约630米。堡开东门，在《大同镇图本》中还绘制了两条从东门出发的交通线向东与向西南延伸，以与邻近其他军堡相联络，堡体南侧为一条东西流向的河流，今人称之为大南沟。万历年间的保平堡凡领旗军321名[7]，若考虑到随军家属，人口当数倍于此。进入清顺治年间，此堡仍有官兵驻守，此后渐转为民堡。乾隆十八年（1753年）左右，堡

---

[1] 此次田野调查活动由山西大学历史文化学院组织，学院院长郝平教授具体策划，4位老师带队，20余名本科生参加。分东线与西线两个小组，东线调查天镇、阳高、新荣3区县，由周亚教授和笔者带队；西线调查朔州市平鲁区和右玉县、大同市左云县3个区县，由杨永康教授和刘伟国副教授带队。调查过程中得到了地方政府和民间人士的大力支持，谨致谢忱！

[2] （明）杨时宁：《宣大山西三镇图说》，万历三十一年刊本，《玄览堂丛书》初辑004，台北"中央"图书馆出版，正中书局印行，1981年，第290页。

[3] （明）杨时宁：《宣大山西三镇图说》，第290页。

[4] 《天镇县志》编纂委员会编：《天镇县志：1991—2008》第二编《自然概貌·地貌》，山西人民出版社，2009年，第48页。

[5] 譬如，《明世宗实录》卷五四八"嘉靖四十四年七月丙午"载宣大山西总督江东言边略事："天城腹里自枳儿岭起，至徐家宅，及山外保平、新平、平远等处宜拨军，传接烽火以明耳目。"

[6] （明）杨时宁：《宣大山西三镇图说》，第290页。

[7] （明）杨时宁：《宣大山西三镇图说》，第290页。

内有29户①,当不会超过200人。进入民国时期,从测绘于1927年的1:50000地形图可以看出,这时堡内依旧是民舍密集,但村落与外部联系的交通线已不单从东门出发,而是从南墙、北墙中延伸出三条新的路线,说明堡墙可能已经有所损毁。至1949年时,堡内有人口253人②;据现存的1949年土地房产所有证存根显示,彼时堡内建有土房111间、瓦房4间、土窑24孔③。因堡址处在高亢的山丘之上,堡内无井,人畜日常用水需出东门,一路下行,取用大南沟的川溪之水,这成为影响保平堡聚落存续的致命短板。进入20世纪80年代之后,堡内民众开始在大南沟旁侧、取水方便的杏园窑一带建筑房舍,90年代又向沟南畔发展,1994年最后一户迁离保平堡④。时至今日,保平堡已经成为无人居住的废堡。

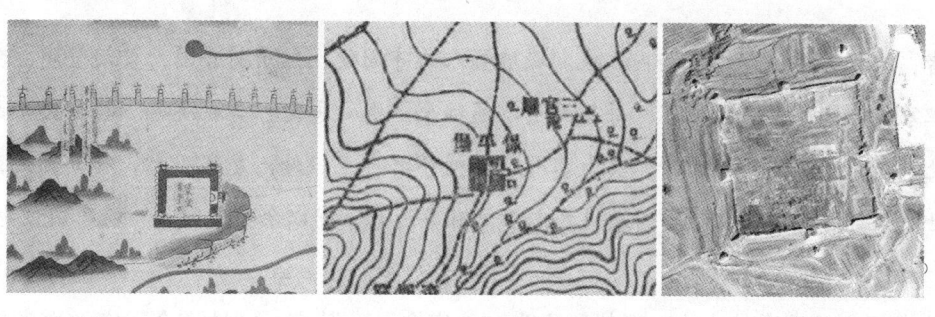

经田野调查复原出的保平堡堡墙内侧空间结构⑥

---

① 乾隆《天镇县志》卷二《疆域·村庄附》,乾隆十八年刻本,收入李培主编:《天春园藏善本方志选编》第35册,学苑出版社,2009年。
② 天镇县政府:《天镇县各区农村概况统计表》,1949年7月,天镇县档案馆藏,档案号:1-16-1-2。
③ 转引自天镇县史志办公室编:《天镇县村镇简志》,内蒙古人民出版社,2005年,第2286页。
④ 访谈对象:刘子龙,新平堡镇分管旅游副镇长;访谈地点:保平堡内;访谈时间:2017年7月8日上午。
⑤ 左图截自《大同镇图本》,清顺治朝绘制,藏台北故宫博物院,收入李孝聪、陈军主编:《中国长城志·图志》,江苏凤凰科学技术出版社,2016年,第147页。中图截自民国军事委员会参谋本部陆地测量总局:《中国五万分之一地形图》"瓦窑口"图幅,1927年3月测图。右图截自谷歌地图。
⑥ 底图来自谷歌地图。

今天已经成为废堡的保平堡依旧给人以强烈的视觉冲击。城堡外侧仍存5座护城墩，东门基本保存完好，门额嵌有"镇云"二字，门洞砖券而成，四周堡墙基本完整，惟有数处豁口，四周角台均见在，南、北、西墙的中部各有马面一座。因建于山巅之上，堡内地势高低起伏明显，街巷格局隐约可见，大体在堡内中央形成十字交叉。建筑碎石随处散落，仍见不少房舍及土窑遗迹；堡内遗留有往时民众所用的多盘石磨、石碾。堡内曾建有庙宇12座，如玉皇阁、城隍庙、真武庙、观音殿、龙王庙、奶奶庙、罗汉庙等，其中玉皇阁就位于堡内中央十字路口处①，遗憾的是这些庙宇已毫无遗迹可寻。引人注意的是，堡内发现数处地道遗迹，据向导、新平堡镇副镇长刘子龙言，地道通往堡外，战时可作为运兵、逃生之用。明代人士尹耕在《乡约》一书中曾专门谈及堡内地道的重要功能及开凿之法，其言：

> 地道者，穴垣为道，以通壕墙内人也。壕墙置人为守固便，然虏骑合围，重门坚闭，独留此辈于外，鲜不胆寒失措者，故必为地道，每一面所以通往来，则心志定、勇敢决也。其制穴于每面之中，或近敌台处。先于堡垣内下窨丈余，其大容人；次横穿之，至垣外，复窨而上。窨皆直穿，旁刳七坎为阶，如世所谓翻井者。居常锁闭，或覆之木石，有事则开，守以余丁或健妇，缓急咸便也②。

对这些专门守护地道的人士，尹耕称之为"地道众"，其言："地道众，守地道者也。堡丁有余，每道守以四丁；不足，择家长妇有识见者，一人主之，配以健妇八人，枪棒杂兵随便。"③从地道遗迹可以推想，明代的保平堡必是有一番十分精细的聚落规划的。

田野调查所见保平堡内建筑遗存④

---

① 访谈对象：刘子龙，新平堡镇分管旅游副镇长；访谈地点：保平堡内；访谈时间：2017年7月8日上午。
② （明）尹耕：《乡约》，向燕南主编：《中国长城志·文献下》，江苏凤凰科学技术出版社，2016年，第2147页。
③ （明）尹耕：《乡约》，《中国长城志·文献下》，第2151页。
④ 上左为东门，上中为堡内建筑碎石散落情形，上右为堡内地道遗迹，下左为堡内建筑基址，下中为堡内遗留之石磨、石碾，下右为堡内房舍遗址。照片系笔者于2017年7月8日上午拍摄。

三、新平堡

新平堡位于天镇县城以北约26.5千米处，东经114°07′96″、北纬40°65′92″，海拔约1087米上下，西去明长城约1千米左右。新平堡设自嘉靖二十五年（1546年），初系土筑，隆庆六年（1572年）包砖，高三丈五尺，周三里六分①。实际上，在此之前，新平堡一带久已是人类活动的重要地带。近年在新平堡东墙附近发现了汉代城址，有学者推测很可能为汉延陵故城②，辽、金、元时期这里是天成县域内的一处村堡，明初成为天城卫下辖的村堡，嘉靖二十五年方成为军堡，驻扎有旗军623名，马骡57匹头，并将其作为大同镇阳和道新平路参将的驻地，节制新平、平远、保平、桦门四堡③。缘何将参将驻地置于新平堡？这是由该堡所处的战略地理位置决定的。它北临西洋河，河谷宽阔，地势平坦，由此成为蒙古军队进出明朝地界的重要通道，譬如，嘉靖四十四年（1565年）六月时，蒙古军队从宣府镇张家口堡入掠，回返之时即是由新平堡口出边④。于距离长城最近的河道旁侧择一平坦之地作为控扼西洋河谷地的中枢，新平堡一带显然是十分理想的选择。与此同时，新平堡之地还处在由天城卫北上逾越清凉山脉之后的出山口位置上，史料记载曰："本堡建在山后，出山口若莺嘴然。"⑤由此一来，新平堡就成为东西向与南北向军事通道的交汇之地，战略价值自是相当重要。《宣大山西三镇图说》载："（新平堡）东为宣镇西阳河藩篱，南为瓦窑、天城屏翰"⑥；《三云筹俎考》云，自设置新平堡参将之后，大同、宣府两镇"赖有藩篱"⑦，皆是针对新平堡地处战略要冲位置而言的。

隆庆和议之后，"边陲晏然，万姓有安堵之乐，（大同、宣府）两镇无鸣镝之声"⑧，明廷在新平堡以西的长城脚下设置马市，以作为明蒙互市的场所。此处马市是宣府、大同、山西三镇四大官方马市之一，地位十分重要。隆庆五年（1571年）九月，宣大总督王崇古向明廷奏报互市交易量，其称："新平堡七月初三至十四日官市黄台吉摆腰兀慎部马七百二十六匹，价四千二百五十三两，私市马骡牛羊三千，抚赏费五百六十一两"⑨，虽然没有记载明廷售卖于蒙古的物品种类及数量，但必是颇为可观的。和平时期，原作为军事通道的西洋河谷地转变为一条重要的商贸物流通道，这对于位处通道旁侧、与马市紧相毗连的新平堡的发展显然是一种巨大的推动力，有史料记载隆庆和议之后，边境地带"军民乐业，生齿渐繁"⑩，新平堡的户口数量无疑也是在不断增长的。

---

① （明）杨时宁：《宣大山西三镇图说》，第286页。
② 参见孙靖国：《张家口地区古城旧堡踏勘报告》，《中国国家博物馆刊》2014年第2期，第14页。
③ （明）杨时宁：《宣大山西三镇图说》，第286页。
④ 《明世宗实录》卷五四九"嘉靖四十四年八月丁卯"。原文为："御史胡维新奏报，六月中，虏从宣府张家口堡入犯，寻趋大同天城新平堡口出边，请治失事诸臣罪。"
⑤ （明）杨时宁：《宣大山西三镇图说》，第286页。
⑥ （明）杨时宁：《宣大山西三镇图说》，第286页。
⑦ （明）王士琦：《三云筹俎考》卷三《险隘考》，收入向燕南主编：《中国长城志·文献下》，第1529页。
⑧ 《明神宗实录》卷三，"隆庆六年七月甲午"。
⑨ 《明穆宗实录》卷六一，"隆庆五年九月癸未"。
⑩ （明）杨时宁：《宣大山西三镇图说》，第212页。

进入清代，兵革者少而太平者多，新平堡整体上保持不断发展的势头，新平堡关帝庙会是县内仅有的两处庙会之一，会期为每年的五月初十至五月二十[1]，可见该聚落是县内最为重要的经济中心地之一，清乾隆十八年（1753年）《天镇县志》载新平堡有484户[2]，人口数量当不会少于2000人，是整个天镇县内户数最多的聚落。1949年时，新平堡有661户，2868人，人口数在县内所有村落中高居榜首[3]；至2008年有814户，2488人，仍然可入县内最大聚落之列[4]。

在《宣大山西三镇图说·新平堡图》以及清顺治年间《大同镇图本》中，对明代新平堡的聚落形态有清晰描绘。图中西洋河从边外流淌而来，经城北迤逦东行，城南有东沙河一道，转经城东，北流，入西洋河。新平堡呈正方形，开有北门与东门，作为明蒙互市场所的新平堡马市位于不远处的长城墙体两侧，从两座城门出发的四条交通线与马市及周边堡寨相勾连。我们知道，中国古代治所城市有许多不设北门的例子，这是因为在古人的信仰世界中，北门主凶，象征着冷和死[5]；对新平堡而言，其北门之外的西洋河谷地是蒙古铁骑入犯明朝的军事通道，于此开设北门也很不利于防守，笔者认为，当初之所以如此，很有可能主要是方便从西洋河中汲水而为之的。东门的开设也可能主要是基于民生用水的考虑。降至晚清民国时期，这时的新平堡城市形态可以借由1927年的1:50000地形图加以审视。图中城北的西洋河、城东的南北向小河、城西的长城墙体清晰可见，明代互市的旧地已经衍生出新的村落——马市口（即今西马市口村）。图中新平堡的占地规模显然要比上文的保平堡宏大很多，交通线纵横交织，不过主干路线汇集于北门而非东门，这说明北门一带乃是该堡的主要对外联系方向，也正因为此，北门外已经开始出现居民房舍。堡内建筑密集，几无隙地；连接北门与东门的南北向与东西向大街在堡城地理中心形成十字交叉，次要街巷以两条主干道路为基准垂直发散。最新的谷歌地球卫星照片向我们展示了今天新平堡聚落的形态特征，可以发现，聚落占地面积和平面展布方式发生了巨大变化，聚落区块已经大大溢出了堡墙，而在它的四周扩展。比较来看，南堡墙与西堡墙之外，是其扩展最为迅猛的所在，推测这两个方向的堡墙已经被部分推倒，堡内外的联系不再受城门的限制。同时，两座城门之外的变化则并不是十分明显，这显然与东、北两面毗邻河道，用地面积有限有关。

---

[1] 乾隆《天镇县志》卷四《风俗·会场附》，乾隆四年刻本，第2页。另一处庙会位于县城慈云寺，"八月初十日起，至二十日止"。
[2] 乾隆《天镇县志》卷二《疆域·村庄附》，乾隆十八年刻本。
[3] 天镇县政府：《天镇县各区农村概况统计表》，1949年7月，天镇县档案馆藏，档案号：1-16-1-2。
[4] 《天镇县志》编纂委员会编：《天镇县志：1991—2008》第一编《建置区划·区划》，第16页。
[5] 参见章生道：《城治的形态与结构研究》，施坚雅主编：《中华帝国晚期的城市》，中华书局，2000年，第105页。

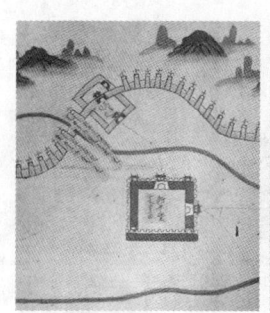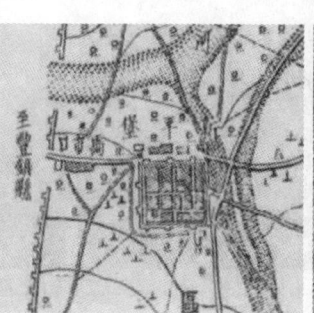

地图及卫星照片所见新平堡聚落形态演变[1]

2017年7月8日，在对保平堡的实地考察结束之后，随即对新平堡进行了踏勘，这使我们可以进入聚落内部，进行更为精细的观察与思考。与保平堡相比，新平堡的堡墙毁坏较为严重，仅南墙基本完整，但中段有大豁口一处，沟通堡内外的水泥路经行此处，东墙南段残存100米左右，北墙残存200米左右，西墙废毁最为严重，仅残存50米左右。北、东两座城门中，东门名"迎恩"，今已废毁，北门名"镇虏"，今保存较为完整，城门规模较之保平堡东门明显为大，万历年间镌刻的"镇虏门"门额在前些年的一次地震中塌落，现保存于新平堡镇文化活动中心院内。进入北门南行约160米，抵达堡城十字街交叉口，此处乃整座堡城的地理中心，明代万历二十一年（1593年）于此修建玉皇阁，经过清代多次重修，至今仍巍然屹立，据说是大同市所有长城边堡中现存的唯一一座玉皇阁。其建筑形制为三层两檐歇山顶式楼阁，底部为石基砖碹十字形通道。玉皇阁在明清时期是堡内的最高建筑，登临阁之三层，整座堡城的平面布局及远方长城、墩台尽收眼底，当初创建此建筑显然首先是出于军事瞭望而为之的。周行堡内，可知街巷布局横平竖直，十分规整。堡内东部有古宅一座，坐北面南，其内正对大门有影壁一道，砖雕吉祥图案，颇为精美，影壁左右分别连通一座四合院，当地百姓称该宅第为马芳府邸。马芳，《明史》有传，嘉靖年间曾任参将，后升任大同总兵，此宅可能系其任新平路参将时的居所。关于历史时期堡内民众的日常用水，据采访所得，人畜平时饮用井水，过去堡内有井10余眼[2]；堡外西洋河两侧地形较低，利于地下水富集，水质基本无污染，也是重要取用之地。7月8日午饭之后，考察西堡墙外的聚落区块。这里今天是新平堡镇政府及移民新村的所在，据镇政府门前的移民碑记所载，这里的移民新村修建于2002年，历时五个月建成，由此，镇域内的"十三村移民离别大山，告别封闭，欣然入住，此为该镇三百五十余年最大之人口迁徙……迄今，集镇人口达五千之众"。可见新平堡西侧的聚落建成区十余年之前方才形成。

---

[1] 左图截自《大同镇图本》，第144页。中图截自民国军事委员会军令部陆地测量总局：《中国五万分之一地形图》"新平堡"图幅，1927年3月测图。右图截自谷歌地图。

[2] 据《天镇县村镇简志》，1949年时新平堡有井13眼，可为辅证。参见该书第2193页。

笔者田野调查所拍新平堡聚落照片①

四、瓦窑口堡

瓦窑口堡即今天的天镇县逯家湾镇瓦窑口村，位于县城北偏东约15千米处，东经114°12′67″、北纬40°55′09″，海拔1138米上下。是堡创建于嘉靖三十七年（1558年），先为土筑，隆庆六年（1572年）包砖，高三丈五尺，周一里②。不过，据《天镇县村镇简志》言，其最晚在元代时就形成村庄③，至明嘉靖年间方由官方改造为军堡。从该堡处在大梁山（清凉山脉组成部分）南麓出山口的洪积扇区的位置特点来看，其聚落不至于迟至明嘉靖年间才形成，《简志》之说可信。与新平、保平等"山后"诸堡相比，瓦窑口堡的设置明显为晚。当初为何要选择此处设置军堡？这与该地的战略区位紧密相关。瓦窑口处在清凉山脉南麓，基本位于天城卫与"山后"统驭中枢新平堡的中间位置，勾连两地的行军路线必经瓦窑口，如果说新平堡是守卫天城卫的第一道防线的话，此处可谓第二道防线。正如《宣大山西三镇图说》所言："本堡当新平孔道，称咽喉地，峒谷间可以设伏。倘新平疏虞，此地尚能扼防，足为天城、阳和障蔽焉……盖一隅之藩篱也。"④

早在成化元年（1465年），蒙古军队就曾经由瓦窑口入犯明地，守边诸将因"追贼寡谋""哨守不谨""策应不力""督属不严"，致使明军损失甚大⑤；嘉靖二十三年（1544年），蒙古军队再次入掠时，仍由"天城瓦窑口遁去"⑥；嘉靖二十五年（1546年）宣大山西总督翁万达在奏疏中

---

① 上左为北门遗构，由南向北拍。上中为北门"镇房堡"门额。上右为玉皇阁，由北向南拍。下左为站在玉皇阁向北俯拍堡内北大街。下中为"马芳府邸"大门，由南向北拍。下右是位于堡外西部的新平堡镇政府驻地，由南向北拍。照片系笔者拍摄于2017年7月8日。
② （明）杨时宁：《宣大山西三镇图说》，第278页。
③ 天镇县史志办公室编：《天镇县村镇简志》，第2171页。
④ （明）杨时宁：《宣大山西三镇图说》，第278页。
⑤ 《明宪宗实录》卷二〇"成化元年八月癸未"。
⑥ 《明世宗实录》卷二九一"嘉靖二十三年十月壬辰"。

亦称瓦窑口为"通贼要路"①。嘉靖三十七年（1558年）置堡之初设操守官驻守，万历三年（1575年）时，宣大总督方逢时奏称瓦窑口堡为蒙古"黄酋部落进贡之路"，地理位置重要，仅设操守官不足以示弹压，而永嘉堡"僻处瓦窑之东"，却设守备官，主张将瓦窑、永嘉二官互相更调，得到朝廷允准，是后瓦窑口堡遂升为守备官驻守②。

设堡之初的驻堡旗军数目已不得而知，数年之后的嘉靖四十四年（1565年），宣大山西总督江东提出"增募军士以实营伍"的建议，主张瓦窑口堡增兵300名，得到朝廷允准③；万历中期，驻堡旗军为468名④。进入清代，顺治年间仍驻有官兵100名，此后转为民堡，乾隆十八年（1753年）时有住户51户⑤，人口数当在300人左右。至1949年，本村有114户，549人⑥，2008年增加到184户，989人⑦。可见清代之后瓦窑口堡聚落呈现出不断扩大的趋势。

瓦窑口堡战略区位示意图

依托古今地图及卫星照片，我们能够大致明了瓦窑口堡聚落本体的形态演进过程。笔者所截的《宣大山西三镇图说·瓦窑口堡图》代表的是该堡初设时期的形态特征。图中的瓦窑口堡大体呈方形，开南门，堡外山麓地带有长城环绕，先经堡北，后转经堡西，另有长城一道自附近沿山脊北走，堡外西北侧有"观音殿"一座，一条河沟自清凉山深处流出，穿边墙，经堡西、堡南流向远方，此河今人称之为大梁沟。《大同镇图说》藏于罗马意大利地理学会，绢本，册页装，凡有28幅地图附图说，右页为图，左页为图说，每页纵36厘米、横31厘米，现缩小图幅扫描收入李孝聪、陈军二位先生主编的《中国长城志·图志》一书，嘉惠学林，贡献巨大。李孝聪先生从"将军会堡图说"中有"万历三十一年"字样，以及28则图说与《宣大山西三镇图说》几无太多出入等证据出发，认为《大同镇图说》与《三镇图说》乃是同一时期的作品⑧。笔者认为李先生的判断大致不误，但也可进一步探究，理由之一正在于两种文献对"瓦窑口堡图"的不同绘制上。其一，《三镇图说》中瓦窑口堡外西北侧的观音殿在《大同镇图说》中易为"二郎庙"，而二郎庙是该建筑最稳定的称呼，名称延续至今，未有更易。其二，《三镇图说》中的瓦窑口堡原本开设南门，在《大同

---

① 《明世宗实录》卷三〇八"嘉靖二十五年二月己丑"。
② 《明神宗实录》卷三五"万历三年二月甲戌"。
③ 《明世宗实录》卷五四八"嘉靖四十四年七月丙午"。
④ （明）杨时宁：《宣大山西三镇图说》，第278页。
⑤ 乾隆《天镇县志》卷二《疆域·村庄附》，乾隆十八年刻本。
⑥ 天镇县政府：《天镇县各区农村概况统计表》，1949年7月，天镇县档案馆藏，档案号：1-16-1-2。
⑦ 《天镇县志》编纂委员会编：《天镇县志：1991—2008》第一编《建置区划·区划》，第16页。
⑧ 参见李孝聪、陈军主编：《中国长城志·图志》，江苏凤凰科学技术出版社，2016年，第172页。

镇图说》中却易为西门。比较来看，《大同镇图说》的精美与翔实程度明显超过《三镇图说》，两处不同点不可能是绘图者疏忽所致。因此，笔者认为，《大同镇图说》的绘制时间很可能稍晚于《三镇图说》而早于明清鼎革的崇祯十七年（1644年）。如此一来，瓦窑口堡城门方位在晚明时期发生了变化，由初创时期的南门而改为西门。不过，无论开设何门，堡门皆正对大梁沟，于取用沟内溪水而言，均称方便。

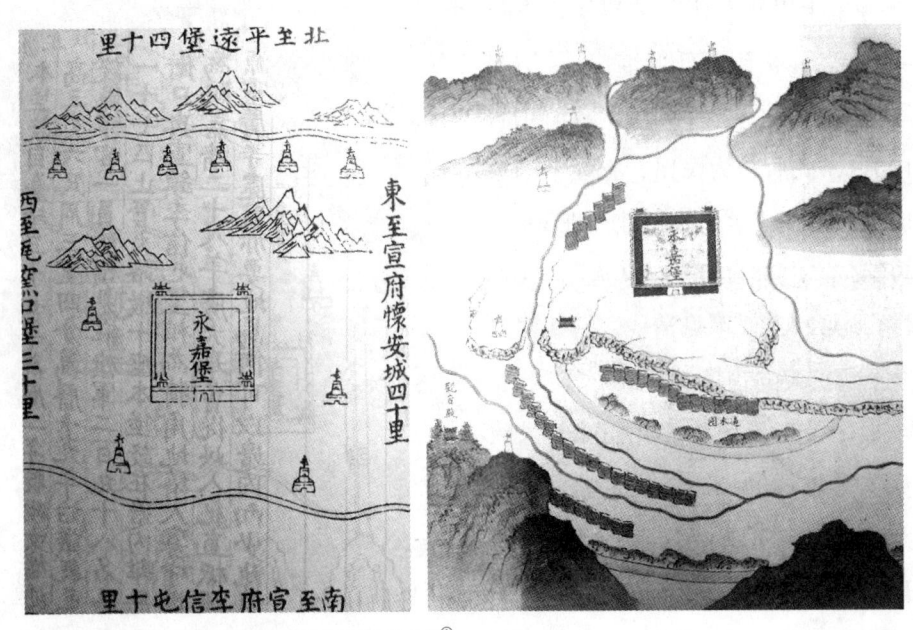

明代万历年间与稍晚时期的瓦窑口堡聚落形态①

测绘于民国十六年（1927年）的《中国五万分之一地形图》"瓦窑口"图幅，使我们能够了解清后期至民国前期的瓦窑口聚落形态。在该图中，从清凉山流出山口的大梁沟依然清晰可见，数条交通线从堡体西南角发散出去，这显然与堡体开设西门有密切关联。引人注意的是，这时的瓦窑口聚落形态较之明代发生了较大变化：聚落建成区已溢出堡墙，而在东侧、南侧、西侧形成面积较为可观的堡外街区，北侧因为地势陡峻，没有建宅筑舍的地理条件，故而仍为空白。比较来看，堡外西侧建成区的规模更为可观一些，这与堡门开设于此直接相关。卫星照片显示了今天瓦窑口村的聚落形态。较之晚清民国时期，当下瓦窑口村的占地规模进一步扩大，在堡体西侧、南侧、东侧均有明显扩展，不过以西侧的扩展更为突出，聚落建成区已经越过大梁沟，在其西岸形成了新的街区，聚落形态总体上表现出沿河发展的趋势。

---

① 左图截自（明）杨时宁：《宣大山西三镇图说》，第277页。右图截自（明）佚名：《大同镇图说》，原图藏罗马意大利地理学会，收入李孝聪、陈军主编：《中国长城志·图志》，江苏凤凰科学技术出版社，2016年，第177页。

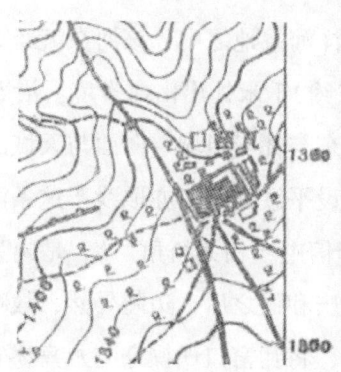

晚清民国时期与今天的瓦窑口聚落形态[1]

瓦窑口堡自创设以来，其聚落形态为何呈现出不断变动、扩展的特征，这至少应归因于以下三个方面。其一，处在交通大道旁侧的区位优势。瓦窑口堡西邻大梁沟，这条河谷乃逾越清凉山的重要通道，来往于天镇县城（即明天城卫城）与新平堡乃至蒙古地带的商旅必经此地[2]。其二，有日常用水之便。该聚落位于清凉山南麓，地质结构由深变质岩类组成，裂隙发育，泉水出露较多，大梁沟内就有泉水出流成溪，保证了人畜日常用水之需[3]。第三，该村处于山区与平原交接地带，有着较为丰富的土地和林业资源，这实际上提供了保证聚落不断发展的良好的腹地资源条件。

五、永嘉堡

永嘉堡今隶属天镇县逯家湾镇，位于县城东北约19千米处，东经114°26′41″、北纬40°52′47″，海拔930米上下。该堡创设自嘉靖三十七年（1558年），万历二年（1574年）砖砌女墙，通高三丈六尺，周回三里四分，万历十九年（1591年）包砖[4]。据《天镇县村镇简志》所言，永嘉堡之地很早就产生了聚落，元代村名王宝屯，明代将其改造为军堡，赐名"永嘉"[5]。从地理环境角度审视，该堡坐落在薛家窑沟洪积扇南缘、南洋河北岸的河谷阶地上，地下水位埋深仅有2—10米，便于凿井[6]，地表水则有南洋河径流，可供日常生产生活之用，具备孕育聚落的良好条件，《简志》所载应该是可信的。设堡之后，因其距长城稍远，故而没有分管边墩的职责，仅管火路墩10座[7]。不过，这并不能说永嘉堡在大同镇军堡体系中不具有重要地位，相对于紧邻长城的军

---

[1] 左图截自民国军事委员会参谋本部陆地测量总局：《中国五万分之一地形图》"瓦窑口"图幅，1927年3月测图。右图截自谷歌地图。

[2] 乾隆《天镇县志》卷四《驿站·铺递附》载："南至阳高东井集九十里，北至瓦窑口三十里，新平堡六十里，丰川卫一百里，为僻路，未设铺司，凡往来铺递公文，例系汛兵接送。"乾隆四年刻本，第2页。这里所称的"僻路"是相较"孔道"而言，其作为县内重要交通线的角色是了无疑义的。

[3] 参见《天镇县村镇简志》，第2171页。

[4] （明）杨时宁：《宣大山西三镇图说》，第280页。

[5] 参见《天镇县村镇简志》，第1982页。

[6] 永嘉堡内传统人畜用井水，1949年前后，村内有水井38眼，其中官井8眼。参见《天镇县村镇简志》，第1985页。

[7] （明）杨时宁：《宣大山西三镇图说》，第280页。

堡来说，永嘉堡可归为"居中应援"之堡。其位于南洋河谷地之中，该河在流经天镇县城之后向东北流，在黄土崖村转而东行，经永嘉堡南侧，于堡东约2千米处出山西省境。沿着南洋河谷很早就形成一条东西走向的交通大道，这条交通线在明代向东与怀安卫城、向西与天城卫城相勾连，是宣府、大同二镇之间十分重要的通道，清末宣统年间铺设平绥铁路时亦取线于这条河谷。《宣大山西三镇图说》言"本堡设在边内，虽无冲口，与宣镇李信屯堡相为犄角"①，是颇为到位的论述。正因为如此，设堡之初于此置守备官防守，只是到了隆庆和议之后，边陲晏然，战略价值相形下降，方于万历三年（1575年）在宣大总督方逢时的建议下，将瓦窑口堡操守与永嘉堡守备互相调换，终降为操守官驻地②。进入清代，永嘉堡渐成一普通村落，乾隆十八年（1753年）时有168户，在全县259个村落中户数排位第三，仅次于新平堡（484户）、大石庄（175户）③。至1949年时，永嘉堡增加到401户，1743人，人口数量在县内村落中居第六位④。中华人民共和国成立后，由于自然灾害、计划生育、人口迁移等因素，人口数量增长较为缓慢，2008年时，永嘉堡村有598户，1827人⑤。

关于明代以来永嘉堡聚落形态的演进过程，我们同样可以借助地图与卫星照片来进行复原。《大同镇图说》对永嘉堡聚落形态及周边地理环境的描绘显然更为精细。在此图中，永嘉堡呈正方形，四个城角之上均建有角楼，开南门，门外正对的河流即南洋河，堡城西侧呈南北流向的河道当为薛家窑沟，堡东的南北向河道今已无法查考，堡外西南方向的山巅之上建有观音殿一座。该图中最引人瞩目的内容是名为"逼水囤"的地物，凡有四道，一在城堡西北方向的薛家窑沟东岸，一在堡南的薛家窑沟下游北岸，剩余两道在南洋河南北两岸。这清楚地揭示出明代晚期永嘉堡受到周边河流洪水威胁的史实。今人编著的《天镇县村镇简志》一书载："嘉靖三十八年夏雨，连百余日，南洋河洪水涨溢，向北逼（永嘉堡）城。"不知其本自何书，但此年在与天镇县临近的怀安、万全、宣化、涿鹿、怀来等地确曾发生了持续百余日的大规模降雨，如乾隆《怀安县志》载："春正月至五月，不雨，蚜蚄生，乃雨，连百余日，庐舍尽倾。"⑥康熙《宣化县志》载："春正月至夏五月，不雨，蚜蚄生，甫大雨，乃尽死，自是连雨百余日，庐垣多坏。"⑦天镇、怀安、宣化三地均位于南洋河流域，则《简志》的记载可信度很高。2017年7月9日中午我们在对永嘉堡的田野调查中发现，该堡东、西、北三个方向的堡墙保存均较为完整，惟独南堡墙荡然无存，采访村民得知，南墙正是毁于墙外的南洋河洪水。《简志》记载这次毁城事件发生在清康熙年间⑧，若此说成立，则永嘉堡的聚落形态因水患而在清代前期发生了变化。

---

① （明）杨时宁：《宣大山西三镇图说》，第280页。
② 《明神宗实录》卷三五"万历三年二月甲戌"。
③ 乾隆《天镇县志》卷二《疆域·村堡附》，乾隆十八年刻本。
④ 次于新平堡（2868人）、三十里铺（2079人）、水桶寺（2045人）、安家皂（1971人）、南河堡（1793人）。参见天镇县政府：《天镇县各区农村概况统计表》，1949年7月，天镇县档案馆藏，档案号：1-16-1-2。
⑤ 《天镇县志》编纂委员会编：《天镇县志：1991—2008》第一编《建置区划·区划》，第15页。
⑥ 乾隆《怀安县志》卷二二《灾祥》，乾隆六年刻本。
⑦ 康熙《宣化县志》卷五《灾祥》，乾隆年间据康熙五十年刻版增刻。
⑧ 原文称："康熙年间，从城西入南洋河的薛家窑沟改为从城东直入南洋河，城西失去洪水和沙碛保护，遂使南洋河洪水冲毁南门、南城墙。"载《天镇县村镇简志》，第1992页。

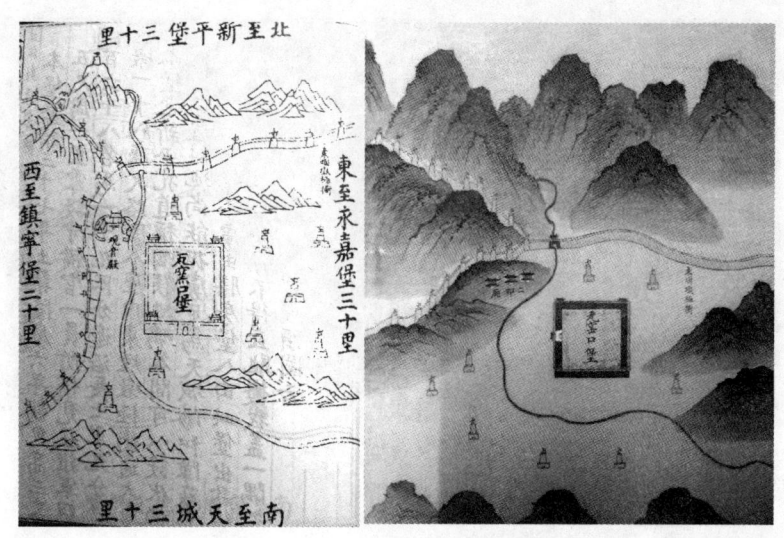

明代万历年间与稍晚时期的永嘉堡聚落形态[1]

民国十六年（1927年）的1:50000地形图向我们展示了清后期至民国前期永嘉堡的聚落形态。正方形的堡城坐落在平绥铁路及明清车马大道的南侧，南洋河则从堡城南侧迤逦而过，东、西、北三面堡墙绘制清晰，均有标示，唯独南墙标示为断崖状的符号，这说明南墙因受到南洋河洪水的冲击，久已不存。该图中坐落于铁路线以北与堡外东北侧的聚落区块格外引人注目，这说明最晚在晚清民国时期，永嘉堡聚落已经突破了堡墙的限制，在东、北两个方向上形成了新的街区。卫星照片显示了今天永嘉堡的聚落形态，可以发现，20世纪20年代之后，聚落发展的主要方向仍然在堡外东、北两侧，尤其以向铁路以北发展更为明显，这片区域的占地规模已大大超过堡墙之内，成为整个聚落的重心所在。

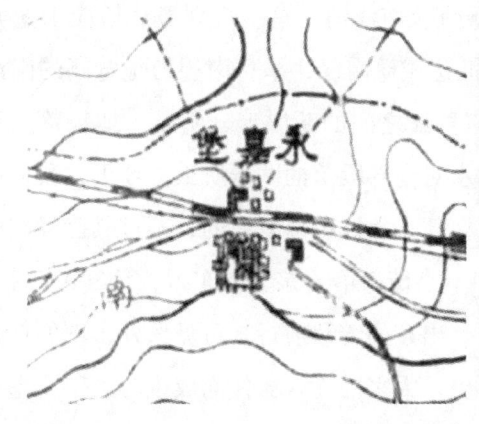 

晚清民国时期与今天的永嘉堡聚落形态[2]

---

[1] 左图截自（明）杨时宁：《宣大山西三镇图说》，第279页；右图截自（明）佚名：《大同镇图说》，收入李孝聪、陈军主编：《中国长城志·图志》，第175页。

[2] 左图截自民国军事委员会参谋本部陆地测量总局：《中国五万分之一地形图》"永嘉堡"图幅，1927年3月测图。右图截自谷歌地图。

经田野调查复原出的永嘉堡堡墙内侧空间结构①

    2017年7月9日中午前后对永嘉堡的田野调查使我们能够更为深入地了解其聚落形态结构及演进过程。我们的中巴车首先停驶在堡城北门外，这座北门实际上是一处大豁口，村民通过此地与铁路以北的聚落区域相联系。从20世纪20年代铁路以北已经出现新的街区来看，北门的开凿当不晚于晚清民国。站在北门外侧东、西观察，左右各有一座马面突出于堡墙之外，保存相当完整，这样的马面在西堡墙与东堡墙均有完好遗存。由北门进入堡城之后，地势缓缓下降，南行约200米，进入村内两条主干道的交汇处。全堡街巷均以此为总汇，形成十字型四条主街、井字型多条小巷的格局，宛如龟背，十分规整清晰。采访村民得知，往时在该十字路口建有昊天阁，也即玉皇阁，作为全堡的制高点，可惜现已踪迹全无了。不难推测，这座建筑的功能与新平堡玉皇阁是毫无二致的。十字路口西南侧乃是一占地颇为可观的大水坑，村民言，这处水坑的历史十分悠久，1949年之前岸边曾有古柳四株，后被伐除，往时堡内北半部的积水均汇入此坑，作为民众洗衣、牲畜饮用之需，若水坑满溢，则会循着沟渠南流，最后出堡流入南洋河。这一规划显然适应了堡城北高南低的地势特点。由十字口继续南行，约140米后即抵达城堡南缘，举目南望乃是宽阔的南洋河河道，只是因为降水稀少，没有了地表径流。南洋河与村堡之间的断崖十分明显，地势落差很大。南大街之所以明显短于北大街，显然是因为南洋河洪水对南部段落的冲击所致。今天，我们由尚存的东堡墙南端向西绘制一条虚线，南堡墙和南门的所在还是大体可以复原的，不过其已经在今天的南洋河河道之内了。沧海桑田，不免让人唏嘘。返回十字街口沿着东大街东行，约200米后抵达东门。这座东门乃是南门被南洋河冲毁之后另外开凿的。出东门继续前行，可见堡外东部的连片居民区，这些建筑的绝大部分均有数十年甚至上百年的历史，大多已无人居住而成废舍，整个堡东片区显得十分残破空寂，这应当就是1927年1:50000地形图中所绘制的堡东区块。现在已经成为永嘉堡聚落重心的铁道以北区域，实际可进一步细化为东、西两个亚区，东部亚区的房舍同于堡东区块，陈旧破败，房舍历史亦多有上百年者，这应是1927年1:50000地形图中显示的堡北街区；西部亚区的街区则十分

---

① 底图来自谷歌地图。

规整，房舍建设时间颇为晚近，采访得知，这片住区的大部分是20世纪80年代以后村民从堡内迁出后陆续建成的。

笔者田野调查所拍永嘉堡聚落照片①

六、镇宁堡（白羊口村）

镇宁堡今名白羊口村，隶属天镇县谷前堡镇管辖，坐落在县城北偏西约9千米处，东经114°06′52″、北纬40°49′99″，海拔1250米上下。长期处于明蒙政权边界地带的清凉山脉西段分布有许多深沟曲涧，形成了勾连明蒙之间的天然通道，在天镇县境内者，自东而西主要有瓦窑口、张仲口、李二口、白羊口、榆林口、水磨口等。明廷对这些沟涧的出山口十分重视，先后设置了一些军堡加以控扼，具体是在瓦窑口设瓦窑口堡、白羊口设镇宁堡、水磨口置镇口堡。不过与另外两堡相比，镇宁堡设置最晚。其创设于嘉靖四十四年（1565年），隆庆六年（1572年）包砖，设操守官驻扎②，显示出长城一带的防卫体系并非一蹴而就，而是存在一个逐步完善的过程。虽然设堡较晚，不过"白羊口"地名却早在成化年间就已见诸史籍了，时称"白杨口"，见载于成化《山西通志》："白杨口，在天城卫北二十里，东西六十步，墙高二丈五尺。"③《天镇县村镇简志》据此认为白羊口之地早在成化年间就已出现堡寨，嘉靖年间镇宁堡的设置只是对既有堡寨进一步维修扩大而已④，这一看法是站不住脚的。上引文所言的"东西六十步，墙高二丈五尺"显然是指明廷在

---

① 图上左为永嘉堡北墙豁口（北门），自北向南拍；图上中为永嘉堡内的北大街，自北向南拍；图上右为永嘉堡十字街西南侧之大水坑，自东北向西南拍；图下左为南洋河冲击成的断崖，自东向西拍；图下中为堡外东区破败零乱的街区，自北向南拍；图下右为铁路以北的堡外北区，自南向北拍。笔者拍摄于2017年7月9日。
② （明）杨时宁：《宣大山西三镇图说》，第276页。
③ （明）李侃修，胡谧纂：成化《山西通志》卷三《城池·关塞附》，成化十一年刻本，第24页。
④ 参见《天镇县村镇简志》，第397页。

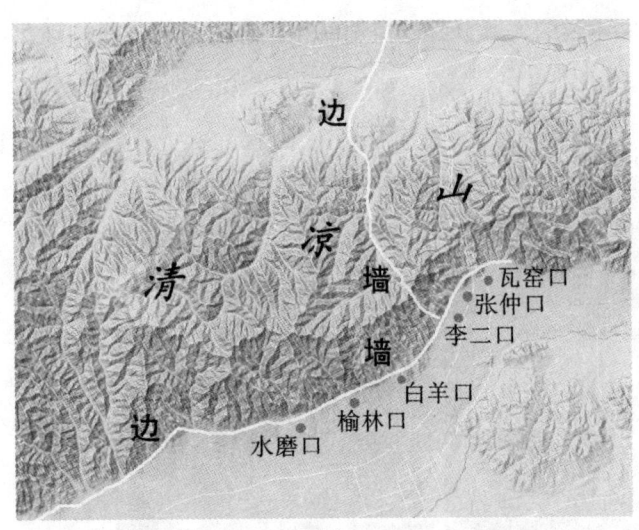

清凉山脉西段主要隘口分布图

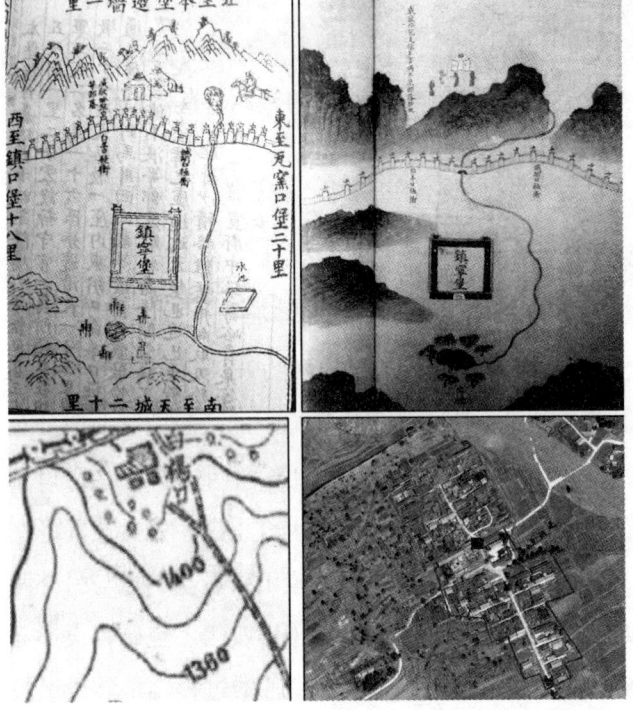

地图及卫星照片所见明代以来镇宁堡（白羊口村）聚落形态演变⑥

这个隘口上修筑的挡马墙的规模数据，因为此时尚未有边墙的全面兴建，故在此修筑短墙阻挡敌军。因此，可以认为，嘉靖四十四年镇宁堡的创设，是白羊口聚落出现之始。万历年间这里驻守着302名旗军①，若将随军家眷统计在内，总人数可能逾千。清顺治年间尚有驻军100人，此后逐渐演变为民堡，在乾隆十八年版的《天镇县志》中，称为"白羊口"村，镇宁堡之名已不见踪迹，这时有55户，在全县259个村落中，居第47位，尚为中等偏大的聚落②。1949年7月的档案资料显示，这时的白羊口村有149户、731人，人口数在全县居第61位③。中华人民共和国成立之后由于计划生育、人口外流等因素，村落人口数不增反减，1980年时为151户、665人④，2008年时为178户、583人⑤。不过，1949年以来三个时间节点上的户数却是有所增加的，这可能会带来民舍数量的增加和村落街区的扩衍。

那么，明代以来镇宁堡聚落形态经历了怎样的演变过程呢？附图显示了明代后期的聚落形态。就聚落本体而言，两图绘制完全相同，镇宁堡呈方形，四个城角之上各建角楼一座，开南门。镇宁堡周边绘制边墙、冲口、山峦、河流等要素，总体上大同小异，唯独《宣大山西三镇图说》中河流的右侧绘有"水池"一区。在1927年1:50000地形图

---

① （明）杨时宁：《宣大山西三镇图说》，第276页。
② 乾隆《天镇县志》卷二《疆域·村堡附》，乾隆十八年刻本。
③ 天镇县政府：《天镇县各区农村概况统计表》，1949年7月，天镇县档案馆藏，档案号：1-16-1-2。
④ 《天镇县村镇简志》，第394页。
⑤ 《天镇县志》编纂委员会编：《天镇县志：1991—2008》第一编《建置区划·区划》，第8页。
⑥ 上左图截自（明）杨时宁：《宣大山西三镇图说》，第275页；上右图截自（明）佚名：《大同镇图说》，收入李孝聪、陈军主编：《中国长城志·图志》，第178—179页；下左图截自民国军事委员会参谋本部陆地测量总局：《中国五万分之一地形图》"天镇县"图幅，1927年3月测图；下右图截自谷歌地图。

中，堡墙未见绘制，可能已残缺不全，图中的白杨（羊）口聚落被划分为三个区块，北部是主体，可能正是明代镇宁堡的范围，而南部的两个片区应该是在南门之外形成的新的街区。今天的卫星照片为我们清晰展现了当下白羊口村的聚落形态。北部的方形区域即明代的镇宁堡，堡外南侧已经形成规模可观的街区，面积已明显超过堡内，从照片显示的房顶颜色来看，浅红色的新式瓦房建筑主要集中在堡外南部，这说明南区的形成不会太早。

2017年7月9日下午对镇宁堡的田野调查使我们有机会深入认识聚落形态的演进历程。正如上文笔者所推测的，镇宁堡堡墙损毁确实较为严重，尤以东墙与南墙为最，东墙残存不足10米，东北角台已被旁侧沟峪的洪水冲毁，南墙损毁更甚，南门踪迹全无，但遗址尚可考实。相较之下，北墙、西墙保存相对较好，西墙大部有遗迹可寻，中部的马面及南北两座角台均完整保存，北墙中部出现一处大型豁口，左右墙体遗迹尚存。借助卫星照片，整座堡城的轮廓及街巷布局依然可以初步复原。堡城呈方形，周回约490余米，较之《宣大山西三镇图说》所记载的"周一里二分零"稍小。堡内主干街道仅一条，即通向南门的南北大街，左右各发展出三条小巷，呈"丰"字型结构。堡内民居废毁十分严重，十之八九已成废舍，满目萧索，建筑历史多有上百年者，据堡内一位70岁闫姓村民（女）言，现尚住在堡内的仅剩7户，大部分均迁往南门之外和沟峪之东居住。南门遗址旁侧有奶奶庙一座，时间已有百余年，这说明村落突破堡墙向外发展的时间当不会晚于清代后期。我们登上高大的西北角台瞭望整个聚落，堡墙内外差异性十分明显，堡内建筑陈旧破败、岌岌将倾，南门以外的居舍则要崭新齐整许多，多是近几十年新建而成。据闫姓村民所言，堡内无井，往时日常饮用之水依靠村东沟峪——村民称其为正沟——上游石崖之下的泉水，水质极好。《宣大山西三镇图说·镇宁堡图说》载：

（镇宁堡）地皆沙碛，势难凿井，向取汲于墙外，缓急尚属可虞，若照宣府中路葛峪、青泉等堡，潜以地沟引之，似差胜云[1]。

闫姓村民所言恰可与此条引文互相印证。实地踏勘可知，长城边墙与镇宁堡北墙间距仅有50米，村民所言的正沟上游泉水必已在边墙之外，这在有明一代，取水则须至蒙古地界，实属不便，故而方有"潜以地沟引之"的对策，再联系《宣大山西三镇图说·镇宁堡图》中的"水池"地物，极有可能正是为解决堡内用水之需而开凿。随后笔者就历史时期白羊口村的对外交通问题采访一位60岁左右的张姓村民（男），其言，往时白羊口向北可与内蒙古兴和县相连通，据其回忆，内蒙古一带的人常常赶毛驴从白羊口经本村进入山西，本村民众也或徒步或赶毛驴入兴和县，大山深处道路险隘，路况不足以通车辆[2]；该村与天镇县城的交通则十分便捷，地势平衍、道路通畅。再审视1927年1:50000地形图，图中白杨（羊）口村附近的两条交通线正是北上兴和、南下天镇县城的道

---

[1] （明）杨时宁：《宣大山西三镇图说》，第276页。
[2] 《宣大山西三镇图说·镇宁堡图说》言："嘉隆间零骑不时入犯。"第276页。"零骑"一词也印证了白羊口通道的险隘。

路。《天镇县村镇简志》言:"自清以来,(白羊口村民众)多有用自产水果到兴和县一带换莜面等。购物多到县城;日用小杂货,多从货郎购入"[1],这是符合史实的说法。可以推想,完全因为明蒙对峙而产生的白羊口聚落之所以能够延续至今,民生用水能够解决、对外交通条件尚可,无疑是两个重要因素。

经田野调查复原出的镇宁堡堡墙内侧空间结构[2]

笔者田野调查所拍镇宁堡(白羊口村)聚落照片[3]

---

① 《天镇县村镇简志》,第396页。
② 底图来自谷歌地图。
③ 图上左为镇宁堡西北角台及堡内民舍,自东向西拍;图上右为堡外南部街区一隅,自东向西拍;图下左为站在西北角台眺望堡内及堡外南区,自北向南拍;图下右为堡外东侧的正沟,自南向北拍。笔者拍摄于2017年7月9日。

七、结语

作为聚落的一类型，军事堡寨首先表现为物质性的建筑实体，堡墙环绕的区域自然成为其初建时期的聚落形态。明代以降，受到内外在因素的影响，这些堡寨聚落的形态发生了巨大变化。通过对天镇县内5处军堡聚落的实地踏勘，结合文字和舆图资料，我们可以对它们的形态演进特征进行分类，初步分为两个类型。

其一，消失型。即创设于明代的军堡在今天已经完全失去聚落功能，堡内或成农田或成荒地，堡墙外侧亦无民舍，居民远迁，有些聚落甚至作为地名也已无从查考。正文述及的保平堡即为此类。导致其消亡的原因是多元的，过程也是复杂的，但地居高阜、交通不便、缺乏水源、土地贫瘠、耕作不便等因素值得重视。

其二，扩展型。即聚落区块在明代所筑堡墙之内继续存在的同时，大规模溢出堡墙，在堡墙外侧发展出了规模可观的新街区。这种演进类型在明代大同镇长城边堡中最为常见，本文述及的新平堡、瓦窑口堡、永嘉堡、镇宁堡，以及此次田野调查涉足的镇门堡（今阳高县罗文皂镇正门堡村）、得胜堡（今属大同市新荣区堡子湾乡）、破虏堡（今新荣区破鲁堡乡破鲁堡村）、镇河堡（今属新荣区西村乡）、助马堡（今属新荣区郭家窑乡）均可归入此类。这类聚落形态变迁的驱动力主要有：堡内面积过于狭小、堡外交通线强力吸引、地方政府（村、乡镇）的主动规划等。经由实地踏勘或者查看古旧地图，我们能够看到这类聚落往往首先在堡门附近形成堡外街区，时间可能早在清代后期至民国初期，这是因为堡门是堡内外联系的节点，交通便捷，在地方不靖之时，又可以便捷地进入堡内躲避；此后则进一步在交通路线旁侧发展。

必须指出的是，除以上两种演进类型之外，依托卫星照片、近代大比例尺地图等资料，我们似乎还可以对明代晋北长城军堡的聚落形态演进特征再划分出两种类型，即稳定型与平移型。所谓稳定型，即自明代迄今，聚落区块的全部始终位于堡墙基址之内，即便有溢出堡墙的区块，其占地面积在全部聚落区域中的比重亦极小。本次进行过田野作业的镇边堡（今阳高县长城乡正边堡村）即属此类。其他如靖虏堡（今阳高县长城乡正宏堡村）、平虏城（今朔州市平鲁区凤凰城镇驻地）、威远城（今右玉县威远镇驻地）、右卫城（今右玉县右卫镇驻地）亦属此类。这类聚落存在的共同特点是：大部分距长城较远，多担负居中应援的职能，或者本身就是后方的大本营，在卫所体系或军事统属序列中处于高端位置，这使得堡城占地规模普遍较大，即便有些军堡紧临长城，但堡城占地规模也较为宏阔。可观的占地规模为后续聚落在堡内扩展提供了充分的用地空间。所谓平移型，即原本位于堡墙之内的聚落区块，全部位移至堡墙外侧不远处，堡墙之内成为农田与荒地。这种变化并不带来聚落生命的终结，而仅限于聚落位置的短距离移动。这类军堡聚落亦较为常见，诸如拒门堡（今属大同市新荣区郭家窑乡）、威胡堡（今朔州市平鲁区高石庄乡少家堡村）、杀胡堡（今属右玉县右卫镇）、云石堡（今属右玉县丁家窑乡）、三屯堡（今左云县三屯乡驻地）均可归入此类。导致聚落位置平移的原因十分复杂，因大部分尚未开展田野调查，笔者不敢妄断，但这类聚落多表现出在地势上由高而低、在交通上趋向道路旁侧等共性，周边耕地资源也较为可观。其他原因有待进一步考察。

晋蒙长城地带文化遗产考察报告（2020年）①

翟禹、康建国

作者简介

翟禹，男，1984年生，内蒙古赤峰人，历史学硕士，内蒙古社会科学院历史研究所副所长、副研究员，主要研究蒙元史、长城学、民族与边疆问题。

康建国，男，1979年生，内蒙古赤峰人，法学硕士，内蒙古社会科学院草原文化研究所研究员，主要研究北方民族史、草原文化史。

为了顺利推进国家社会科学基金项目《明蒙关系视野下的宣大山西三镇长城防御体系研究》、内蒙古民族文化建设工程项目《内蒙古黄河区域文化研究》，2020年下半年，项目组在晋蒙交界的长城地带开展了一系列文化遗产考察调研活动，涉及历代长城、古城遗址、传统村落、民间民俗文化和近现代商贸文化、革命史迹等多方面的调研，本报告选取其中与晋蒙长城文化遗产相关的考察内容展开论述，以就教于方家。

---

① 本文为"内蒙古民族文化建设研究工程"2019年度课题"内蒙古黄河区域文化研究"、国家文化与旅游部2021年"黄河文化研究"专项课题"内蒙古黄河文化与草原文化、长城文化交融互动关系研究"的阶段性成果。

一、赴山西忻州河曲县调研

2020年11月上旬，项目组赴山西省忻州市河曲县调研。河曲县位于黄河岸边，是黄河几字弯中游自晋蒙交界的老牛湾向南进入山西以后的第一座沿黄河岸边的县城，河曲县历史悠久，本次调研主要考察了河曲明清古城、西口古渡口、文笔塔等文化遗存。

河曲古城西北角城墙与城门

河曲城建于明代，是隶属于山西镇长城防御体系中的重要城堡，保存较好的地段是西北角城墙与护城楼。根据护城楼上的匾额题记记载，护城楼建于明代万历年间（1573-1620年），占地面积567平方米，坐北朝南，为二层砖木结构。一层台基高3.5米，长27米，宽21米，中部设拱券门，前有石砌台阶相连，券门上设一长方形匾额，字迹不清，匾额上砌垂花门楼，檐下设三彩单翘斗拱。券门两侧设拱形小窗。二层四周设女儿墙，殿身面宽三间，进深四椽，单檐硬山顶。五檩无廊式架构，斗拱一斗二升交麻叶。

文笔塔始建于清代乾隆五十九年（1794年），位于河曲县城东，目前是县级文物保护单位。文笔塔为圆形梭柱状砖塔，通高31米。文笔塔基为石砌，基下为土台，塔上部为笔尖形状。

位于河曲县城西黄河岸边的古渡口，根据考古调查认为，始建于宋代。古渡口的规模较大，遗存范围南北长约500米，东西宽约30米，石条垒砌，残高约0.5米，曾经在地表采集有白釉瓷碗、碟、盘和黑釉瓷坛等残片。目前，这一遗存被冠名"西口古渡"，建立了休闲旅游广场，社区居民在这里举行各种文化和娱乐休闲活动，同时还留存有庙宇、戏台、碑刻等遗存，古代渡口遗存与新时代文化景观结合，成为黄河沿岸的一道亮丽风景线。

河曲县位于黄河中游，河流从此处呈北-南方向流动，河曲所在黄河对面为内蒙古准格尔旗，是鄂尔多斯高原的腹地。河曲向南沿黄河一线直达山西保德县和陕西府谷县，向北沿黄河经过偏关河口，直达万家寨和老牛湾。可见，河曲是一处非常重要的战略要地和交通要道，黄河在这里拐了一个大弯，使得这一带在古代军事地理中成为一处易攻难守的地段，尤其是在明蒙关系最为紧张的时代，驻牧在鄂尔多斯（当时称为河套）地区的蒙古部落，往往选择在河曲一带"抢滩登陆"，因为这一带水流平缓，黄河河道中间还有成块的岛屿、小洲，使得河道变窄，而且水流平缓导致河水冬天极易结冰，蒙古骑兵踏冰而来，不日可至。因此，明朝在这一带设置了层层防御体系，黄河河岸修筑了长城墙体，墙体内侧又修筑了一条烽燧线，还在河曲一线修筑了大大小小数座城堡，主要的有河曲营、焦尾城、罗圈堡、楼子营、河会堡、唐家会堡等。同时，还在各个黄河河口设置重兵把守，并在太子滩、娘娘滩等地设置防御工事，可谓费尽心机。明代中期以后，明蒙实现和解，这一带也不再有战事，黄河沿岸易于过河的地点慢慢成为渡口，人员往来、贸易通商、货物运输、文化交流等开始兴盛繁荣，成为明清以来口内外交流交往交融的一个重要地点。到了今天，河曲依然是"鸡鸣三省之地"，从内蒙古鄂尔多斯至山西偏关、保德和忻州，乃至太原，这里是必经之地；从忻州偏关到保德和陕西府谷，亦可经过这里。（注：本文有关河曲部分文化遗存的数据，源自《中国文物地图集·山西分册》）

二、赴山西大同调研明长城系列遗存

2020年11月18日至20日，中国文化遗产研究院调研组赴山西省大同市，开展了为期三天的明长城文化遗产调研工作。中国文化遗产研究院调研组专家有吴加安研究员、吴炎亮研究员、刘爱河研究员和许慧君副研究员，翟禹作为专家组成员参与此次调研。

调研组一行第一天先后考察了阳高县李二口明长城遗址、镇口堡（水磨口村）、镇边堡、杨家堡等遗存。李二口明长城遗址是天镇县保存较好的长城地段，李二口村现已依托长城遗址发展了较为成熟的乡村旅游，取得了良好的经济效益和社会影响，目前已然成为长城文化旅游的典型示范地。镇口堡所在的水磨口村被国家住建部纳入中国传统村落名录，保留了较多的古民居、戏台等很有特色的建筑遗存，村中部分街道布局保持了几百年的传统格局，道路两旁可见众多传统建筑风格，文化内涵和底蕴十分深厚。阳高县杨家堡村是一处明代时就存在的民堡，是当时守边的士兵随军家属和被迫徙边的百姓屯田、生聚之所，因地处明朝与蒙古诸部对峙的前沿地带，需要时刻加强防御，故修建了高大宽厚的民堡城墙，城墙遗址目前仍然保存较为完整。

调研组第二天考察了云冈石窟、大同城墙遗址陈列馆、华严寺、善化寺、九龙壁和关帝庙大殿，这几处都是国家级文物保护单位，是山西大同市最具有代表性的文化遗产。调研组第三天考察了得胜堡及其相关遗存，主要有得胜堡、得胜口、市场堡、镇羌堡及其附近的长城墙体，调研组围绕得胜堡的建置、得胜口遗存的形制用途等问题展开了热烈的讨论，收获颇多。得胜堡及其长城关口在明蒙关系史上占有非常重要的地位，是明蒙关系史的转折性事件——隆庆和议的发生地，自此以后明蒙双方实现了和解，开启了长时间的互市贸易和人员往来，促进了长城两边农耕文化和游牧文化之间的交流融合，见证着中华民族多元共生的历史，为铸牢中华民族共同体意识做出了独特的历史贡献，今天我们对其开展深入研究和宣传，有着重要的现实意义。

（一）考察天镇古城相关遗存

天镇县城，辽金元时期为天成县治（辽、元写作天成县，金代写作天城县），明代初期在此设置天成卫,后来位于今呼和浩特托克托县的镇虏卫内迁至此,两处卫所合治一地,明代中后期时被称为"天城城",清代顺治年间改成天镇卫,雍正年间改为天镇县,沿用至今。天城城的城池规模,据《天镇县志》载:"城池,本辽金元天成县故治,明洪武三十一年置卫,因旧址修筑。周九里十三步,高三丈五尺。万历十三年重修,增高一尺,基厚四丈八尺,顶厚二丈八尺,女墙高七尺,濠深二丈,垛口七百二十,门四,东曰文安,西曰武宁,南曰迎恩,北曰镇远。门外各建月城,城东南别建角楼,四周共窝铺二十五间。"

通过调查发现,天镇县城中现仅存城墙遗址一处,即武定门,位于天镇县城中心处,现为一处小区的入口,但城门保存较好,也有过修复。在武定门以北几百米处,有天镇县的国家级文物保护单位——慈云寺。据文献记载,慈云寺始建于唐代,后世历代都对其进行修缮、扩建和沿用,保存至今。寺庙原名为法华,明朝宣德三年春至五年夏(1428—1430年)对其进行了大规模重修,千户熊亮上奏并赐额更名为"慈云寺"。考察时因连绵下雨,天气不佳,加之时机不巧,慈云寺暂未开放,故未能进入寺内参观。根据相关资料可知,慈云寺1965年5月被山西省人民委员会公布为省级重点文物保护单位,2006年5月被国务院公布为第六批全国重点文物保护单位。

天镇县城是一座有着悠久历史的城镇,辽金元时期在这里就有了建置,到了明代初期,为了防御北方蒙古诸部,在此建立了天城卫,后来由于北方防御压力骤增,明朝防线整体南撤,便将在今内蒙古地区建立的诸卫所全部内迁至长城以南,其中位于今托克托县黑城村的镇虏卫南迁至此,与天城卫共处一城,从而保持了天城卫与镇虏卫长期并存共处于今天镇县城的局面。到了明代中后期逐渐形成九边军镇防御体系以后,这里被笼统地称为"天城城",成为大同镇下辖的一处重要卫城之一。作为大同镇城东翼的防御区间,天城城发挥了重要的作用,而且天城城与北边的瓦窑口堡、永嘉堡、镇口堡、镇门堡等共同构成了卫城——堡城——长城墙体一道完备的防御体系。此外,在这个防御区间内,还生活着大量的从军百姓,百姓们为了生存和自保,平时屯田种地,战时或从军打仗,或躲入修建的民堡之中,慢慢形成这一带最早的村庄聚落。清代以后,天镇地区开始有了行政建制,称作天镇卫,后又改为天镇县,沿用至今。

今天的天镇县隶属于大同市,是一处位于内蒙古、山西和河北三省交界地带的边远县城,经济发展相对落后,但是天镇县拥有较为丰富的旅游资源和文化底蕴,相信在新时代,一定能够实现更多更高质量的发展。

天镇古城现存遗迹武宁门

（二）调研得胜堡、马市堡与得胜口系列遗存

晋蒙交界处的得胜堡及其马市、关口系列遗存，从行政区划上这一带隶属于山西省大同市新荣区堡子湾乡。调研组首先来到得胜堡村委会，详细了解得胜堡及其相关长城文化遗存的具体情况，随后考察了得胜堡、马市堡、镇羌堡、得胜口等遗址。

得胜堡位于堡子湾乡得胜堡村，城堡平面呈矩形，东西420米，南北528米，周长1896米，现存主要设施有四面城墙、南城门1座、瓮城1座、角台3座、马面13座，堡内正中存有玉皇阁1座。玉皇阁四面顶部均撰有匾额，东为"护国"，南为"雄藩"，西为"保民"，北为"镇朔"。镇羌堡位于堡子湾乡镇羌堡村，与得胜口唇齿相依，位于长城墙体的南侧，紧挨墙体而建。城堡平面呈矩形，周长980米，城堡四面城墙均保存相对完整，存有4座角台、3座马面，城门开在南城墙，现已不存。马市堡位于堡子湾乡得胜堡村北270米，距离得胜口和长城墙体400米，马市堡平面呈矩形，东西182米，南北171米，周长706米，现存主要设施有四面城墙、东城门1座、瓮城1座、瓮城外侧围墙1道、角台4座以及马面3座。得胜口位于长城墙体之上，与得胜堡相距1.3千米，关口呈矩形，东西长226米，南北长131米，关城四面均有一座角台，城门位于正南中部，城门处建筑构造较为复杂，南侧未设瓮城，但城门北侧有一道围墙，因有断口，其原始形制尚不明。城门正中有残墙，东侧基部散落条石，

得胜口

疑为城门门洞所在地。城门门洞东侧为一处较为宽大的墩台，顶部平整，推测顶部原本可能建有岗楼（或铺舍）等建筑。紧挨关城东南角台南侧建有一座稍低于角台的覆斗型墩台，自下往上向内收紧，顶部面积狭小，目测仅能容一人站立。墩台西侧为一道立面呈三角形的夯土建筑，紧贴墩台，似为步道，因有所坍塌损毁，是否为登上墩台的通道尚无定论。

调研组围绕得胜堡的建置、得胜口遗存的形制用途等问题展开了热烈的讨论，收获颇多。得胜堡及其长城关口在明蒙关系史上占有非常重要的地位，是明蒙关系史的转折性事件——隆庆和议的发生地，自此以后明蒙双方实现了和解，开启了长时间的互市贸易和人员往来，促进了长城两边农耕文化和游牧文化之间的交流融合。清代以来，得胜口成为万里茶道的重要关口，沟通着山西、内蒙古、河北等地的贸易往来、人员交流和文化互动，在促进民族关系、地域文化融合和经济繁荣等方面发挥了重要作用。得胜堡一带系列长城文化遗存，见证着中华民族多元共生的历史，为铸牢中

调研组在得胜堡考察合影

华民族共同体意识做出了独特的历史贡献,今天我们对其开展深入研究和宣传,有着重要的现实意义。

(三)考察山西大同市城墙遗址

调研组首先参观了大同城墙遗址陈列馆,陈列馆设在大同城墙的西南角,设在新建的城墙内部,建立在大同城墙遗址基础之上。陈列馆展示了北魏、辽金和明清时期大同城墙遗址遗迹现状,还陈列了在大同城墙内部及周边出土的文物,包括建筑构件、武器,陶片、瓷片等生活用具,还展示了不同时代城墙的叠压关系,使参观者清晰地了解大同城墙漫长的演变历史。陈列的文物主要包括纪年城砖、明代铁炮、拴马桩、礌石、基础石条、鸱吻和柱础等。随后,调研组又实地调研了大同城墙南城门和南小城等。

大同城是一座具有悠久历史的古城。北魏初期在此建都,名为平城,开创了鲜卑族和北魏的繁荣发展的历史。辽代实行五京制,大同为西京,成为辽朝镇守西边疆域的重镇,也是都城之一。金代延续辽朝五京制,继续沿用大同作为其西京。明朝时期,大同地区成为明朝防御北方蒙古诸部的重镇,成为九边之一,即大同镇。文献记载,大同地区的地理形势特点是"川原平衍",这意味着在冷兵器时代,中原地区面对北方游牧民族的南下进攻,在大同一带可谓是无险可守。大同正北与乌兰察布地区接壤,这一带恰好是阴山东端余脉与河北燕山西端余脉相接的缝隙,"乌兰察布"是蒙古语,意为"红山口",表明了这一地区的地理特征。

大同的历史悠久,早在北魏时期就成为草原上南下入主中原的鲜卑民族的都城——平城,后来又成为契丹民族所建辽朝的都城之一——西京城,到了明朝与北元蒙古时期,又成为明蒙双方对峙与交融往来的汇聚之地,可见这一地区与今天内蒙古一道,成为多元民族、多元文化高度融合汇聚之地,见证了中华民族多元共生的历史。

(四)考察山西大同云冈石窟

云冈石窟位于山西省大同市西郊武周山南麓,1961年被国务院公布为全国首批重点文物保护单位,2001年12月14日被联合国教科文组织列入世界遗产名录,2007年5月8日被国家旅游局评为首批国家5A级旅游景区。石窟东西绵延1千米左右,始建于北魏,主要的石窟造像均在北魏时期完成。石窟造像艺术精美,雕凿技艺精湛高超,在中国石窟艺术发展史上占有重要的地位,是中国古代石窟雕刻艺术的宝库。石窟建成以后，历代包括唐、辽、金、元几个时期，均对其进行修整完善，直至明代废弃，逐渐淹没于坍塌的山体坍土之中。

明嘉靖三十七年（1558年）以前，此处并没有一个像样的名字，通过查阅文献可知，这里有一座明代早期修筑的城堡，图籍中写作"石佛寺堡"。嘉靖三十七年，明朝政府为了进一步加强这一带的防御，便在石佛寺堡的基础上重修了一座新的城堡，命名为云冈堡。云冈堡建于石窟的南边，紧挨石窟及附近的古道。由于这座城堡"后以地形卑下，北面受敌"，于是又在城堡的"北崖创筑一堡，移官军处其内"，同时保存了之前的旧城堡，以便于行旅往来驻跸。查询史料可知，新的城堡修建于万历二年（1574年），修建在石窟的顶部山坡台地之

在大同云冈石窟考察调研

始建于嘉靖三十七年的云冈下堡残存城墙

上，后来人们便将这两座城堡分别称为"上堡"和"下堡"，而且两座城堡之间有外扩八字的城墙相连。

云冈石窟重要价值毋庸置疑，尤其是在2020年5月11日，习近平总书记来到大同云冈石窟考察历史文化遗产保护工作时指出，云冈石窟体现了中华文化的特色和中外文化交流的历史。这是人类文明的瑰宝，要坚持保护第一，在保护的基础上研究利用好。11月4日，国务院办公厅发布了《关于加强石窟寺保护利用工作的指导意见》，对石窟寺保护利用的意义作了明确指示，提出"我国石窟寺分布广泛、规模宏大、体系完整，集建筑、雕塑、壁画、书法等艺术于一体，充分体现了中华民族的审美追求、价值理念、文化精神"。这是对我国分布在各地的石窟遗存文化价值的高度总结和概括。此次调研，对于我们进一步了解和掌握文物保护、文化遗产价值，提供了更多的思路和素材。

（五）考察山西天镇县镇口堡（水磨口村）

调研组在云冈石窟考察合影

镇口堡始建于明朝嘉靖二十五年（1546年），隆庆六年（1572年）对城堡进行增修补筑，四面城墙包砌砖石。文献记载，镇口堡城墙"高三丈五尺，周一里三分零"。城堡中驻守有操守官1名，负责军事防御，手下还统领着311名官军，并有16匹战马。镇口堡的名称"镇口"，顾名思义就是镇守关口，所镇守关口的位置比较容易确定，文献记载的是"水磨口"和"榆林口"。这两处地名在今天都还使用着，水磨口就是镇口堡城所在地向北的长城墙体封住的进入山中的沟口，而今天镇口堡所在村庄就名为水磨口村。镇口堡以东3.5千米处则为榆林口村，村北就是通往山中的关口，被称为榆林口。

镇口堡所在的水磨口村被国家住建部纳入中国传统村落名录，保留了较多的古民居、戏台等很有特色的建筑，成为长城文化遗产廊道中一抹靓丽的文化景观，"遗产""人居"和"景观"在这里实现了完美结合。村中部分街道布局保持了几百年的传统格局，道路两旁可见众多传统建筑风格，文化内涵和底蕴十分深厚。此外，在村中心还保留有供销社分销店旧址，这大概是中华人民共

镇口堡（水磨口村）内古建筑与古民居

和国成立以后当时最为繁荣和热闹的所在,见证了20世纪下半叶中国基层社会主义计划经济和建设发展的历史。

从一座小小的城堡遗址和村落中,我们可以看到500年前的明代城堡建筑、长城墙体,能够看到清代民国时期的传统古民居建筑、庙宇、戏台,还能够看到当代社会主义建设的印记。走在依旧保留着传统街道、小巷格局的寂静村落中,倏忽间仿佛穿梭在漫长的历史长廊之中,过去的一幕幕如同电影一般在眼前纷纷闪过。

(六)考察山西阳高县镇边堡

根据《宣大山西三镇图说》等文献的记载可知,镇边堡最初是一座民堡,也就是当地屯田守边的百姓自发修建的一座城堡,是百姓用来在危急时刻自保的坚固城池,最初名字叫做"镇胡",概取"震慑胡人"之意,这是六百年前明蒙关系的历史写照和见证,

明长城水磨口段与明代镇口堡防御的山口(水磨口)

多元民族的交往交流交融,存在着多种方式,有战争、有冲突,也有和平贸易和文化交流、人员往来。明朝嘉靖十八年(1539年),由官方将这座城堡整修,改造成了一座军事性城堡。后来隆庆和议以后,明蒙之间实现了长久的和解,明朝方面为了继续加强防御,在万历十一年(1583年)又把这座城堡城墙外面包砌砖石。文献记载,镇边堡城墙的规模是"周三里八十步,高连女墙四丈一尺",可见当时还有女墙等设施,现在早已荡然无存。当时,镇边堡的最高指挥官被称为守备,守备手下统领着官军共计有722名,还管理着马骡82匹。

明长城沿线的城堡多修建在山口等军事要地或交通要道上,一定是南北或东西往来的必经之地,镇边堡也不例外。在战争年代,镇守关隘和要道是为了军事防御,而到了和平年代,矗立在关口和交通要道上的城堡就成了人们交通往来和贸易通商的绝佳中转站,百姓和商贾可以在这里休憩、会客甚至开展交易,在古代交通不便的条件下,这样的城堡在人们社会生活中有着重要的意义。具体来说,从镇边堡所在沟口向南,进入山中就有一条沟谷直通山南麓的聚落城,沟谷沿途经过银腰沟、善友沟、砖银沟、撞道沟、麻地沟、马家梁、鸦儿崖、鹰嘴东等村落,出沟口就来到了聚落城。这一带到今天仍然是山西和内蒙古相互连通的要道,晋蒙交界地带的百姓在风俗习惯、思

镇边堡城门

在镇边堡调研现场

想文化、观念乃至血脉关系上都有着极其深厚的渊源，这一切都得益于长城及其所承载的厚重历史文化遗产。围绕着长城这一条纽带，在中国北疆地区形成了一个独特的"长城区域社会"，这个地带是中华民族多元文化、多元民族尤其是农耕和游牧两大文化区高度融合的典型地带，见证了中华民族共同体的发展历史。

三、考察晋蒙交界明长城十七沟段和败虎堡

（一）考察败虎堡

败虎堡位于内蒙古呼和浩特市清水河县与山西省朔州市平鲁区交界地带的明代长城遗址的南侧2千米处，现为山西省朔州市平鲁区高石庄乡败虎堡村。从内蒙古清水河县向南进入山西的109国道就经过败虎堡，这一带自古以来就是晋北地区通往北方漠南草原地区的交通要道，明代长城遗址就修筑在这一地区，呈东北-西南走向延伸，现在作为山西与内蒙古的省界线，是这一带最具标识性的遗迹遗存和文化景观。

败虎堡城墙呈标准的正南-北走向，正门在东墙。如今城门连同瓮城都已经消失，"楼"也已不见，代之而起的是一条贯穿城堡并呈东-西走向的现代公路。虽然瓮城已经消失，但是通过实际测量和考察，可以估测出瓮城的大概位置。四面墙体均残缺不全，东墙基本消失，但是墙体的走向和大体的结构仍可辨认。四面城墙残存均长约240米，墙体顶宽2米-4米，底宽约5米左右，现残存平均高约5米左右，女墙早已消失，夯层厚约0.15米-0.20米。城墙四个角落各有一座角楼，保存均较差，仅剩大半个夯土墩子，已经难以辨认具体形制。北、西、南三墙中间各残存一座马面，分别高约6米、8米、5米。

败虎堡周围的地势很有特点，堡方圆十几千米内的地势极为平缓，而且此处是山西平鲁区通往内蒙古清水河县的必经之地。败虎堡，明代时称"败胡堡"，清代改为"败虎堡"，类似的情形在山西北部城堡中较为常见，如"杀胡堡""破胡堡""灭胡堡""阻胡堡""宁鲁堡"等，也是民

族关系由对峙转为和平的历史见证。

隆庆四年（1570年），蒙古阿勒坦汗部发生了内讧，阿勒坦汗的孙子把汉那吉因不堪阿勒坦汗的夺妻之举，忿而降明。这给明蒙和解创造了机会，而小小的败虎堡在这个历史性的事件中起到了关键的作用，显示了它的重要意义。因为当时把汉那吉一行人所走的路线就是经过败虎堡的这条交通要道，他们在败虎堡停留了大约四五天，由当时担任败虎堡操守的崔景荣将此事报知平房卫（今平鲁区凤凰古城）参将刘廷玉，然后派人将把汉那吉等人送至平房卫城，后又转移到大同城。经过明蒙双方反复交涉和谈判，终于在隆庆四年（1570年）十一月二十日，把汉那吉北归，阿勒坦汗随即遣使入贡，提出了封贡的请求，并又联合其他蒙古诸部一同与明朝和谈。第二年，王崇古上《确议封贡事宜疏》，经过明朝君臣的商议，最后终于实现明蒙关系史上划时代的"俺答封贡"和"隆庆和议"。由此，地处极冲的败虎堡也就有了特殊的意义。明朝守边大臣为了纪念这次历史性的明蒙和解，在把汉那吉经过的地方——败虎堡题写了两个昭示和平的大字"永宁"，向长期渴望和平的蒙汉两族人民宣布：败虎堡从此安全了，你们可以享受安定的生活了。

此次考察败虎堡，确切地说应当是复查。因为我们曾经在2007年、2016年和2018年先后多次来到败虎堡进行调查，获取了非常丰富的调查资料，有"永宁"匾额以及相关一系列金石碑刻资料、实地调研数据，还有民间信仰等方面的口述资料，先后发表过一些学术论文和调研报告，这些都成为我们开展长城文化和农牧交融史研究的重要典型个案。

（二）考察晋蒙交界十七沟段明代长城遗址

十七沟段明长城具体位于呼和浩特市清水河县韭菜庄乡与山西省忻州市平鲁区高石庄乡交界的十七沟村（隶属于清水河县）一带。这一道长城墙体恰好为山西与内蒙古的省界线，长城墙体呈东北-西南走向，本段长城墙体遗迹遗存状况总体保存一般。

以下为墙体保存现状：残高，3米-6米；顶宽，1米-4米；底宽，3米-5米，夯层，0.15米-0.20米。长城沿途地势较为崎岖，多为丘陵地带，墙体有多处断口，均为自然冲沟冲断。沿途植被较好。长城防御设施包括敌台十余座，马面若干座。

通过考察可知，这段长城墙体由明代长城典型的墙体，现存墙体主要由黄土夯筑，上窄下宽，主要是明代中期以后

败虎堡西墙外

十七沟明长城向南延伸的墙体

修建而成，在当时隶属于明朝九边重镇之一的大同镇管辖。墙体两侧现存有一些烽火台，墙体上有墩台（敌台）、马面等附属设施，这是典型的明代长城遗存的基本构造。在这段墙体的南侧2千米处，还有两处重要的城堡，一是败虎堡，二是迎恩堡，这两座城堡都是当时明朝官兵防御北边蒙古诸部的重要据点，有着重要的历史意义。

从现在的交通状况来看，109国道穿过此处墙体，成为沟通山西与内蒙古的重要交通路线，将这一带的重要县、区、乡镇和沿途的村落都联通了起来，便利了这一地区人员往来、商贸物资流通和文化交融。通过多次考察可知，这条道路也是一条古道，所走的路线都是山中的沟谷和比较容易连通的地方。这条路向南延伸，很快就能到达井坪城、平鲁城甚至再向南到达忻州和太原。这些地方都是自古以来重要的人群聚集之地，文化、经济和贸易的发展与繁荣，都需要通过这些交通要道和人群聚落点才能够实现。

杭州湾以北海岸带环境变化考察报告[①]

吴俊范、徐应桃

作者简介

吴俊范，女，1971年生，河南荥阳人，上海师范大学历史系教授，博士生导师，研究方向为中国东部历史地理、河流环境史。

徐应桃，江苏东台人，上海师范大学历史地理专业博士研究生，研究方向为环境史、盐业史。

历史时期强潮河口杭州湾南北的海岸线，是中国东部海岸线变化最复杂的部分之一。据华东师范大学陈吉余等研究归纳，13—18世纪的500年间，海宁海岸大涨大坍达10千米—20千米，次数达11次之多，平均每50年左右发生一次显著变化。历史上著名的"海失故道"发生在13世纪。宋嘉定十二年（1219年）海潮冲蚀海宁城南20多千米，黄湾到尖山一带盐场塌入海中。蜀山入水成为一岛，潮汐江流由河庄山北进出，这是钱塘江口门河道历史上第一次由南大门北走北大门，但不久即恢复江海故道——南大门。明永乐十八年（1420年），北岸大塌，潮汐直冲临平和长安坝，赭山陷入海中，潮流再入北大门。之后一段时间，江海再回故道。清康熙五十九年（1720年），水流再次全部由北大门出入，迄今未变。钱塘江河口水文、潮汐、泥沙形势的变化，对北起金山卫、南至镇

[①] 本文为2020年度国家社科基金重大项目"7—20世纪长江三角洲海岸带环境变迁史料的搜集、整理与研究"（批准号：20&ZD231）的阶段性成果。

海招宝山之间的海岸线及滩涂演变有直接影响①。总体来说，清中期江归北门之后，这一带的海岸沙涂呈现南涨北坍的趋势，但明清以来沿海岸线石塘的修筑接通，尤其是鱼鳞大石塘技术的应用，使得杭州湾以北的海岸线渐趋稳定。而南岸萧山平原及余慈平原在自然淤涨与人工围垦的加助下，则大幅度向海扩展。

海岸带是一个江海动力共同作用下的生态系统，海岸线盈缩、沙涂坍涨、潮汐动力的变化，引起盐业、渔业、农业及人类聚落发生相应的布局调整和环境变迁。例如，杭州湾北岸黄湾、西路、芦沥、海沙等大盐场生产资源的衰退，水土淡化后农业区的拓展和推进，明洪武以后构建起来的严密的海防军事网络的解体，以及乍浦、澉浦等港口功能的衰微，均应在海岸自然环境变化的框架内作进一步思考。

杭州湾海岸的自然及人文生态环境变化，是本团队正在研究的国家社科重大项目《7—20世纪长江三角洲海岸带环境变迁史料的搜集、整理与研究》的重要内容。在对杭州湾两岸地区古代地方志相关史料进行系统搜集和分析的基础上，本团队于2021年6月24—25日对杭州湾以北海岸带地区的地理环境进行了实地考察，旨在对海岸带各环境要素，如海塘、潮汐、盐场遗迹、军事遗迹、渔港等的环境现状进行全面的实地观测，以进一步补充文献记录的不足和印证史料研究所得的观点。

本次考察的地点为杭州湾北岸的平湖、海盐、海宁、金山滨海一线的相关聚落及盐业、军事、港口等方面的遗址，并在整体上观察杭州湾北岸滨海一线的山川、水沙及滩涂形势。后续还将对杭州湾南岸萧绍余慈平原海岸线进行考察。考察由上海师范大学历史地理研究中心吴俊范教授带队，王硕、徐应桃、张晓绿、余静等研究生参加。

一、三山（大小尖山、高阳山）岬角的海岸线及地理环境变化

位于海宁市东南端的三山岬角（或称半岛），海岸上耸立着大尖山、小尖山、高阳山、凤凰山、乌龟山等一系列山体，正处钱塘江入海的口门位置，受潮汐冲击和泥沙堆积的影响很大，明清时期也是十分重要的海防前哨。沿海岸线的半环状山体在相当长的历史时期内对内陆聚落区起着防护屏障的作用，海岸线长期滞留在山体一线。只是近百年内，在人工促淤及江口缩窄等作用下，该处半岛向外伸展较快。

我们主要考察了明清时期旧海岸线内外的遗留景观。首先是头二圩塘。头二圩塘东西连接尖山、黄湾炮台山、高阳山等山，大致与清中后期海岸线一致。根据道光十二年（1832年）《海宁州沿江塘汛舆图》推断，头二圩或为沿江塘汛中所标"大山圩""小山圩"的圩塘延伸而成。圩塘内，为古代黄湾盐场的生产区。据修成于嘉庆七年（1812年）的《两浙盐法志》记载：

---

① 陈吉余：《海塘：中国海岸变迁和河塘工程》，人民出版社，2000年，第28—30页；又见《海宁市志》第8编《海塘》，方志出版社，2011年，第377页。

黄湾场，由西路场分置，在海宁州旧仓地方。宋四境图有黄湾场，即买纳官所总八场之一，南有塘。唐曰捍海，宋曰海宴，明曰太平，明曰障海，皆系土塘……国朝始建石塘，沿海有大尖山、小尖山、塔山，而尖塔两山之间为北大亹，即三亹之一。潮势北趋必由此亹而入，堤塘屡受其害。雍正十三年，始筑石坝，潮水外行，全塘巩固……即各场亦庆安澜矣。尖山临海最为险要，下有龙王庙①。

可见大石塘筑成后，该处海岸线基本趋于稳定。海岸线的稳定在一定程度上保证了盐业生产的持续性，似当有蓬勃繁荣之势，然与相关史料所呈现的情况却不尽相符。自咸丰兵乱之后，黄湾场仅存52灶，宣统三年（1911年）全场仅有18灶，民国则"所辖季灶二十二座，小灶九座，刮卤沙地一千五百六十四亩"②。其场灶不断裁撤，卤地亩数亦有消减，近代以来黄湾场盐业生产的衰退乃至消亡，尚待从自然与人文环境相结合的角度进行综合分析。进一步来讲，整个杭州湾北岸的盐业生产自清中后期皆呈现衰退之势，这一课题已成为区域性人地关系领域应当研究的重要问题。

接下来，我们对三山以南新淤涨的土地利用状况进行了勘察。出发前，通过卫星影像图观测，发现三山南岸景观迥异。凤凰山以南区域开发最为成熟，工业化、城镇化进程最快；尖山以南围淤痕迹明显；高阳山以南比较滞后，遗有潮沟发育痕迹。这显然与滩涂形成和熟化的时间先后有关。实地考察中，车行至头二圩塘尽头（冷冰坞南），受促淤丁坝阻挡，不能再继续前行。只能由丁坝向东眺望潮沟水系。圩坝内水荡丛生，正处于杭州湾两岸新淤土地脱碱熟化的过程之中。其呈现的生态景观，对理解明清时期海岸线以内盐业的荡地、沙地及灰场的分布以及盐农用地的转化等，有着重要借鉴意义。

三山南岸新淤景观影像图

高阳山以南潮沟水系

---

① （清）延丰编：《两浙盐法志》卷二《图说·黄湾场图说》，浙江古籍出版社，2012年，第79页。
② （民国）邵中：《两浙盐务汇编·场产》，两浙盐运使署，1923年，第253页。

综合看来，三山以南至今海岸线之间的地貌塑造，与人工丁坝、顺坝的组合抛筑密切相关。强潮口低滩围淤工程的实施，需对潮位、流速、含沙量及河床冲淤各要素综合把握。在此基础之上进行合理人工干预，才能达到预期促淤效果。海宁市即通过对上述因素的考量及模型实验指导，在1998年汛前与1999年先后成功围涂1.1万亩和0.9万亩①。尖山以西存有古人为抵御潮侵修建的鱼鳞塘，三山南岸筑有促淤圩坝，二者都是不同时代人们改造和适应自然环境变化的产物。

二、山海之间：军事防御体系的构建和布局

黄湾炮台山（凤凰山）是我们最先抵达的军事驻防旧址，地处黄湾村南，山麓南侧临头二圩塘，东侧岩体陡立。黄湾村党支部书记陈海孙先生接待我们，介绍了黄湾村目前的经济发展状况，并引导我们参观了炮台山。黄湾炮台山已外包给果农种植杨梅，最近正处于杨梅成熟上市阶段，暂不对游客开放。拾阶上行，确见山间遍植杨梅，山下遍植各色瓜果林木。炮台旧址为清代凤凰寨驻扎地，位于山体南缘，向南凸出，两侧环湾，西北侧山体绵延至凤凰山主脉。其与山北面的黄湾寨、山西面的望夫台、尖山烽堠、石墩总台、潘家浦烽堠、石墩巡检司和石墩寨构成了该区域的军事驻防体系。据民国《海宁州志稿》，黄湾军事驻防体系属于杭州湾北岸海防系统的重要环节，其形成过程如下：

宋初，州县官兼领兵事。南渡后，临安兵卫置巡检，集土军控扼要害，置砦兵于临安者十三，而在盐官者五。上管、赭山、黄湾三巡检司，元额管土军各一百二十人；硖石、许村两巡检司，元额领管土军各一百人。明太祖吴元年，用浙江行省平章李文忠言，设兵戍守海宁。洪武三年，曹国公李文忠奏置海宁卫，立指挥使司。十七年，命信国公汤和巡视海道，二十年，筑石墩城。洪武二十年，改海宁卫为海宁所……辖寨一，曰：黄湾山寨……巡检司二，曰赭山巡司，工兵一百名；曰石墩巡司，工兵一百名……永乐十五年，增置海宁所烽堠瞭高台②。

黄湾巡检司是在南渡后，出于拱卫临安的海防而设立。明初，汤和巡视沿海，构建了杭州湾北岸卫所体系的基本格局。嘉靖中后期，沿海倭患频发、东南沿海海防废弛，沿海军事防御体系重新调整。清代沿袭之。观道光十二年（1832年）《海宁州沿江塘汛舆图》，发现在凤凰山东侧余脉，绘有"炮台"字样，尖山及塔山附近具贴注为"新拟安设炮位处"，可知这种承袭在初期并未细化③。道光二十年（1840年）《钱塘江河防图》则有详细图示信息，标注了较为完备的司、寨、

---

① 熊绍隆、潘存鸿等：《强潮河口治河围涂工程促淤方法探讨——以钱塘江河口尖山一期促淤围图工程为例》，《泥沙研究》2002年第2期。
② 民国《海宁州志稿》卷五《兵防》，《中国地方志集成·浙江府县志辑22》，上海书店出版社，1993年，第158页。
③ 祝太文：《清代浙江沿海巡检司的驻防地理及其海防意义》，《绍兴文理学院学报》2016年第6期。祝太文认为清中期之前浙江海防主要侧重于宁、绍、温、台四属。

1832年海宁州沿江塘汛图（部分）

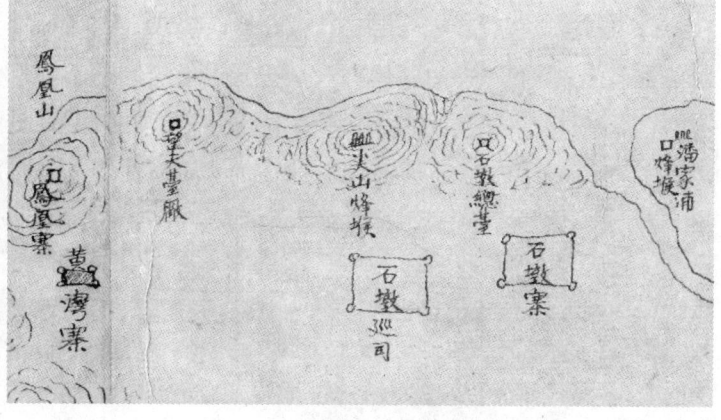
1840年钱塘江河防图（部分）

台、烽堠等布防设施。本次行程只对黄湾炮台山进行了实地考察，其余烽堠旧址和具体位置未能详细勘测。

上午10:15左右，车沿翁金线行驶，抵达海宁市黄湾镇大临村东南方俞家场，考察石墩巡检司旧址。石墩司城始建于明洪武二十年（1387年），呈四方形，周长约240丈，东西南北皆开城门，驻防约一百人左右。嘉靖三十三年（1554年），倭寇五千余人侵扰石墩司，都使司战死，城破。同治三年（1864年），毁于太平天国战火。

2001年，相关部门对石墩巡检司城遗址进行考古发掘，2017年将其列为浙江省第7批省级文物保护单位，是浙江沿海地区遗留下来为数不多的明代海防军事遗址。司城遗址南为塘河，隔河即为翁金线（沪杭公路），再南为钱塘江海塘。卫星影像显示，城址周边有隆起的夯土层，东、南、北侧城河完整。抵达旧城遗址后，实际勘察发现，旧址西侧城墙夯土因农事生产被削低，东侧相对较高，南北两侧城墙夯土层最高。保存最为完好的北侧夯土层，底部直径约在8米左右。东西两侧夯土层中间段缺失。西城外有城河遗迹，但几近淤塞，东侧城河因土层坍塌向西倾泄，致使河道变窄，略呈弯曲状。

现今石墩司遗址有立牌保护，城址内部种满了桑树，东部城墙区有南北狭长的一片桃林，南部和西部河道附近芦柴丛生，略显荒凉。城址西北侧有小型村落，属大临村，村民热情健谈，对石墩司城的历史比较了解。可初步判定该村落为石墩寨旧址所在。

石墩巡检司东城墙遗址及护城河

石墩巡检司卫星影像图

吴俊范教授与当地居民交流

三、钱塘江潮：盐官及老盐仓观潮体验

石墩巡检司遗址考察结束后，我们沿翁金线继续西行，11:15左右抵达盐官古镇。古镇整修中，不对外开放，遂至观潮点候潮（6月24日为农历五月十五）。钱塘江潮在11:30缓缓而至。驻足远观，东侧大小尖山口门处渐起白浪，"素练横江，漫漫平沙起白虹"，实为涌潮与西行江水不断对冲而溅起的浪花，即一线潮。此时钱江南北两岸由潮头连为一线，不断向西推行。约莫5分钟后，北岸受湾口地形影响不断堆叠，一浪高过一浪，汹涌澎湃，确有"海面雷霆聚"之势。南岸因海岸线平直，浪小而平，维持着一线潮阵型不断西移。11:40左右，涌潮掠过盐官镇观景台，往老盐仓方向溯去。稍作休整后，驱车仍旧沿翁金线西行，目的地老盐仓。途中经过朱家园（东经120.49°、北纬30.30°），此处为2020年10月由浙江省文物考古研究所与海宁文物保护所联合发掘的清代煎盐遗址，开挖约50平方米，发现一座煎盐灶坑和两个盐卤井。但在实际考察中，发掘遗址大部分已经回填，只能透过周边围栏看见里面残存的发掘沟壑，颇为遗憾。

考察团队一行于盐官"日夕萦念"牌坊下合影留念

老盐仓周边地貌景观与想象中相去甚远，翁金公路北侧为盐仓村，南侧为建筑密度较高的建筑群。穿过回头潮门楼后，即为拦潮丁坝。丁坝长约660米，自盐官而来的潮水将在这里猛烈撞击堤坝，然后再以压顶

之力翻转回卷，倒落在西进激流之上，形成回头潮的"雪山"景观。当然坝体构筑的最初目的是为了避免涌潮对海塘的冲击。是时13:50，回头潮早已回头。由丁坝南眺，清晰可见钱塘江对面的蜀山（清中期以前蜀山在北岸），以及略偏西南的青龙山和白虎山。丁坝西侧，残存有高约5米左右的土塘，初步判定为早期坝体工程，上面种满蔬菜和玉米。南北两段被截断，北侧筑路，南侧修建了别墅区。

四、澉浦古镇及海盐县城：鱼鳞大海塘及海塘后的城镇聚落

澉浦镇地势险要，三面环山一面临海，唐宋以来一直是海防重地。历史文献对于澉浦镇的记载较为完备，尤其是常棠于宋绍定三年（1230年）所著《澉水志》为现存最早且最为完备的一部镇志。之后又经五次修志，现今存有嘉靖《续澉水志》、道光《澉水新志》和民国《澉志补录》。因此学界对澉浦镇的研究也层出不穷，尤其是对唐宋时期澉浦镇的市镇机制、职能转变及兴衰探讨较多[①]。本次对澉浦镇的考察也正是基于如此丰富的史料基础之上，对市镇布局、河道水系变化以及市镇景观进行实地走访考察。

从西大街经澉浦镇西城墙旧址进入澉浦古镇，城内西大街因旅游开发的需要，商铺林立，但鲜有人至。穿过十字街口，由东大街抵达长山河边，向东南眺望可见青山、长山。长山河于1978年由嘉兴地区海盐、平湖、嘉兴、嘉善、桐乡、海宁、德清7个县近30万民工开成，是杭嘉湖南排工程的重要组成部分，也是澉浦古镇南北走向最大的水系。由东大街返回十字街口，左转进南大街，大街两侧古建筑遗存较多。东西方向外延的巷道内，多数古建筑已经坍塌破损，遗留有精美砖雕和木雕与倾倒的墙体形成强烈反差。市镇内，小型水塘众多，大小将近30个，均属长三角滨海地区普遍存在的拒咸蓄淡功能的水体，但是在如今自来水通达的条件下，这些池塘已失去最初的功能，基本废弃不用。市镇内南北纵向水系多数已经填筑成路，只有南大街东侧尚存一条闭塞河流。东西横向水系，只南门外城河留存，沟通长山河和西侧的南北湖，其余基本湮没。但根据镇内东西走向蜿蜒不定的道路，大致能判定出早期的水系面貌。不过要做到精准复原，除依据文献资料寻找参照物定点外，还需大量的实地走访和调研。滨海聚落的水系及水文变化，自然也是杭州湾海岸带历史环境变迁研究应关注的重要问题。

我们于17:50抵达海盐县城，18:20用晚餐，19:30左右从餐厅出发沿海盐县北城河开始考察。海盐县老城坐西朝东，直面杭州湾，形似玄武，探头出海。盐嘉塘穿城而过与盐平塘相交于靖海门内，靖海门外为东城河，东城河外有塘河，塘河外为鱼鳞海塘。由听潮阁附近登鱼鳞塘，时值云笼月色，风势渐大，水位不断上涨拍岸，惊涛阵阵，实为听潮佳地。一天的疲乏，顿时全消。幕色之下，难窥鱼鳞塘全貌，一行人等就站着吹风听潮，并决定明早再来参观鱼鳞塘。后经听潮阁沿海

[①] 贾连港：《论唐宋时期澉浦镇的兴衰——以海盐产业为切入点》，《中国社会经济史研究》2014年第4期；王旭：《宋代澉浦镇兴衰轨迹再探》，《河北大学学报》（哲学社会科学版）2019年第5期；陈振：《关于宋代"镇"的几个问题》，《中州学刊》1983年第3期。

沧桑却不失气魄的澉浦大宅

暮色下的靖海门

塘西行至观海园,再转塘下道路返回酒店。抵达酒店时间为22:30左右。日行3万多步,约合20多千米,收获颇丰。

五、乍浦九龙山——金山卫海岸线考察

  6月25日7:00,我们在餐厅集合用早餐,7:30出发再次前往靖海门外听潮阁,参观鱼鳞塘。重新回到听潮阁,昨夜涌动的潮水早已褪去,石护堤外大量淤泥沉积,数条处于不同发育阶段的潮沟清晰可见,淤泥上成千上万的小孔,如花生粒大小的螃蟹来回穿梭。由明代水利科学家黄光升首创的鱼鳞石塘和现代海塘,与听潮阁构成盐官滨海地带一道靓丽风景。

  9:00参观海盐县博物馆。海盐县博物馆在海盐县城中心,绮园东侧。主体建筑呈六边形,高四层,主要参观层在第三层。展厅内容包括序、沧海桑田、缘海而邑、海上长城、文脉渊源等,从聚落、海塘、港埠、盐产等方面,对海盐文化特色和地域特征进行了详细展示。

  10:20出发前往乍浦九龙山国家森林公园,约10:50左右抵达。九龙山实际并不止九座山,主体

听潮阁下海塘、淤泥

海盐县博物馆留影

自西向东主要包括汤山、大观山、小观山、西长山、小平山、陈山、小黄山、晕顶山、东长山、高官山、骑龙山、大山，外延海上还有蒲山、大小乌龟山等。陆地最西缘为雅山，最东缘为独山，此二山并不与主体山相连。群山林立的地理优势，促使乍浦及九龙山地区成为杭州湾北岸又一重要军事驻防地。明代在此设水陆两营，专司巡防。清代在原有基础之上，增设满洲水师。沿岸设有独山寨、梁庄大寨、高公山寨、长沙湾寨、金家湾寨、陈山烽墩、东山烽墩、天妃宫寨、唐家湾寨、汤山总台乍浦巡司等军事点。

天妃宫炮台位于汤山南缘嘴状处，左右两边都是海湾，地形条件优越。东北侧是山湾居民区，为九龙山西侧一小渔港，集镇内多数渔民从事海鲜餐饮业。湾口内长满草，先前的木质渔船现在也基本荒置。据当地居民介绍，如今出海捕鱼的船只已经很少，一来是休渔政策的影响，二来是年轻人多数外出，要是早二十年来，决不是这般景象。渔村西南方已经建成一规模较大的公园和广场，天妃宫炮台遗迹还存有四间完整掩体和三尊火炮。史籍所载天妃宫旧址即为后侧广场区，现今百姓祭祀的天妃宫在炮台西南边墙，合计不过40平方米。庙宇后侧围栏内残存有大量石柱基石，直径约30厘米，可见当年天妃宫主体建筑规模要比现在大得多。石柱基石边散落着花岗岩横条、龙纹残碑半截、鹤纹残碑半截等一些旧物件。庙内有一老人负责看守，不喜言辞，一心于手中根雕。根据文献资料，大致能梳理出天妃宫置废的脉络。

康熙五十六年，总督觉罗满保阅视沿海事宜，题请增筑。拨嘉协右营兵三十名守御。雍正七年，总督李卫提准归水师营拨千总一员与西山嘴轮防……乾隆四十六年，飓风大作，海溢圮。五十一年，巡抚福崧、伊龄阿先后相度形势，绘图奏请……而天妃宫西但建五檩，小房二间，移储炮位。道光二十一年，巡抚刘韵珂阅视沿海防堵事宜，题请复建炮台，并添设大炮。二十三年，增建营房十间（咸丰十一年毁）。同治十三年，浙江巡抚杨昌濬题请重修并建营房十间，安放铜铁炮十位（平夷炮二位，红衣铁炮二位，铜炮一位，广铸铁炮三位，洋炮二位），乍浦水师拨兵五十名巡防[①]。

清中后期，沿海地区因战乱和海防需要，反复修筑天妃宫炮台。光绪中日甲午之战，海军战败，沿海各省相继筑防，乍浦天妃宫炮台和南湾炮台再次重修，由江南制造局提供仿制阿姆斯特朗火炮。现存旧址为日寇入侵时，敌机轰炸掩体后的遗迹。除表面因风蚀作用剥落、缺损的构件外，基本保存完好。2003—2004年间，炮台经浙江省文物局修复，作为爱国主义教育基地对外开放，与东侧的九龙山主风景区一同作为平湖市文旅产业开发的重点。今年汤山、观山一线皆建造了滨海栈道，沿线考察发现九龙山一线除部分湾口有少量泥沙淤积，岩体山体俱峙海临潮，海岸线变化幅度不大。

---

① （清）光绪《平湖县志》卷五《武备·汛守》，《中国地方志集成·浙江府县志辑20》，上海书店出版社，1993年，第135–136页。

九龙山东部因近期维护，暂不对外开放，外蒲山附近的铁板沙考察只能留待下次。由九龙山到金山卫城30千米，沿乍全线行驶约45分钟。金山卫城建于明洪武十九年（1386年），在小官镇的基础上增筑而成，是重要的盐业生产地和军事防御重镇。卫城外为两浙横浦场、浦东场地，灶舍分布于海塘内外。塘外有墩，属海汛分防，"把总一员，外委把总一员，分驻防兵十五名，管塘汛墩十五处，属县境者三：横沥墩汛、葛篷墩汛、筱管墩汛（金山营左哨二司把总管辖，驻扎浙江平湖县江门营）"[①]。横沥、葛篷和筱官三墩现仅存筱管墩，在今金山卫镇卫一路和卫二路之间的树林里。墩体高约8米，基底直径约10米左右。

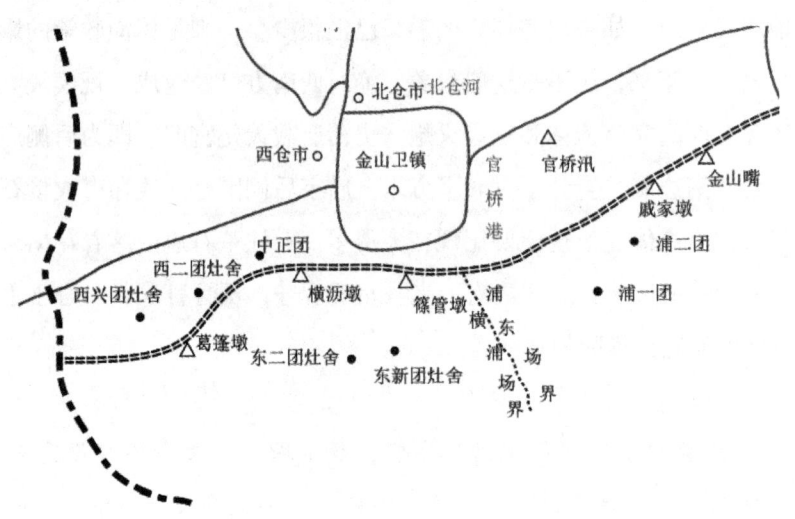

清代金山卫沿海墩汛、场灶分布示意简图[②]

明代以后金山卫城沿海受挑流顶冲，自东向西坍进。海潮顶冲点逐渐西移，海岸线大致呈现先坍后涨的趋势。明万历至崇祯年间，漴阙段不断遭受海潮冲击，漴阙墩坍入海中（今漴缺南），漴阙段海塘被冲毁，塘墩外盐滩、灰场俱废。清中后期，金山卫城外侧滩岸逐渐侵蚀，卫城附近的墩防重点也由戚家墩转向筱管墩。但筱管墩外，青龙港西侧在嘉庆年间形成了一道东北—西南走向的沙峰，起到防波堤的作用，促进了泥沙淤积，滩、场、灶舍亦随之外扩。

六、结语

学界目前对杭州湾滨海历史地理环境变迁的研究虽已取得了一定的成果，但将各地理要素置于连续变化的时空线索中，加以演变逻辑进行考量的研究则付之阙如。此次杭州湾北岸沿海岸线的考察，将农业、盐业、渔业的生产与军事布防格局纳入滨海环境系统的整体之中进行探究，重点在于

[①] （清）光绪《金山县志》卷一六《武备志·兵防》，《中国地方志集成·上海府县志辑10》，上海书店出版社，2010年，第169页。

[②] 本图参照《钦定重修两浙盐法志》（乾隆五十七年重刻本）卷二"横浦场图"与"浦东场图"改绘。

各要素之间关系的重绘与解构，侧重于明清以来海岸线变迁对地理环境、生产活动及人类聚落的影响，当然这种变迁背后的驱动因素以及古今变化的主要脉络，正是我们研究课题的主要内容。

此次考察发现：虽然杭州湾海岸线在整体上呈现南涨北坍的趋势，但自宋元之后，北岸海岸线在人类干预下的变化幅度较之前代要小得多。尤其是明清海塘、坝体等工程技术实施后，这种坍进的速度愈加缓慢。海塘对稳定海岸线、保障沿岸生产活动起到重要的促进作用，但在盐业生产活动方面反而不那么明显。此外，盐业环境与农业环境之间的转换过程，也需要进一步廓清。

然而，在人地关系的进一步探究中，此行尚有诸多遗憾之处。如行程只对黄湾炮台山进行了实地考察，其余烽堠旧址和具体位置未能详细勘测；盐官老城因建设开发中无法进入；步履匆匆，对当地人的采访口述资料收集不足等等。总之，以缜密周全的实地考察、采访和调查，补充史料记载之不足，矫正因史料缺乏、地名含混而造成的一些似是而非的史实，是我们环境变迁研究中不可或缺的一项重要工作。

环喜马拉雅南麓地域文化特征分析
——尼泊尔木斯塘考察札记[①]

葛强琼达、索朗白姆

作者简介

葛强琼达，女，1970年生，西藏日喀则人，西藏大学理学院城市与资源学系教授，主要研究文化地理。

索朗白姆，女，1979年生，西藏拉萨人，西藏大学工学院建筑学系教授，主要研究藏式建筑与高原人居环境。

据中国西藏网报道，尼泊尔总统拉姆·巴兰·亚达夫于2015年3月29日至4月1日到西藏参观访问时表示，西藏自治区是尼中交往的重要通道，加强双方航空、道路、口岸特别是铁路方面的互联互通，对共享机遇、共创繁荣作用巨大，尼方对尼中贸易合作的巨大潜力和美好前景充满信心；尼泊尔欢迎并感谢西藏自治区为尼泊尔北部边境地区人民生活改善给予的帮助[②]。2014年底，中国外长王毅出访尼泊尔时，两国就青藏铁路由日喀则延伸至尼泊尔边境达成协议。尼泊尔正对国内东北部铁路建设进行可行性研究，西藏对尼泊尔的铁路商贸旅游通道将由此打开。中国现代国际关系研究院南亚、东南亚及大洋洲研究所所长胡仕胜对大智慧通讯社表示，未来西藏有望建设两条日喀则至尼泊尔边境的铁路线，作为"一带一路"组成部分，这将促进环喜马拉雅南麓地域文化的发展与

---

① 本文为国家自然科学基金项目"高原藏区零能耗宜居建筑设计理论与关键技术研究"（项目编号：U20A20311）的阶段性成果。

② 《尼泊尔总统访拉萨：望推进两国航空和陆路互联互通》，见https://world.huanqiu.com/article/9CaKrnJJO5S。

交融并进。

"一带一路"倡议是新时期国家以合作共赢为全球发展理念的顶级设计,其构架是以对内的经济持续、均衡发展为基础和对外的开放合作为拓展。西藏作为中国西南边陲重要的国家安全屏障,在"一带一路"倡议中具有重要的地位。国际之交在于与民相亲,人文交流、民心相通是"一带一路"建设的重要方面和社会根基。西藏作为我国与南亚接壤的前沿地带,自然是国家"一带一路"倡议的重要组成部分。2015年3月28日,国家发展改革委、外交部、商务部联合发布的《推动共建丝绸之路经济带和21世纪海上丝绸之路的愿景与行动》明确提到,要"推进西藏与尼泊尔等国家边境贸易和旅游文化合作",强调"五大连通"以及"人文交流更加广泛深入,不同文明互鉴共荣,各国人民相知相交、和平友好",指出"民心相通是'一带一路'建设的社会根基。传承和弘扬丝绸之路友好合作精神,广泛开展文化交流、学术往来、人才交流合作、媒体合作等,为深化双边合作奠定坚实的民意基础",由此为西藏和尼泊尔的人文交流提供了指引。

凭借西藏大学与尼泊尔特里普文大学合作项目"喜马拉雅南麓藏文化影响下的地域文化现象研究",2017年11月,我们六位西藏大学的老师前往尼泊尔木斯塘进行田野调察,其中四位老师负责研究分析建筑文化,我和另一位老师负责考察地域文化部分。大家分工明确,于是各自带着任务前往尼泊尔。第一站从拉萨飞往尼泊尔加德满都;第二站从加德满都坐车到200千米外的博卡拉(Pokhara);第三站从博卡拉坐车前往下木斯塘(Mustang),并在此办理前往上木斯塘的通行证;第四站从下木斯塘驱车赶往上木斯塘,途中有一段徒步行程。目的地即上木斯塘,首府珞曼塘

团队一行在博卡拉(Pokhara)的餐吧

博卡拉(Pokhara)至木斯塘途中的餐饮店

博卡拉至木斯塘途中

下木斯塘

前往木斯塘的一段徒步行程之一

前往木斯塘的一段徒步行程之二

（Lo-manthang），我们在这里逗留了七天，在此根据自己所见所闻所感粗略阐述尼泊尔木斯塘的地域文化特征及其与西藏特有的共性及差异性。

一、西藏与尼泊尔的历史传承

西藏与尼泊尔的历史源远流长，自松赞干布迎娶尼婆罗赤尊公主，之后又通过传教和求法，将有关佛教建筑、绘画、雕塑等技艺以及医学贤文知识、佛陀的传说带入藏区，两地关系密切，丰富了藏族文化宝库等历史内容。在公元7世纪中叶，中西交通上出现了一条新的国际通道——吐蕃尼婆罗道，从西藏拉萨越喜马拉雅山入加德满都谷地，由尼婆罗首都而入印度。蕃尼道的开通，使古代中印、中尼文化交流出现了一个前所未有的新气象。

1961年，中尼两国政府合建了沟通西藏与尼泊尔之间的中尼公路。中尼公路北起西藏当雄县的羊八井，经日喀则、拉孜、定日、聂拉木，由樟木口岸过友谊桥进入尼泊尔王国，终点是尼泊尔首都加德满都，全长约943千米。其中，中国路段长829千米，平均海拔4000米；尼泊尔路段（友谊桥—加德满都）长约114千米，又名阿尼哥公路，海拔约1500米。

木斯塘（Mustang）古称珞（Lo），很早以前为吐蕃王朝统治，在公元15世纪，珞王国建立了首都珞曼塘。到了17世纪，渐渐以木斯塘之名为人所知，1951年并入尼泊尔王国。木斯塘（出自藏语，意为"富饶的平原"）位于北部的青藏高原和南部的喜马拉雅山脉之间，是古珞王国所在地，是尼泊尔77个地区之一，占地面积3573平方千米，人口13452人。平均海拔2500米以上，气候类型为

上木斯塘（Mustang）是古珞王国所在地

高原山地气候。这里是尼泊尔西部地区上游的一个高海拔藏文化区,北面与中国西藏仲巴县接壤。这个偏远的地区以相对纯净的形式保存了最古老的藏族文化,对西方人有着不可抗拒的吸引力。木斯塘一直是一个受限制的非军事区,由于与外界的相对隔绝,使其成为世界上保存最完好的地区之一。这里有世界上最高的山峰,包括8000米高的安纳普尔纳峰和道拉吉里峰。直到20世纪90年代才对外国人开放,在这之前很少为外界所知,到过这里的探险家也屈指可数。2017年,笔者有幸来到了木斯塘,领略到了这里的风土人情与西藏的相关性。当地居民多属于藏族,至今仍保留着西藏的传统文化与宗教,据说它正是西藏文化的发祥地。

二、西藏仲巴县与木斯塘的地理环境

15至17世纪,木斯塘曾利用自身的战略位置之便控制了西藏与印度间的贸易,一度成为国力强盛的独立王国,和西藏在语言文化上都很接近,18世纪被尼泊尔吞并。王国的范围缩减到木斯塘北端珞城周围的地区,称为珞王国,一度是尼泊尔境内唯一的自治王国。木斯塘直到1992年才对外开放,但外国游人需要得到通行证才能进入。2008年10月7日尼泊尔共和国政府命令珞王国取消国王制。木斯塘最后一个王叫晋美帕巴比斯塔(Jigme Palbar Bista),生于1930年。其家族可以追溯到阿梅帕尔(Ame Pal),据说他是木斯塘部落的英雄,于1350年建立了木斯塘的君主政权。木斯塘最后一个王的王后是位藏族人,是从西藏日喀则仲巴县迎娶的,也正是因为木斯塘比邻仲巴县,地理优势造就了两个接壤地的联姻。晋美帕巴比斯塔于2016年逝世,随后王后迁居加德满都。

(一)地理位置

在地理位置上,木斯塘位于尼泊尔中北部,在北部的青藏高原和南部的喜马拉雅山脉之间,北面与西藏日喀则仲巴县和萨嘎县接壤。木斯塘位于北纬28.9985°、东经83.8473°,南北长80多千米,东西宽度最窄处为45千米。该地的气候比较干旱,年降水量在250毫米到400毫米之间,降水南多北少。木斯塘处在尼泊尔多尔普、玛琅两省之间,是道拉吉里专区的县。1380年,第一任国王阿梅帕尔经过多年征战创立了这个独立王国,定都于海拔3840米的珞曼塘。直到1992年,上木斯塘一直是一个受限制的非军事区,由于与外界的相对隔绝,使得上木斯塘成为世界上保存最完好的地区之一。木斯塘在1992年才对外国人开放。

仲巴县隶属于西藏自治区日喀则市,地处中国的西南边陲,在日喀则市的最西端,喜玛拉雅山以北,马泉河两岸,南与尼泊尔接壤。总面积43594平方千米,2019年总人口27185人。雅鲁藏布江发源于仲巴县境内的杰玛央宗冰川,被列为国家级生态功能保护区。仲巴县的经济主要以畜牧业为主,西藏仲巴县、萨嘎县等很多农牧区居民生活习俗与木斯塘非常相似。

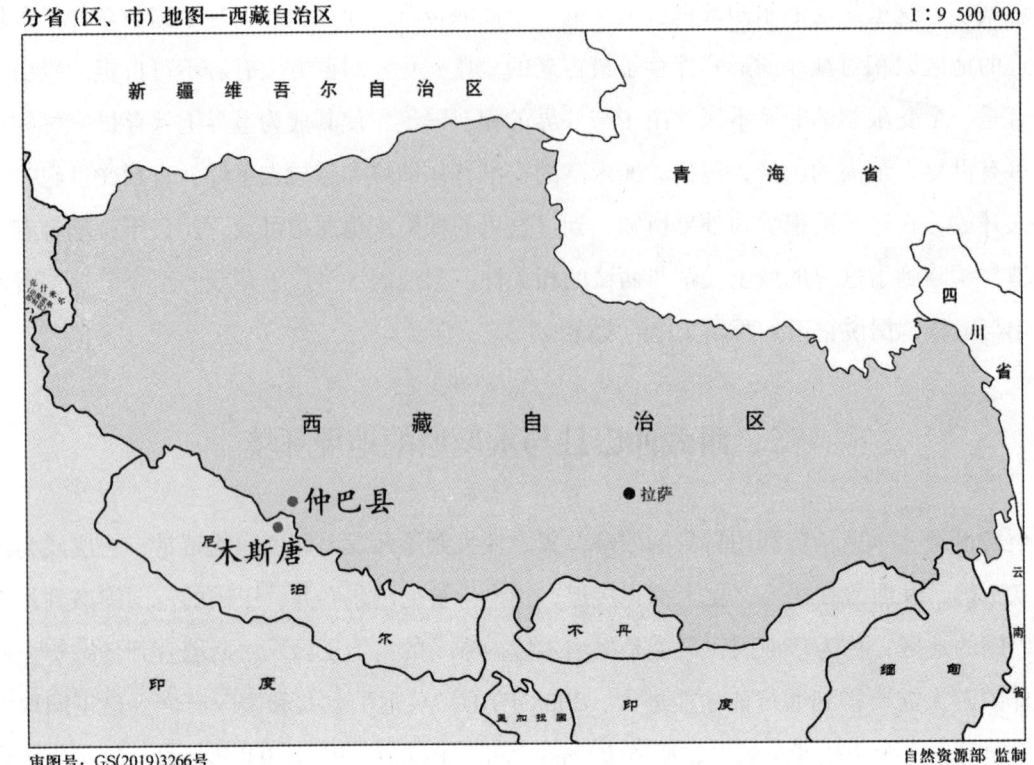

木斯塘地理位置图（绘图：西藏大学理学院王乾龙）①

（二）人文景观

历史上，木斯塘曾是古珞王国的领土，一度因中国西藏与印度之间的贸易而繁荣。两地之间有一条纵贯喜马拉雅山南北的大峡谷——卡利甘达基河谷，商人们沿着这条河谷前行，以高山上产的盐换取低地的大米。木斯塘是尼泊尔境内最后一个自治王国，也是目前唯一完整保留传统藏传文化原貌的地区。木斯塘深藏于喜马拉雅山脉的隐秘之地，被称为"喜马拉雅的宝石"。其首都珞曼塘已被联合国教科文组织认证为世界文化遗产，是世界上保存最完好的中世纪城市之一。木斯塘是一个很受欢迎的徒步旅行地区，一年四季都可以参观。农业和畜牧业是主要产业。木斯塘是尼泊尔相对富裕的一个地区，人均GDP为2466美元。

木斯塘的人文景观同西藏具有很多相似处，据说10世纪时曾是古格王国的一部分，后来由于划分边境线导致一个区域分属两个国度。

1. 生活习俗（语言、饮食、农耕）

木斯塘居民日常使用语为藏语，只是在相互沟通过程中时常带有尼泊尔词语，以及兼有尼泊尔人说话时的语气及形态动作（摇头等）。共同的语言成为国境两边民众联系的重要纽带和沟通

---

① 底图来源于自然资源部标准地图服务系统，http://bzdt.ch.mnr.gov.cn/download.html?searchText=%25E8%25A5%25BF%25E8%2597%258F。

的有效工具。饮食上基本是藏尼混合型，即吃糌粑、喝酥油茶，也吃咖喱饭、喝马萨拉缇（尼泊尔甜茶），藏餐做法同西藏基本没有区别，而且当地也产青稞。这里还保留着西藏传统的农耕方式，牦牛犁地，而且春耕时候的仪式等都同西藏农区相似。过去西藏农区炒青稞的方式如今在木斯塘仍然可以见到，但在西藏已经很少见到。西藏的多数跨境区域都属于山地农牧区，与境外的民族在山地种植方面有许多一致性。

炒青稞

2. 宗教信仰特点

木斯塘长期实行君主制度，宗教信仰以佛教为主，居民主要由藏族构成。木斯塘地区保留了相对纯正的藏族文化，藏传佛教在该地区占主导地位，但也仍有鲜明的苯教痕迹。苯教包含了佛教从北印度传入之前这里存在的各种宗教传统，这些传统带有万物有灵论的色彩，

寺庙及佛塔之一

并逐渐融合了佛教典籍中的各种教义。隐藏在喜马拉雅雪山深处的神秘王国，是藏传佛教秘境，山谷里有保存完好的古寺和隐修洞。木斯塘的寺庙建筑墙体及佛塔上涂抹的颜料同萨迦派寺院墙体颜料一致，显然这里的人们多数信奉萨迦派和宁玛派，保存着完好的藏传佛教。宗教是民族文化的折光，信仰常常左右着人们的文化意识和行为，是跨境民族在精神上维系文化认同的有力纽带。无论从历史还是现实的情势来看，跨境民族之间正常的宗教文化交流是中国各族人民与周边各国各民族人民交往与合作的重要组成部分，是增进相互理解和加深友谊、建立良好国际关系的重要渠道，也是国家法律和民族宗教政策所鼓励和支持的[①]。据了解，当地很多居民向往西藏，希望能够转转岗仁布齐神峰（位于西藏阿里地区的神山）。尽管木斯塘与西藏仲巴县有一年一度的物资交流会，但期间只能在仲巴县逗留几天，看到岗仁布齐神峰就在自己跟前，却不能近距离拜神山，这里的很多

---

① 郭家骥：《云南周边跨境民族文化交流互动与边疆繁荣稳定》，《云南社会科学》2015年第6期。

寺庙及佛塔之二　　　　　　　　寺庙及佛塔之三

居民都期待着"一带一路"的顺利实施，期盼早日开通边境口岸，尽可能实现他们的愿景，更使他们的经济生活有所提高。

3. 衣着服饰习惯

木斯塘民众的服饰同中国西藏差不多，尤其当地上了年纪的妇女都穿藏袍，同西藏妇女穿着没什么区别。而且在逢年过节时，当地妇女所穿戴的藏袍及配饰，与西藏阿里地区妇女穿着佩戴几乎一样。

4. 建筑风格特点

木斯塘的寺庙建筑由当地建筑师设计建造，工艺上非常精细。我们走访调查了当地寺庙建筑，据次仁喇嘛介绍，寺庙正在修缮中，且修缮已长达19年，至今还未完工。可想而知建筑工艺之精

民居之一　　　　　　　　　　　民居之二

细，尤其是尼泊尔建筑木雕一向特别精细。至于当地居民住房基本上同于西藏农区老建筑，尤其与仲巴县居民住宅相当。传统藏式房屋，平顶的石头房子，一层养牲畜，二层为人居，以石木结构为主，民居住房及设施普遍较为简陋，貌似西藏30年前的农居状态。

民居之三　　　　　　　　　　　　　　　　　　　　　　民居之四

4. 寺庙壁画特点

课题组走访调研了当地寺庙壁画。据次仁喇嘛介绍，当前寺庙壁画正在修缮中，壁画修缮特邀了一位英国专家（约翰·桑迪John Sanday）和两位意大利专家（鲁道夫·卢安Rudolfo Luian、文森佐·森塔尼Vincenzo Centani），也同样进行了19年还在修复中。由于修缮过程缓慢，期间也有很多当地藏族壁画师因为修复时间久，加之收入少，辞职到印度或加德满都另寻其职；有的因为开放木斯塘后，外来游客剧增，加之尼泊尔唐卡倍受游客喜爱，于是自立店铺开始经商。如木斯塘的唐卡画师扎西啦，唐卡技艺在当地数一数二，很多外地来的游客都选择买他的画，并在他处定制唐卡，这样所得的收入远比在寺庙做长期修复强很多倍。所以，在壁画修复工作中当地人才流失的现象时有发生，从侧面也反映了尼泊尔寺庙壁画修缮工作的精细持久。

寺庙壁画　　　　　　次仁喇嘛带我们考察寺庙文化之一　　　　　　次仁喇嘛带我们考察寺庙文化之二

艰险的路况之一

艰险的路况之二

5. 交通设施

从加德满都前往木斯塘的交通状况非常艰险,尤其离加德满都越远,路况也就随之恶化,感觉如同进入时空隧道,貌似30年前西藏一些路况。前往木斯塘途中,还未抵达目的地时,不由自主地想着回来时的场景,满脑子的恐慌,估计多数游客在去往木斯塘的路上都会有很多不安的想法,从侧面也证实了前往木斯塘路况的艰险。尽管路况不佳,路面狭窄,但当对面驶过车辆时,

艰险的路况之三

精致的小旅社之一

精致的小旅社之二

有一方必停车让路,双方司机会互相打个招呼,算是安全通过。艰险的路况,司机们却总是如此的安详而淡然,正因为司机们的祥和谦让,旅途中并未见到可怕的交通事故。在前往木斯塘的途中,每次驶过危险路段后,突然眼前又是一处非常精致靓丽的小饭庄或小旅社,此时的游客们想必全然忘却了旅途的疲惫以及路况导致的恐慌,开始享受眼前独特的人文景观。这里的人们总是那么自在安详,无论如何也觉察不到他们有多辛苦,这一定是当地文化的影响吧。

三、双边文化交流优势

木斯塘是全世界藏族文明保留最完好的地区之一,保留着原始生态的藏民生活样本。拥有共同文化渊源的同一个民族居住不同的国度,或者说一条国境线将一个历史上同一民族划分在不同的国家中,形成了跨境的民族。跨境民族中不同国度的群体长期以来构筑的文化纽带并不会随之消失,反而成为双边文化交流和文化互动的内在关联和动力[1]。目前,一条起于尼泊尔低地的公路正逐渐向木斯塘首府珞曼塘推进,另有一条路向北与中国西藏相通。不难想象,当两段路最终合龙之时,必有越来越多的游客蜂拥而至,还有许多人将以这里为中转站来往于中、印、尼三国。公路的开通必然对沉静许久的木斯塘带来一定的影响,但是更多的应该是使地方经济得到发展。随着"一带一路"倡议的施行,也必将助推中尼双边文化交流永续发展,生态文明和谐共进。

四、结语

在"一带一路"倡导下,环喜马拉雅南麓地域文化的发展与交融并进。2013年10月在北京召开的中国周边外交工作会上,习近平提出"让命运共同体意识在周边国家落地生根"[2],对中国周边命运共同体的建立与人文交流的机制具有指导性作用。命运共同体是利益共同体,是一种构筑双向互动的过程,一方的投入,需有另一方的合作与支持,共同发展。本次通过笔者实践调研,粗略阐述中国西藏与尼泊尔木斯塘历史地域文化的传承,以及地理位置、人文景观、传统习俗等特点的共性与差异,从某种程度上也揭示了西藏的发展进程远高于木斯塘,当前的木斯塘呈现的大约是西藏二三十年前的生活状态。在未来"一带一路"进程中,双边具有良好的愿景,相信双边经济贸易会得到进一步提高,从而改善双边经济生活的水平,相互获益。同时,随着"一带一路"的推进,将助推双边文化交流永续发展,生态文明和谐共进,与双边坚持合作共赢,共同发展。

---

[1] 黄光成:《跨境民族文化的异同与互动》,《云南社会科学》1999年第2期。
[2] 习近平:《让命运共同体意识在周边国家落地生根》,新华网:http://news.xinhuanet.com/2013-10/25/c_117878944.htm。

湖南"麻城孝感乡"移民文化考察记
——地名中隐现的移民文化与湖南麻阳地名考察

王雅雯、黄权生

作者简介

王雅雯，女，1995年生，河南焦作人，三峡大学文学与传媒学院研究生，主要研究移民地名文化与文学地理。

黄权生，男，1977年生，重庆巫山人，博士，三峡大学文水文化研究所副所长，西南大学历史地理研究中心兼职研究员，主要研究历史地理。

在学界，"麻城孝感乡"作为一大移民发源地，有诸多学者对其进行探寻和研究。葛剑雄先生对麻城孝感乡作为移民发源地进行了多方面论证，确定麻城孝感乡是一大移民发源地[2]。陈世松先生指出"麻城孝感乡"具有两层内涵：一是指麻城县孝感乡作为元末明初移民迁川中心的现象；二是指清初以来湖广籍为主的外省移民动辄称祖籍麻城县孝感乡的现象[3]。《巴蜀移民史》一书则指出"麻城孝感乡"可能是一个移民中转站，"四川的麻城与麻城孝感乡籍移民应以洪武时期最为集中，数量亦应最多"[4]。但对于"麻城孝感乡"究竟在今何地，学界依然存疑。而在民间，四川湖广移民代代相传："问我祖籍在何方，麻城孝感乡。"学界对此尚未形成统一观点，笔者听闻麻阳

---

① 本文为国家社科基金项目"宋元以来武陵山地人口外迁与文化交融史研究"（项目编号：18BZS060）的阶段性成果。
② 葛剑雄：《中国历史上的移民发源地之一麻城孝感乡》，《寻根》1997年第1期。
③ 陈世松：《"麻城孝感乡现象"探疑》，《社会科学研究》2005年第6期。
④ 谭红主编：《巴蜀移民史》，巴蜀书社，2006年，第444页。

黄氏江夏堂族谱中将麻阳古县城标注为麻城,且县城附近有孝感乡即孝感码头,于是我们尝试调查此文化现象。2019—2020年从川渝到湘西,从酷暑到严寒,麻阳移民研究的考察一步步推进,每次的考察都会有新发现。潼南以滕氏命名的基层地名与湖南麻阳的历史地名,这两者看似毫无关联,实则有着密切联系。移民的考证需要从细微处着手,一些基层地名或许足以证明某些历史真相。与此同时,拓展视野,将整个移民过程联系分析,将会印证历史的真实。

一、潼南麻阳滕氏家族地名考察

地名从一定程度上类似于人的"身份证",告诸世人姓甚名谁,同时也能从中窥探出诸多信息。地名的命名与变更是历史的见证,而作为以姓氏命名的地名,从中或许能够探索历史上的移民文化讯息。正如张鸿奎先生所说:"地名变迁,移民因素是不可忽视的,地名变迁过程中也反映了移民本身的变迁状况。"①明清之际"湖广填四川"的移民运动中,渝鄂部分地区以滕氏命名的地名,是否从一定程度上反映出相关的移民文化,是此次考察的主要目的。根据考察前所搜集和整理的文献资料,发现重庆潼南有诸多以滕姓命名的基层地名,而此前黄权生博士在利川、宣恩、来凤考察时获悉,鄂西南滕氏为湖南麻阳的移民后裔。因此,有针对性地对重庆市潼南、石柱以及湖北利川进行田野考察,探究渝鄂两地以滕氏命名之处的居民是否为麻阳移民后裔。2019年国庆期间,黄权生博士与三峡大学学生黄鹏以及笔者三人共同组成考察小组,奔赴渝鄂进行田野考察。

司机陈师傅为我们此次考察提供了一条十分有价值的线索——龙形公社。"龙形公社原名茶店,1981年地名普查,据附近有'龙形地'以更名。"②据陈师傅介绍,此地人的口音与周边城镇有所不同:说"吃饭"为"恰(qia)饭","出去玩"为"出去嗨"。黄

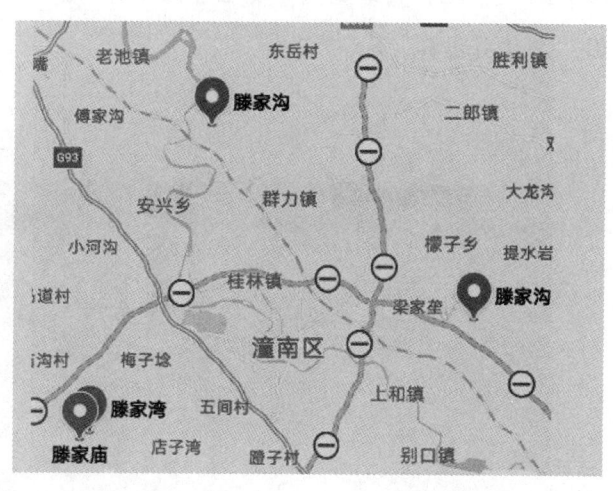

潼南以滕氏命名的地名

老师认为这样的方言口音与湖南麻阳的方言十分相似,极有可能是从湖南麻阳迁徙而来的移民后裔,我们当即决定将此地纳入考察范围。笔者来自北方,首次深入南方乡村,发现潼南多为砖红色土壤,随处可见背着竹篓的妇人。沿途所见院子大多荒寂,院内杂草丛生,印证了陈师傅的说法,现今此地青年多外出打工,只有妇女老人留守。潼南多山,笔者第一次深切感受到了山路的曲折艰险。驱车九点多到达目的地滕家庙,经一妇人指路,寻得滕姓居住的地方。偶遇一老爷爷,经询问

---

① 张鸿奎:《移民与上海地名的变迁》,《史林》1995年第3期。
② 四川省潼南县地名领导小组编印:《四川省潼南县地名录》,内部资料,1983年,第58页。

老人姓滕（69岁），向老人说明我们此行考察目的后，滕爷爷热心地为我们联系滕氏祠堂的管理员滕耀熙。等待之时，问及老人祖先来自何处，老人说："我们祖先是从麻阳来的。"我们进一步询问："是湖北麻城还是湖南麻阳？"老人也不能讲清楚。当问及此地为何名叫"滕家庙"时，老人说："原本应该叫滕家祠堂，但叫多了，就成了滕家庙子。"滕爷爷介绍，滕氏祠堂里还有碑刻和家谱。我们在滕爷爷的指引以及沿途滕氏老人的带领下，找到了滕氏祠堂。

祠堂并不大，旁边还有一个废弃的学校。近一个小时后，我们终于等来了赶场回来的滕耀熙老人（80岁），他为我们打开祠堂大门，带领我们参观，里面至今还保存着清朝嘉庆年间的碑刻：

我族始自周文王第十四子，讳叔绣，受封滕。若文公，其后裔也。历汉唐宋元明，代有伟人，其行派俱有史籍、牒谱可稽。自元乱，由北直真定府赵州黄栗岭乌鸦溪，迁移楚南沅州府麻阳县，滕公讳仲四，婆梁氏，其始祖也。先代建庙百十余年，我国朝鼎盛，蜀省尤可，蒙楚各房公祖邀集入川。由湖省至定远、安刹□、遂宁县（现今潼南）朱家坝等处落业成粮。因念祖德难忘，并新席川主公安神圣护佑，原建庙此处，每年三月三日新席圣诞，六月二十四日川主圣诞，九月九日始祖寿诞，春秋承祀不殄。但先年祭田不足，每逢会期，俱各捐现钱数百文，祭仪难以言办。至于三月会期、六月会期，盛事一时难举，唯九月九日始祖寿诞，各房首事会议，均各备出金钱数（肆）百文，帮买祭祀，刊名塑碑。其至会期，祚肉照碑名分派，一以隆祀典，一以便执事，庶几子子孙孙，勿替引之矣。是序①。

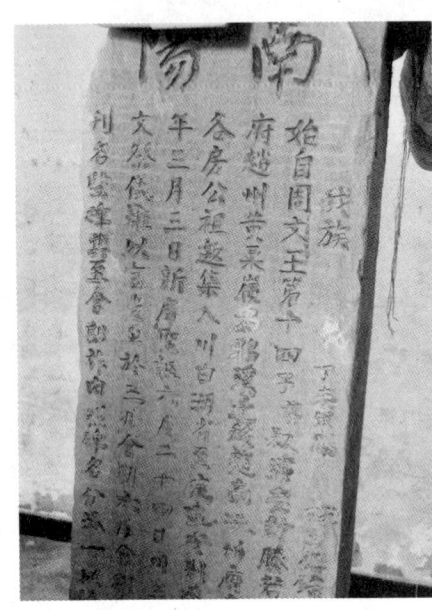
潼南滕家祠堂内清代嘉庆年间碑刻之一

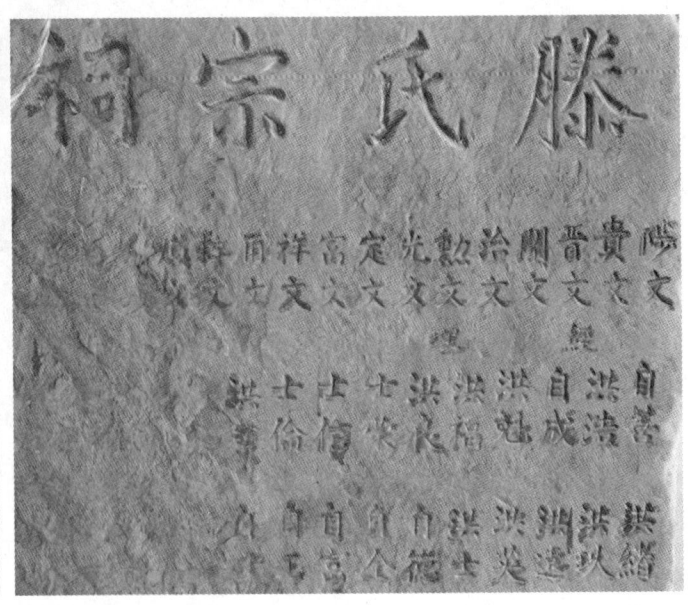
潼南滕家祠堂内清代嘉庆年间碑刻之二

① 潼南永安乡朱家坝滕氏祠碑序。

碑刻表明潼南滕氏始祖为仲四公，由湖南麻阳入川定居至此，还列有清朝滕氏历代贡生的名字，证实了我们的猜测：此地以滕家庙命名，确是湖南麻阳滕氏移民后裔的迁入地。滕耀熙称，碑刻先后搬了五次，每次搬移时都会敲锣打鼓，以示对祖先的尊敬。此外，现在每逢始祖寿诞（九月九日）时，滕氏后人会汇聚一起做重阳会，共有三四十桌人祭祖，往常过节时上坟、烧纸来祭奠先人。为掌握更多资料，我们提出希望了解《滕氏家谱》。滕耀熙老人说，因先前洪水泛滥，自己手中的家谱被水浸泡，很遗憾没有保存下来，但可以指引我们去族谱修订顾问滕章隆家中查阅。

临近中午，我们来到滕章隆老人（男，82岁）家中，说明来意，并拿出黄权生老师参与编写的《麻阳移民文化》后，滕老先生找出《安岳县滕氏族谱》和《潼南县滕氏族志》，供我们翻阅。安岳县的滕氏有三支。第一支为李家区滕氏，清朝康熙四十年（1701年）自湖南麻阳迁入。入川时兄弟四人同迁，分别是滕仲四第十五世孙滕世元的第三子滕仁富、四子滕仁舜、五子滕仁瑞、六子滕仁聪，入川后分居于安岳县李家区的李家镇、高屋乡、和平乡、努力乡、合义乡等地，"传承至今，已发展到1700多户，共7000余人。第二支为龙台区滕氏……第三支为石羊区滕氏。清康熙年间，石羊区滕姓先主由湖南麻阳入川，插占今石羊区顶新乡滕家场为业，世代以农为生。"①《潼南县滕氏族志》载："滕仲四：云玉公第四子。字凤翔，号武纬。麻阳一世主。南宋理宗24年（1248年）4月初8时生于河北保定县，卒于元成宗13年（1307年）腊月18日戌时。葬麻阳高村大庙栗子园。公元1279年，南宋被元朝所灭时，31岁的仲四公血气方刚，与其兄仲三公募兵练勇，翼图抗元复国。失败后于元世祖十年（1280年），避隐湖南麻阳高村开族（仲三公奔云南滇海而去）。娶染氏，生秉一、秉二二子。"②

这两本族谱佐证此地的滕氏先祖为滕仲四，从湖南麻阳迁移至此。此外，家谱中还有滕代远将军的记载。此次考察首站收获颇丰：第一，地图上的潼南县永安公社（乡）朱家大队滕家庙确有其指，且此地确有滕家祠堂。第二，祠堂中嘉庆年间的碑刻与滕氏族谱是重要的文献资料。第三，证实了此地的滕氏确为湖南麻阳迁徙而来的滕氏后裔。

皮箩坝虽不是以滕姓命名，但据记载："传说湖广入川时一老人挑着皮箩，来此插占为业，故名。皮箩大队驻地。"③因其释义与湖广填四川有一定的联系，我们推测此地也是明清移民后裔的居住地，因此决定进行实地考察。山路曲折，行车约下午两点到达，经三位阿姨指路，寻得奚一

在潼南滕氏祠堂外合影

---

① 《安岳县滕氏族谱》，第24页。
② 《安岳县滕氏族谱》，第55页。
③ 四川省潼南县地名领导小组编印：《四川省潼南县地名录》，第124页。

炬老人（男，73岁）。老人自述祖先是湖广上川来的，祖宗是两弟兄，湖广填四川经过贵州，贵州那时土匪居多，在路途中不幸遇到土匪，老祖宗马氏老太婆说："我打得赢你，你得给我担皮箩，我打不赢你，我跟你姓。"最终土匪没有打赢，土匪就担着皮箩来到四川。此地也因奚氏一族担着皮箩而来，得名为皮箩坝。老人介绍，皮箩坝姓氏较杂，还有胡、米、李、王和陈姓等，而奚姓则是主姓。奚氏的旧家谱已经没有留存，我们翻阅了新修的《奚氏族谱》："公讳汉广，字为政，由黔至蜀，为始迁之祖……奚汉广、清、文三弟兄，清初1694年由贵州迁四川蓬溪（现重庆潼南县）姬家坝，奚霖长清初由贵州迁重庆涪陵大山乡奚家沟。"[1]谱中记载了历代奚氏祖先的迁徙、各地奚氏宗谱序、字辈、旧谱志序、祖宗渊源考证、大事记、附图等。可以看出：第一，潼南奚氏是自贵州迁徙而来的奚氏后代；第二，虽然老人讲述的传说难辨真假，但此地确因奚氏到来而得名。黄老师凭借渊博的知识和丰富的考察经验，根据老人面部特征（鼻子的特点）判断其是外迁的土家族人，令笔者十分钦佩。与奚氏后人交谈后，我们前往龙形公社茶店。

到达龙形镇池坝水厂附近后，一位老人正在整理房檐上的瓦片。问询得知，老人姓周（男，70岁），当问其祖先从何而来时，他回答说："我们是湖南麻城县周家老屋来的，那个时候被烧光杀光抢光！"老人介绍，附近几里有一个周家祠堂，周氏族长那里有族谱。我们大约四时许到达周家祠堂（实际上成了庙宇，大雄宝殿），即池坝庙。又遇一周姓老人，一开始老人稍有芥蒂，黄老师拿出参与编撰的《麻阳移民文化》和身份证，黄鹏拿出自己的学生证，向老人证实身份，并说明来意。随后老人热心地为我们介绍周氏祠堂的情况：周氏祠堂原是陈家祠堂，后改建成人民公社，随后又改成周家祠堂。现今祠堂中供奉的其实是菩萨，先前清明会祭祀先人时汇集了150多桌的人，均是周氏后人。随后老人为我们引路至周氏族长家中，不巧族长外出，其儿子接待了我们。谈话间问及祖先从哪里来时，周大叔说："都是湖南麻城县来的！"他拿出《周氏族谱》和《川渝周氏联谱》。《川渝周氏联谱》记载："原籍湖广的周氏先祖在朝廷为官，因言论之罪触犯刑律，又受奸臣所害，被株连满族。为了活命，逃回家乡，隐姓埋名，改随母刘氏之姓，决定三代后还归周姓。崇祯15年（1613），第三代祖刘殿阁、刘腾阁兄弟二人带领全家老幼，从湖北麻城孝感乡迁徙四川巴中黄梁垭、周家湾落户。此时时间已过三代，按照祖训，归宗姓周……明末清初，周氏祖先周耀龙、周耀凤两兄弟从湖北麻城孝感乡入川参战，战争结束后落户到大邑县，后又迁到街子镇会元村……"[2]谱书中记载了周氏祖先外迁的诸多缘由，大多称是从湖北麻城孝感迁入四川（极少部分记载是从湖南迁出），这与现今后人的湖南口音是相违背的，其中的缘由值得仔细探寻。族长儿子和周大爷为我们简单讲述了当地的方言："吃饭"为"恰（qia）饭"、"郭子（guo zi）没子（mei zi）"就是"这边那边"之意、"慢慢走"说"慢慢qie（走）"、"jia jia"意为"灰"、"mou qie"意为"不去"。现在每年清明节，潼南此地的周氏与麻城的周氏代表还有联系，湖南的周氏是大房的后代，辈分较高。除此之外，谱书上还记载了潼南周氏始祖为承胤公、各周氏支

---

[1] 重庆潼南涪陵奚氏宗谱编委会编纂：《奚氏宗谱》，深圳市晶宇印刷有限公司印制，2005年，第49、56页。
[2] 《川渝周氏联谱》，第57、59页。

系的入川路线，摘录各地周氏碑文等等。此站我们了解到：第一，龙形公社这一地名虽因龙形地而命名，但与周边其他村镇的口音存在明显差异，至少可以判断其为从湖南迁徙出去的移民后代。因此，笔者也学习到，除了地名中以姓氏命名的因素，从面部特征、方言口音等要素也能窥探出移民的相关信息。第二，口述传说因时代久远，其真伪需要仔细甄别，最强有力的文献支撑是墓碑或碑刻。

翌日，我们前往潼南县柏果公社斩龙大队滕家塆①，路上很多农户在街头卖柚子。根据导航，于中午到达龙湾村村民委员会，经询问工作人员，此地没有叫滕家塆的地方，连斩龙大队都没找到。在村委会门口，偶遇一刘姓老人，经问询，此地村民多姓刘，老人也从未听说过周边名叫滕家塆的地方。由此可见，斩龙大队滕家塆这个地名已消失不少年了，我们猜测，滕氏后人极有可能先前在此居住，并将此地命名为斩龙大队滕家塆，其后搬迁至他处安家，该地名也随之消失。问及祖先来自何处，刘大爷说"我们是湖广麻城县来的"，也知道湖广填四川的移民运动，但除此之外，其他概不知晓。我们在导航的地图上发现有名为"滕家垭"的地方，但老人却表示从未听说，或许此地也因人口的迁出而消失。随后我们出发前往米心公社蝉鹤大队滕家沟②。

石门滕家沟的滕氏神龛

临近中午，我们到达米心镇，由于该地相对落后，镇上兜转近20分钟后终于找到一家小饭馆。简单就餐后，我们继续出发，不料山路上遇横木挡住去路，大家一起下车搬开，清理道路。之后偶遇一江姓老人，他告诉我们，此地没有叫蝉鹤大队滕家沟的地方。我们在路边的电线杆上发现，此地已更名为禅荷村。可见此地以滕氏命名的地名已经消

麻阳郭公坪黄氏神龛

失，无从考证。相比于第一天满满的收获，第二天大半天的奔波问询，却是"查无此处"，不免心生失望。但随即一想，年代的久远、移民迁移路线的反复不定、地名的更迭甚至是消失都是十分正

---

① 四川省潼南县地名领导小组编印：《四川省潼南县地名录》，第88页。
② 四川省潼南县地名领导小组编印：《四川省潼南县地名录》，第102页。

常的情况。我们只得出发前往下一个目的地玉溪公社石门大队滕家沟①。路上几经问询,找到石门大队滕家沟的滕氏一家。滕继宇老人(耀字辈,69岁)介绍,滕家沟至今还有两百多人居住,祖先是因湖广填川而来,此地也因滕氏的聚居而得名滕家沟。其弟弟滕继学为我们讲述其外出打工时,偶遇四川乐山的滕氏宗族(来自麻阳),双方滕姓的字辈都能对上,辈分也十分清楚,这在全国都很罕见(滕氏字辈不重复使用)。

二、石柱万寿山山寨考察

由于国庆期间车票难购,我们一行三人决定在重庆中转一天,对之前两天在潼南考察的资料进行整理,并商议在回程途中对石柱及利川进行考察。到达石柱后,我们决定前往万寿山。途中,笔者发现,上了年纪的老人不分男女,头上都裹着白色或黑色帕子,可见此地有土家族人居住。山路曲折盘旋,由于弯道较多且道路逼仄,与迎面而来的车子拥堵在路上,花费半个多小时的调度才得以继续前进。抵达万寿山时,景区已经停止售票,我们向工作人员说明考察来历,她们破例售票给我们。起初,一路上多是人工开发的景点,由于天色已晚且小雨朦胧,我们加快步伐,寻找古遗迹及碑刻。终于在景区内看到了寨墙遗址,古寨门口(前中寨门)的诗文对联也较好地保存了下来。沿途第一次了解到,在山边岩石中间的空隙里插上小木棍,寓意即使久走山路,腿脚也依旧利索。笔者自小在北方中原生长,沿途听闻的风土故事传说为此次考察增添了诸多乐趣。

走出景区时,天色已完全黑下来,山路两边没有路灯,我们一行三人摸黑走山路一个多小时。晚上七点多到达了景区指挥部,我们早已饥肠辘辘,希望讨口热乎饭吃。起初当地人对我们稍有戒备,黄老师凭借丰富的考察经验与当地人热情搭话聊天,积极主动架柴烧火,在刘姓阿姨和万姓奶奶的忙碌下,吃上了一碗热腾腾的鸡蛋面条。闲聊中,一位姓马的土家族人说自己的先祖是湖广填

万寿山寨墙

石柱火车站秦良玉雕像

---

① 四川省潼南县地名领导小组编印:《四川省潼南县地名录》,第96页。

四川来的，并讲述了其家族的历史故事。谭太友（男，46岁）讲述了关于秦良玉的墓地的传说。相传为了防止后人盗墓，共建造了48个墓地。一碗简单的面条为我们建立了情谊，临走时万奶奶摸着笔者的胳膊说："胳膊太凉咯，山里天冷得穿上衣服嘞！"笔者内心一阵暖流，在考察当中感受到的人情温暖或许是笔者此行最大的精神收获。

三、利川滕氏家族地名考察

湖北宣恩县高罗乡的《滕氏族谱》记载，此地滕氏由湖南麻阳迁移而来。宣恩李家河乡滕家坝现今已经改名为八州坝，当地滕氏后人称，最初姓滕的人居多，为了区分才改名。但黄老师的学生雷鑫在2019年初考察时发现，此地有一麻阳槽，与湖南麻阳同名，后通过口述资料证明此地滕氏从湖南麻阳迁徙至此。基于此前考察的基础，我们猜想湖北其他地方还有麻阳移民后裔。我们从石柱坐火车到湖北利川，经多方询问，得知利川滕姓主要分布在沙溪的张高寨、建南乐福店、南坪营上。以麻阳命名的街道众多，我们参观了利川的麻阳巷。土家族司机冉果介绍，其老家也有姓滕的，但不是大姓。午饭过后，我们前往箭竹溪滕家院子，问得一滕氏大爷——滕光前（男，61岁）。他介绍：此地有三个大队住户姓滕，滕氏搬至此地已有一百多年，大约有三至五代人在此居住。老人称，家中的滕氏谱书是全国统一编订的，说祖先来自南阳（因其没读过书，手中族谱上有"南阳堂"三字，误以为祖先是南阳）。事实上还是来自麻阳，而整个滕氏均以南阳为堂号。简单

利川滕家院子　　　　　　　　　　　　　　利川麻阳巷

王雅雯、黄鹏在滕家院子附近查阅家谱　　　家谱内容：《湖南麻阳—湖北利川滕姓人的故乡》

介绍后,他为我们指路,去滕家院子旧址。

滕家院子旧址依山而建,如今只留下破旧不堪的一座院子。因地势险峻,交通不便,难以拆除,得以保存下来。窗户上雕刻有精美的花纹,滕姓老人解释说,因这些雕刻的花纹才叫"花房子"。老人讲述,最初有四家姓滕的在此安居,取地名为滕家院子,久而久之被后人沿用。在前往滕大爷家新房子的路上,他说此地为黄连之乡。滕大爷新房子的正中央门上有一面镜子,其言为聚风水而设。他找出《滕氏族谱》供我们参阅,并热情地拿出野生板栗招待我们。晚上8点,我们一行人与赵明启老师、田老师、滕氏族长在一家小茶馆进行交流,主要涉及利川的移民文化与地方文化。

四、湖南麻阳"麻城"和"孝感乡"考察

以前读沈从文的《边城》,对其笔下的湘西世界无比神往,此次考察前往湘西,有机会感受当地的风土人情,于笔者而言也是圆梦之行。沈从文曾居住在湖南麻阳吕家坪,小说《长河》就是在此所作。学者杨义曾评价沈从文:"这是一个始终以'对政治无信仰,对生命极关心的乡下人'自居的作家,他以'人类'的眼光悠然神往地观照本族类的童年,兴味多在远离时代漩涡的汉苗杂居边远山区带有中古遗风的人情世态,为这种'自然民族'写了一部充满浪漫情调的诗化的'民族志'。"[1]可见,沈从文笔下的湘西世界和湘西人民是特殊地理空间的产物,是历史的见证者,也是"民族志"的"主人翁"。

2020年1月寒假期间,笔者与黄权生老师、杨珑媛一起组成考察小组,前往湖南麻阳进行考察。此前黄老师曾深入研究明清时期"湖广填四川"的移民运动,也曾多次前往湖南麻阳进行考察,并结识麻阳档案馆前馆长段晓珍。出发前,我们对麻阳的相关地名做了梳理分析,发现"下角村"用湖南方言发音很像"孝感",本次考察的目的即为印证这一大胆的猜测。由于宜昌没有直达麻阳的火车,只能经吉首转车。上午出发,晚上8时许到达湖南吉首,次日赶凌晨4点开往麻阳的火车。翌日,不曾想火车晚点近两个小时,到达麻阳时天色未亮。我们一行三人找到住宿的地方,卸下行李稍作整顿,与先前联系的段馆长会面。

段馆长是第一个帮助黄老师在麻阳调查移民文化的政府官员,曾陪同黄老师在麻阳考察。她随后联系滕明瑞老人与我们会面。滕老已83岁高龄,著有《长河轶事》,正在进行第9次校对。我们有幸能够翻阅,发现几乎每一页上面都用红笔进行标注,其严谨治学态度让笔者肃然起敬。陪同滕老的舒森林大哥知道我们此行目的后,帮我们联系其在下角村的亲戚,找到三位年纪大的老人,希望能为我们提供相关的移民线索。下午,段馆长帮我们联系司机张晓刚师傅(48岁),我们一行五人前往目的地下角村。舒大哥的姨妈孙三菊(57岁)带领我们前往村里年龄最大的老人家中。

第一个拜访的老人名叫满维和,虽已90岁高龄,但口齿清楚,头脑明白,其幼时曾在祠堂发

---

[1] 杨义:《中国现代小说史》第二卷,人民文学出版社,1988年,第605-606页。

蒙，后在粮食局当过干部。据老人回忆，早年下角村因为有码头，所以河上多有跑生意的木船，当时的船是帆布蓬蓬船，此地的人多以划船为生。满姓也有划船为生的人，他们常年在外，只有过年才划船回来。老人发下角村的音为"há ga（轻声）村"，儿时此地以"堡"作为行政单位。问及现今麻阳，老人介绍，此地老县城是锦河，锦河早年叫"麻城"。中华人民共和国成立后政府要迁县城，高村和轻土在当时作为备迁地。轻土的人们不愿意被占用土地，因此偷偷将水银注入土壤，导致县城无法驻扎，最终迁到高村。在麻城迁到高村后，就没人再叫县城为麻城。问及老人是否知晓祖先来自何处时，老人说满姓是从江西迁来，湖南人填了贵州，自己没听过填四川的说法。此外，老人说，轻土和下角村多以田姓为主，陆路交通运输很少，多水路交通。在当时，此地的麻阳人很多，吃大锅饭时需鸣锣召集人口（当地多有此说法）。

第二位老人名叫田本远（84岁）。老人补充道，田家祠堂最早就是读书的地方，里边供奉田氏祖宗牌位。至今四川、湖北等地田氏每两三年会到下角村祭祖，有近百辆私车，可见麻阳后裔来此祭祖人数之多，一定程度上也反映出从此地外迁的麻阳人居多。老人用麻阳话读下角村为"xiá kai 村"。

第三位老人叫田爱忠（70岁）。他读下角村为"xiá kai"村，与田本远老人的发音相同。合影告别后，孙阿姨带我们来到锦江边老码头遗址。码头旁有宽阔的平地，约几百亩，笔者观察此地的土壤肥沃，产稻谷，水陆交通发达，贫瘠年代十分适合人们在此生存繁衍。码头旁边尚有撑船的杆子，岸边停靠了三艘小船。谈话间一艘机动船开来，可见现今的下角村还有航运交通往来。随后我们前往轻土村，见到村长田福生，他带我们来到田氏支系祠堂的老房子。村长介绍下角村的田姓多是这个分祠的后人。

翌日，我们一行和张师傅、段馆长出发前往栗坪村。黄老师介绍，栗坪村也叫中寨坪，又叫谕坪，古为招（诏）谕县所在地。该地至今保留着赶集风俗，每逢八赶场，即农历初八、十八、二十八。到了村子后，我们偶遇路边一老人，便打招呼问好。老人名字叫胡庭惠（85岁），自述祖上是从江西搬到这里，自己曾在西南地质队从事采矿工作。问及关于老县城的情况，老人说，麻阳县原来一直叫麻城县，但这一说法源自与其一起工作的四川矿工。老人讲招谕曾是个县城，并在其指引和地图导航的帮助下寻到招谕。进到村子时，恰逢有人家在门口杀鸭子备年货。我们做简短介绍后，老

麻阳黄氏江夏堂族谱将麻阳古县城标注为麻城

黄权生、王雅雯在下角村（孝感）调查

货船驶过下角村

人请我们到屋里烤火。老人名叫杨光宗（男，75岁），他说招谕也叫谕城县，土话叫招遥。招谕原是谕民之地，山清水秀，即使雨下得再大，河水都很清澈。当问及自己的祖先时，老人说黄、杨两姓在祖上原是一家人，两家在早年不允许结亲。因为传说杨姓是舅舅，黄姓是外甥。黄家到杨姓舅舅家串亲戚时，大人抱着黄姓男孩大便时，狗把小孩的生殖器吃掉了，杨姓舅家由于内疚，就抱一个杨姓孩子给黄家抚养。老人说，这个故事是祖上老人传下来的，也是中寨坪的传说。中寨坪以杨姓为主，有一百多户，大约三四百人。黄姓相对较少，有两百多人。现在杨、黄两姓已经可以结亲。老人言此地杨姓自江西赣州而来

随后我们前往张吉长（老档案局局长，88岁）家中，询问麻阳是否曾为"麻城"。张老介绍，听说锦和原本设有孝感，唐朝时麻阳设6个县，龙门县、招谕县、麻阳县、上峰县等。下角村附近古时候是县城所在地，在当时有两头翘起的帆船到常德去装盐。武汉、常德都有麻阳街。此地第一次设县在招谕县，麻阳原归辰州管辖，都是苗人。遗憾的是，张老没有听说过麻阳原叫麻城。虽然张老小学只读两年，但自学成才，勤于研究麻阳地方文化，撰有手稿《宋代定远将军张雄飞》《麻阳歇后语》《张雄飞史略》《姓典》《故事重讲》《麻阳方言语音》等，让我们十分钦佩。告别张老后，我们一行三人返回酒店，整理材料拍照归档。晚上，段馆长邀请我们前去家中吃饭，据段馆长的丈夫所言，麻阳张姓的移民后人斥资473万在羊古脑投资建张家祠堂（正在建设中），并成立了张雄飞公文化研究会，联系全国张氏后人，移民后裔的寻根问乡热潮可见一斑。

前往吕家坪时，我们问舒森林大哥（40岁）是否听过麻城，他不假思索地唱道："天上雾沉沉，地下打麻城。问你将军要哪个，点个将军去冲城。"舒大哥自小生长在湖南麻阳，他说同辈人大部分小时候都唱过此童谣，这让我们惊喜万分。事实上，不仅在此地，类似"打麻城"的民谣曾在武汉及鄂东北等地区流行。生于武汉、长于武汉的彭翔华先生（宜昌市某中学退休校长）曾亲自体验该游戏，彭翔华先生回忆，其与王琼辉提供的"打麻城""骂阵"情况下演唱的歌谣是：

打麻城，打麻城，砖头瓦碴都消开（碴，读如cuó，瓦碴，碎瓦片，有写作"瓦撮"。消：消失，走开），玉皇大帝中间站，天兵天将跟我来。打麻城，打麻城，看你麻城几时开？老子今天来

攻城，打得你城门八字开！①

"打麻城"极具地方文化特色，是武汉民间儿童游戏的经典和代表。湖南麻阳的民谣与"打麻城"游戏或是探寻真正"麻城"的一大史料。当天在吕家坪参加年会的人众多，年会中有一项活动是参观正在修建的麻阳船。主持修建的张龙桓师傅（68岁）是非遗文化传承人，他介绍，在建的麻阳船长25.8米，可承重12吨，是需要12个人手动摇撸的摇船。做船的老师傅姓向（73岁），自言从十几岁就开始学做船。做船的是两兄弟，老家在黄双村，手艺是跟航运造船公司的老师傅学的。做船的木材主要是椿木、桑木或柏木，两三个人手工做船大概需要三百多天，建造整条船需工钱8万。麻阳船多次在沈从文的小说中出现，他曾多次表达出对其的喜爱之情。他在《长河》中写道："从山中砍下几株大树，把它锯解成许多板木，购买三五十斤老鸦嘴长铁钉，找上百十斤麻头，锤它几百斤桐油石灰，用祖先所传授的老方法，照当地村中固有款式，在河滩边建造一只头尾高张坚固结实的帆船。"②虽然当时麻阳船尚未完工，但从雏形来看，与沈从文笔下的极为相似。

沈从文随军出行曾路过麻阳，在返乡途中又经过麻阳，并在吕家坪住过数月。在地理位置上，麻阳与凤凰山水相连，都是苗族人的聚居地，因此沈从文与麻阳的水土文化有着密切的联系。吕家坪社区门口有两排人身着苗族服饰敲着迎宾的苗鼓，迎宾的"夭夭"们唱着迎宾歌，手捧拦门酒。进门口时需要跳火盆，随后有独具苗人特色的竹竿舞。我们一行人品尝了苗人正宗的打糍粑，观看了一系列苗人的歌舞文艺节目：舞龙、山歌对唱、打花枪和麻阳船工号子等。其中最动人心魄、振奋人心的是被列为非物质文化遗产的麻阳船工号子，该表演团队还曾荣获《我要上春晚》比赛的二等奖。麻阳船工号子的主唱刘本勤已64岁，号子的歌词是上一辈老人流传下来的。他在12岁时在船上走过，听老一辈的人唱过，他的师傅看中他的好嗓音，便教他唱。前几年，老人和朋友听说以前没落的文化又兴起来了，就整理歌词参加节目，动员大家一起参与表演麻阳船工号子，发扬家乡的文化传统。现在整个团队已有40名成员，上台需要32人。有时因节目需要，在冬天室外光膀子表演，可见老一辈人对自己家乡文化的无比热爱。

在建的麻阳船内部图

此行在吕家坪感受到了苗人文

---

① 彭翔华编著：《武汉民间童谣辑注》，武汉大学出版社，2015年，第21页。
② 沈从文：《长河》，江苏人民出版社，2014年，第26页。

辰河

化、自然地理风光、吕家坪人歌声的洪亮，当地的民风淳朴自然。文学来源于生活，沈从文笔下的麻阳人与事物真实地呈现在笔者面前，特殊的地理时空下，将文化特色付诸于笔端，从而拉近与文本的距离，从某种层面上感受着沈从文笔下湘西世界的缩影。

  连续几天的考察有少许劳累，稍作整顿休息后，我们一行前往锦和镇，寻找有关麻阳地名的线索和资料。司机师傅滕建军（男，40岁），建字辈，老家就在锦和。据他介绍，此地的滕、刘两姓不分家。途中，由于河水挡住去路，安全起见，我们决定绕路前进。到达锦和镇已是中午，便饭后前往郭公坪，道路泥泞，近两个小时的车程才到达刨木山上（蛮苗分界线）的川洞碉堡，一大型穿山洞两边山上均有碉楼遗址。两处碉楼均用石头砌成，用石灰补缝隙。碉楼留有口，用来架枪，防止敌人入侵，整体设计易守难攻。我们也只能从外部观察碉楼，但可以看出此地在历史上发挥着军事作用。

  滕明瑞老人参加过抗美援朝，1980年曾在刨木山蹲点一年。他年轻时为国家奉献自己，晚年的书法造诣颇高。滕老称麻邑就是麻城，并为我们引荐当地人，希望对麻阳地名研究有所帮助。午饭席间，我们了解到，麻阳先前分上麻阳和下麻阳（仅麻邑村就有三个），锦和原来作为老县城也叫麻邑，麻邑就是麻城，麻城又叫蒋城和月城。这一口述线索也为我们提供了有价值的参考。我们随后前往麻阳档案馆，希望寻求相关文献资料来加以证实，但收获甚微。当时临近年关，到处充溢着准备过年的气息。此次田野考察对"麻城孝感乡"的探疑，进行较深入挖掘和考证，联系潼南滕氏地名的考察，将进一步接近真正的"麻城孝感乡"。

麻阳郭公坪的川洞

麻阳郭公坪位于川洞左右的两个碉楼之一

麻阳郭公坪位于川洞左右的两个碉楼之二

麻阳郭公坪川洞附近的集镇

五、结语

"问我祖籍在何方，湖广麻城孝感乡。"这首民谣在巴蜀一带代代相传。明末清初，战争导致天府之国人口锐减，清政府主导的移民因此展开。多地人口迁入四川，以湖广地区为多。在湖广填川的移民运动中，不能忽视的就是"麻城孝感乡"现象。由于古代的交通、地名变化复杂，加以口述讹误等诸多因素，入川始祖来自湖北麻城孝感乡这一说法有待商榷。近年来，川人认祖归乡、寻找祖籍的热潮不断，但从湖北麻城寻根却无功而返，反倒是从湖南怀化麻阳县找到其祖居地。这些都让人重新考察和挖掘真正的"麻城孝感乡"到底在何处。重庆的合川及周边田氏过去均认为祖籍是"湖北麻城孝感乡"，但经过考证后却发现祖籍是湖南麻阳。潼南地名考证表明，此地滕氏家族确系从湖南迁移出去。麻阳之行从下角村的老人口中得知，现今的湖南麻阳曾用名为麻城，此后遇见的老人口述资料都加以佐证。从地理距离而言，湖南麻阳从水路和陆路交通填川都比湖北麻城便捷，麻阳船的繁荣是移民水上交通的重要方式，以麻阳命名的街道分布在中国多个省份，迁出地后裔至今有湖南麻阳的方言和语音。综合两次考察分析，"湖广麻城孝感乡"是否是现今的湖南麻阳，目前还需要更多的考察加以佐证，去探寻历史的本原。关于祖籍到底在何方的追问，学界的专家目前已经做过诸多考察论证。因此，在社会历史的长河中，穿过层层迷雾，寻求历史的真相，是每个学界人应有的担当。

以"麻阳移民"为中心的渝东南考察纪行①

周妮、罗权、黄权生、王高飞、张亮

作者简介

周妮，女，1989年生，重庆彭水人，历史学博士，云南大学博士后，主要研究西南历史人文地理、边疆学、民族史。

罗权，男，1987年生，贵州惠水人，历史学博士，贵州师范大学喀斯特生态文明研究中心暨历史地理研究中心副教授，主要研究历史军事地理、西南区域史。

黄权生，男，1977年生，重庆巫山人，博士，三峡大学文水文化研究所副所长，西南大学历史地理研究中心兼职研究员，主要研究历史地理。

王高飞，男，1986年生，山东临沂人，历史学硕士，黔江交警总队三支队综合大队警官。

张亮，男，1991年生，重庆合川人，历史学博士，西南大学马克思主义学院讲师，主要研究水利史。

---

① 本文为国家社科基金项目"宋元以来武陵山地人口外迁与文化交融史研究"（项目编号：18BZS060）的阶段性成果。

四川民间"若问祖籍在何方？湖广麻城孝感乡"的祖先记忆广为流传，使今之湖北麻城成为广大巴蜀民众心目中的祖源地，即祖籍地。但我们在研究"麻城孝感乡"移民文化中多次发现，四川与鄂西等地口传祖籍地为"麻城孝感乡"移民后裔，在麻城寻根未果，却在湖南麻阳寻根成功。为此，我们围绕麻阳及其移民后裔展开了深入的田野考察，通过田野考察及所搜集家谱、族谱，发现麻阳县的一些家谱将麻阳县城标注为"麻城"。这一发现也引起了学界的注意，如民族学者黄柏权认为"麻阳填川"研究颠覆学界已经固化的"常识"，还原历史本真①；湖南省苗学会亦认为麻阳是"湖广填四川"祖源地的说法"彻底颠覆了传统认知"，是"惊天大发现"②。

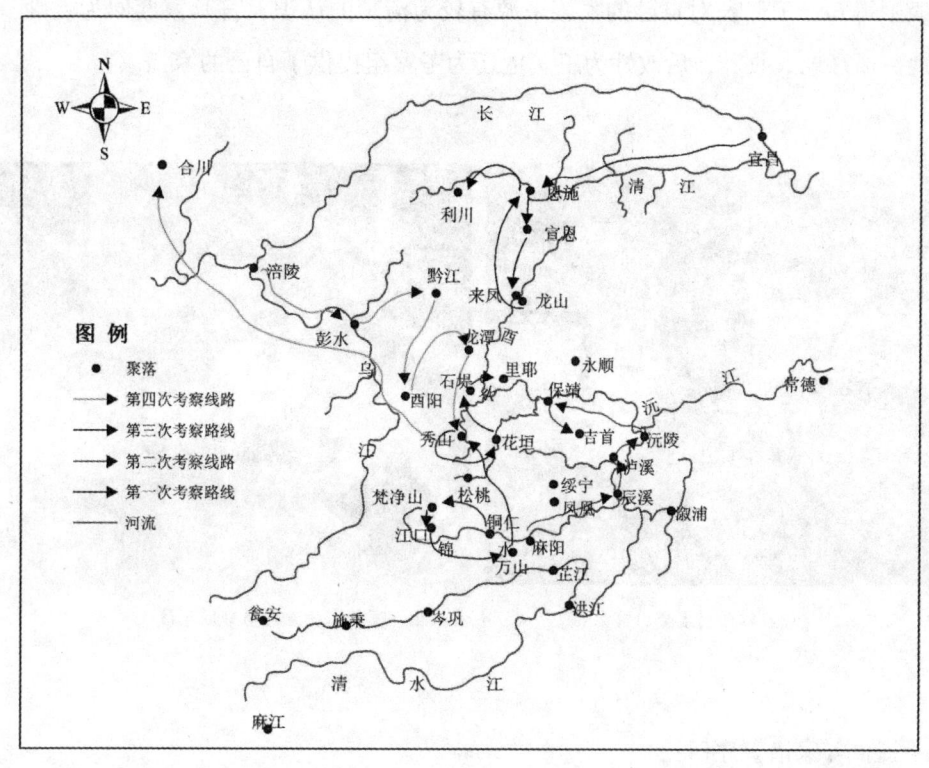

麻阳移民点考察路线图（杨霄绘）

本文所探讨的是以渝东南为中心的麻阳移民。渝东南考察分两期，第一期考察为2013年7月7日至10日，罗权、黄权生等赴重庆市秀山县，协同王高飞，围绕渝东南麻阳移民文化等进行为期四天的田野考察。第二期考察时间为2015年4月中上旬，我们在统计、分析渝东南所属各区县③基层地名的过程中，发现其与周边邻近地区（即武陵地区）一样，存在诸多以"麻阳"命名的地名，为探究其地是否存在麻阳移民，了解其所处地理位置、自身发展状况、周边环境等信息，周妮、黄权生、张亮3人共同组成考察小组，追寻渝东南"麻阳移民"痕迹。

---

① 黄柏权：《民族走廊的移民叙事》，《铜仁学院学报》2017年第7期。
② 湖南省苗学会编：《五溪》，《黔中史话》（编者引言）（内），第29页。
③ 渝东南地区即今重庆市东南地区武隆、彭水、黔江、酉阳、秀山、石柱等"两区四县"。

一、江西和麻阳移民考察

（一）江西屯、德隆沟移民考察

2013年7月9日，唐警官、黄权生、王高飞与罗权一行4人前往秀山县雅江镇江西村江西屯组考察。据《四川省秀山县地名录》辑录，当时雅江公社（今雅江镇）所属江西大队（江西村），以"境内有江西屯村，故名。有耕地1283亩，903人"。而江西屯，以"屯中居民多属江西籍，故名"[1]。秀山县城通往江西屯组的道路较好，走县道约38千米，考察组自行驾车1小时左右到达江西屯。在江西屯组，考察组联系到当地一名民营企业家王庆森（开办"秀山县吉森野蕨粉股份合作社"），交谈中得知，王厂长对自己的家族来源有较为清楚的认识，言其家族原为袁姓，因到秀山逃荒，被王姓一孤寡老人收养，后改姓为王。他还为考察组提供了自己的家谱。

黄权生、王高飞、王庆森、罗权在江西村委会门前

黄权生、罗权在德隆沟与彭国春访谈

王庆森所提供《家谱》序曰：

盖闻木之有根，水之有源，而人岂无根源乎？忆吾成肇司，袁安卧雪，清操扬风，愿政留冬日之慈仁，遂尔箸缨灵世，为朝廷之倚。俾可使竹帛，笑人安仪，秀伟昂昂，千里之驹，才藻雄眸，二征之赋，代远年湮，难以目举。自安祖数传，正宗之旁宗，亲疏莫辨，固不深考。及仲维公为正宗之祖，原籍江西，为主居于黔天柱，生子国文，迁居思州江里，生丁五。文祖没后，五子但幼，大旱之间，不得已而后于松桃协坝德训自于青山坪。乾隆四年，王德甫，号名科，后于西蜀，年幼无知，忘其传，长祖以名王而姓焉。回忆数世，星罗棋布，皆出袁姓之遗脉，至今敬复袁，而前宗难改，是以尊王为姓矣。则承承继继、本本源源，传流无棼，远近修分，是可知姓。凡而本木失矣，是序。道光十有二十七年四月上浣日立。

---

[1] 四川省秀山县地名领导小组：《四川省秀山县地名录》，1983年，第83页。

《家谱》所指袁氏始祖袁安,为东汉时期名宦。袁安少承家学,被举为孝廉,任阴平县长、任城县令,任用属下极严,使得官民对其既害怕又敬爱。汉明帝时,任楚郡太守、河南尹,政号严明,断狱公平。在职十余年,京师肃然,名重朝廷。后历任太仆、司空、司徒。范晔《后汉书》对其评价称:"袁公窦氏之间,乃情帝室,引义雅正,可谓王臣之烈。及其理楚狱,未尝鞠人于臧罪,其仁心足以覃乎后昆。子孙之盛,不亦宜乎?"[1]

然而,追溯前代同姓名人作为家族祖先,为大多中国家谱的通行写法。事实上,袁家始祖不一定是袁安。因而,《家谱》有言"代远年湮,难以目举"。袁氏可考的先祖当是文中所写之仲维公,由江西迁居贵州天柱县,生子国文,国文又北迁思州府,生五子,因早丧,又逢大旱,乃再北迁于松桃之青山坪。乾隆四年(1739年),再北迁于与松桃接壤的蜀省秀山县,即如王庆森家族世代相传那样,是因逃荒到秀山,被王姓一孤寡老人收养,改姓为王。后来有的复姓为袁[2],有的仍以王为姓。在江西屯,王、袁两姓都以汝南堂(因袁安为汝南郡汝阳县人)为堂号,两姓以同宗之故,世代不通亲。

随后,考察组驱车赶往另一个移民地点——德隆沟(今秀山县雅江镇德隆村)。据地名录载,德隆沟"早年,汉人赶苗拓业得胜,取名德胜沟,民国时期改为德隆沟"[3]。进入德隆沟村,映入眼帘的首先是当地百姓自发集资而建的宏大气派、修葺一新的彭家祠堂,与附近低矮的瓦房民居形成强烈对比,反映地方人士对追思先祖的渴望与热情,也体现了当地村民的团结。在村民的指引下,考察组来到彭氏族长彭国春家里。虽然素未蒙面,彭国春得知考察组远道而来,非常盛情地招待了考察组,将他们数年前新编的家谱给我们翻阅,并自称其族人是跟随朝廷征伐,从永顺土司城迁居而来。

(二)麻阳寨移民考察

2013年7月10日,王高飞因工作需要返回岗位,考察组罗权与黄权生不能驱车前往,于是搭乘公共交通前往麻阳寨考察。麻阳寨位于秀山县里仁镇老鹰村麻阳寨组,距县城约50千米。考察组请了一位面包车师傅一同前往,师傅为40多岁的女性,她知道麻阳寨所在,但已有很多年没有前往,遂要价100元(来回车价),谁知因山路崎岖,山路逼狭,路遇大货车会车困难,竟耗费了整整一

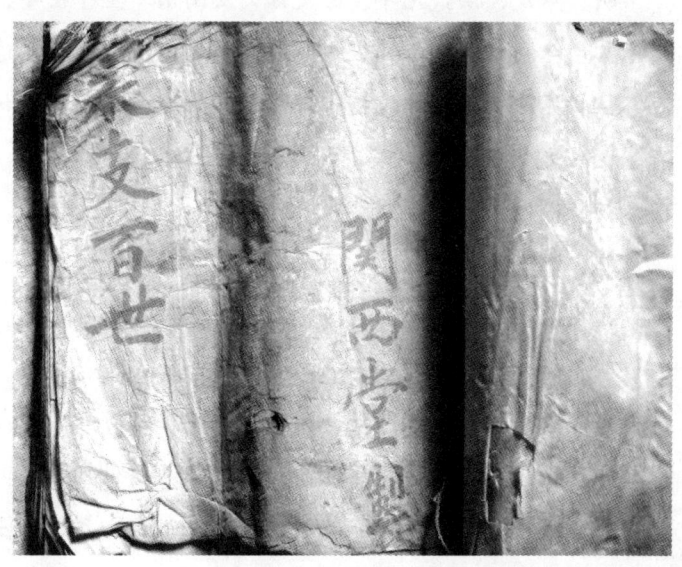

秀山县麻阳寨杨氏族谱之一

---

[1] 《后汉书》卷四五《袁安传》,中华书局,1965年,第1527页。
[2] 在渝东南民间有"三代还姓"之说,即因意外等改为他姓之后,可在第三代子孙时改回原姓。
[3] 四川省秀山县地名领导小组:《四川省秀山县地名录》,1983年,第85页。

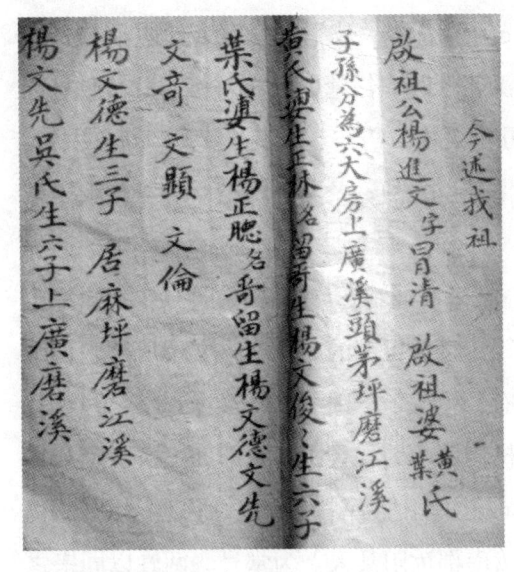

秀山县麻阳寨杨氏族谱之二

天，让她大呼"上当"。在九曲回肠的山路上行进近3小时，又步行几千米，考察组终于在下午1点到达深山中的麻阳寨。寨居深山密林，居民很少，仅有寥寥十余户人家，年轻人多已外出谋生，仅剩老人和小孩留守，民居仍多为低矮瓦房与草房。在寨中行进，并与村民交谈，得知麻阳寨乡民均为杨姓。

访谈之中，村民拿出一份手写的《杨氏家谱》。这部家谱历史久远，村民用一个油纸袋紧紧包裹，以防受到虫蛀。《家谱》的开头，是惯例性罗列历史上的杨姓名人，如杨震、杨业、杨雄等。随后"今述我祖"一段，则讲述了这个家族的真正来源。

今述我祖

启祖公杨进文，字冒清。启祖婆叶、黄氏，子孙分为六大房，上广、溪头、茅坪、磨江溪。黄氏婆生正林，名留奇，生杨文后，生六子；叶氏婆生杨正腮，名□留，生杨文德、文先、文奇、文显、文伦。杨文德生三子，居麻坪、磨江溪。杨文先吴氏生六子，上广、磨溪。

杨文奇、（杨文）显，居茅坪、溪头。杨文俊，居磨江溪。我杨文伦认当辰州府守城，孕子军，改名石伏公，拨在镇溪鼓手。杨进文被元兵所迫，在沅州西陇乡芊氏入寨，生一子，名杨来保。母丧，将他分三冲武堰冬瓜寨主。

明：申戌，洪武元年，陈友谅大反南京。至子壬年，辰州溪一十八洞蛮王乱，钦命杨璟进兵，凡克四十八洞以及洪州、古州等蛮，复编户附籍，地方遂宁。杨秀清，住老图寨，葬天星陀。杨秀海，住黄泥冲，葬雪冲。杨秀谆，住水口冲，葬土垅。杨秀□，住龙井陀。杨秀潮，住龙井坪。杨秀□，住龙场老屋岩坳溪。杨秀江、杨秀郡、杨秀行、杨秀英、杨秀和、杨秀祥、杨秀明、杨秀朗、杨秀松。

明：湖南雄溪、叙溪、酉溪、抚溪、辰溪五处乱，乱兵逃散，遍乡抢掠。杨秀让任杨再年、杨再成富巨豪富，侄孙杨正宇、杨正全，性愚力大，猛勇善使军器。

明：天启皇，红苗叛，吾老贵率苗千余，抢掠浦口，杨正全宇戴盔甲，三都齐入，长冲山杀一阵，木陀杀一阵，天张黄泥冲杀一阵，杀苗四百余首。复劫茅坪、务露杀一阵，苗遂退散。报府道院，分守当差，巡检司送旗五面、花红银两札付杨千总兵官，加军功三级。杨正茂巨富，处世慈善积德，上赐杨千总上司照，此时永历王、泰王□兵，闯王大反浦口，正茂统兵遂有弟，杨通龙生于溪头，有四子二十孙。弟杨通钱善用□头，子杨广升善弓马，贼劫乡男百余，追逐贼，遂退散。崇祯王天下大乱，李闯王称帝于武英殿。

大明不幸，大清立鼎。大清甲申顺治元年，李闯王南奔辰州，留屯黔阳县，乏食，四出掳掠，鸡犬皆尽。危急，走罗公山，村民虑为贼，盗取首级，视怀内有印。马徐将驻镇辰州，留贼高李王放响马，上下掳掠，□抢四都乡村，居民行往，随带军器，少则三人同耕。明：桂王亥丁，驾幸宝庆、五（武）冈州，改州为奉天府，清兵追奔柳州、象州，遁奔缅甸，被吴王三桂所害。

杨进文启祖以来至大明，胜字辈有十二代人，明朝杨广明生住上广，幼有武艺，胆量过人，因秦王□兵犯辰州，领兵到黔。康熙丑癸，莫太师征岳州到陈而口战荆州，岳兵放响马岳州，兵败而回。马三宝兵屯宝庚。李总兵放响马□刀弓，有数千人马，知四都巨富。午戌年三月二十五日至溪头，掳掠财物，男女奔山逃走。杨广明深知兵机，率兵赶追过天堂坡，获马皮金银无数。李总兵至辰州胡中堂，具告为打抢劫杀事反贼，杨广明带领雄兵万余，欺负卑职营小，兵围住杀死官兵，并小子二人、战马数□、盔甲军饷、勤金买路，若不奔走，众命难保。

杨广明诉为打劫掳掠，事放响马。李总夜不行天道，买僧写程问富，劫抢良民，掳至□乡呈迎接，贼等开弓乱射若不敌□闭门受死，胡爷见词将李降职为小卒，加杨广明千总加军功三级。申庚二月，随征破辰龙关，领兵又破黔苗，平治宝、靖，清静方回。杨广明自思人生于世，当思木本水源祖宗流芳，差人通知上广、溪头、茅坪、磨江溪各处，六大房嗣裔。

杨通昱，杨通晓鸣锣数声，人齐集水冲口桥上，议叙当思人生天地之间，当思木本水源，须明嫡庶，宗支族有远近亲疏，斑有大小尊卑，惟同于一脉者于服，虽疏名名分，尤不可忽也，当思盛子孙繁衍，或迁远方而创业，或徙异域而家相□天渊不禄本根，倘后世子孙世远年湮。邂逅相遇甲弟，偶逢虽仔一脉之所出，茫然而不能变，是以谨禄本源□百世后，若子若孙于彼于此，虽属各州各县，询明根由，即贵贱异□，贫富殊境，勿论年纪之长幼。大则大，小则小，尊即尊，而卑即卑，慎勿以势年而□，其次序紊乱乎宗□也。再者，男儿志在天下，或遇本宗嫡瓜落于患难□乎，柱屈己有才能而为蘖，患□难变柱伸屈无负乎。

祖宗之一脉，又足长人子之志气，遗后代之芳规 勿论世数，相□天各一方，彼为彼而，我为我知，秦视越而不知，自我视之，固然若祖宗九原视之，固子孙也，彼亦子孙也，我顾忍然如是彼，虽遭逢不偶不怨，于我未尝不为祖宗之灵之恶然，不过为后世之有力者劝耳，况乎天之生人不齐，岂皆贤而无不肖者□？倘有□乎□，礼仪廉耻，败坏家风，贴辱祖宗，小则正言规戒，大则秉公直呈，清其一二儆乎百□。为非者有所忌惮，为善者有所劝勉，千百后无不肖之。

子孙千百世，内抑□之祖宗者也，是为序，以为后世之象贤，子孙勉，勿□其祖功宗德，木本水源之意耳。常闻朝廷有宗庙，庶民有祖□，正宜立碑刊序，永垂万古。

明故启祖杨进文，字曰月清，生于乙未龙凤元年，没于戊申洪武元年，寿享七十三岁，安葬泸溪。

从《家谱》记载来看，麻阳寨可考的祖先为杨进文，字月清。言其生于乙未龙凤元年（小明王年号，1355年），没于戊申洪武元年（1368年），寿享73岁，自相矛盾。但从其生活经历来看，其生活于元末明初应是事实。杨进文住于上广、溪头、茅坪、磨江溪，虽然未载地名是何府何县，但应位于湘西。又称其葬于泸溪，则很有可能为泸溪县人。泸溪南临麻阳，杨氏应是由泸溪经麻阳入贵州，再转入秀山，故以"麻阳寨"为寨名。

杨进文的下一代应以"文"为字辈，进文有妻两名，黄氏生子文后，叶氏生子文德、文先、文奇、文显、文伦，其中杨文伦还曾在辰州府当守城军士。后杨进文为战乱所迫，逃难沅州西陇乡，又生子杨来保。

明中期以后，湘西战乱频仍，杨氏子孙杨正宇、杨正全勇猛善战，得以在军营中崭露头角，而杨正茂一支则成为当地富豪。自杨进文传十二代至杨广明，已是明清之际。杨广明武艺胆量过人，时逢战乱，乃聚众自守。康熙癸丑（1673年），吴三桂发动叛乱，由贵州进军湖南，四处劫掠，杨广明率领民间武装击敌自卫，后被清军收降，授予千总之职。杨广明为追思家族，乃与族人杨通昱、杨通晓集族人会议，编制了这部族谱。

从《家谱》的叙述来看，许多语句不通，内容断断续续，并不具备严密的逻辑性，这应和杨家人的文化水平有关。从自述来看，杨氏族人职业多为务农，一些出众的族人也都是以尚武而得以显名，《家谱》的倡修者本身也是千总，文化水平都比较低，因而虽然欲追思先祖，但文不达意也在情理之中。但并不能由此否定它的价值，如其对杨氏家族从湘西移民入黔的线索、一些著名人物的交代还是比较清晰的。

二、郁山古镇、麻阳寨、麻阳街考察

（一）访古黔州：彭水县档案馆与郁山古镇行

第二期考察始于2015年4月8日，考察第一站为重庆市彭水苗族土家族自治县档案馆与郁山古镇。在彭水县档案局局长任永松的联系下，在档案局收获彭水《陶氏族谱》《高氏族谱》《黄氏渊源集》《毛氏连宗族谱》《宁氏族谱》《蔡氏族谱》《刘氏族谱》《邵氏族谱》《向氏族谱》《晏氏族谱》《杨氏连宗族谱》《王氏族谱》《酉阳忠孝谱》《冉氏土司谱》《王氏良公家谱（1872年版）》等文献资料，这些文献资料虽与"麻阳移民"无直接联系，但是对整个武陵地区移民研究具有十分重要的参考价值。

4月9日，考察组往彭水县郁山古镇考察。郁山古镇为彭水县内历史悠久且至今仍较为发达之乡镇，其自秦汉时期即有历史文献记载，著名的巴寡妇清因采丹矿，被认为曾于郁山古镇内活动并留有遗迹。而郁山古镇的兴起，与其历史时期丰富的盐业资源密切相关——是一座"因盐而兴"的典型城镇[①]。其在三国蜀汉与南齐时期为单独成县的政区，在东汉、西晋、成汉、北周、隋代等五个时期曾为涪陵郡以及黔安郡郡治，至唐时区域行政中心始移于今彭水县城。同时，因盐业之利，商旅往来众多，其镇建成了"九宫十八庙"，成为往来商旅或移民聚居之地。

具体而言，郁山古镇的考察任务主要涉及以下三个方面：第一，郁山古镇老街及盐场的考察；第二，老街居民家谱、族谱的收集；第三，古盐井考察。前两方面基本同时进行，就当时所考察状况而言，民国时期旧盐厂位于后灶河河边，建筑仍存，但已荒废。老街保存较好，不少居民屋前有

---

① 参考周妮：《浅论重庆市彭水县郁山盐泉与"盐丹文化"》，《三峡论坛》2013年第4期。

清代所存房屋柱基，并发现"苗砖"。在老街住户家中访得郁山三江口《刘氏族谱》、郁山《向永涛家谱》、彭水三槐堂《王氏家谱》。古盐井方面，一是考察了彭水县文物保护单位新挖掘出的古代炼盐遗址，了解古代制盐工序；二是考察了历史文献中所载"飞流井"等，飞流井至今仍有"盐水"流出，亲尝仍有咸味。

最后考察了郁山之河流交通，其镇境有后灶河、中井河、郁江三条河流，前两条河流最终汇入郁江，流入乌江，乌江又连通长江，是历史时期重要的交通路线，也是历史时期郁山古镇地处深山却仍得以繁荣发展的重要因素之一。而随着现代化建设的发展，新型公路运输建设，郁山古镇不再处于交通的重心，特别是近年来，商业没落，已然没有古时的繁华，通过实地考察，古今变化原因一目了然。

因郁山古镇地处今彭水县与黔江区交界地域，是古今彭水与黔江两地间交通往来必经之地，在郁山古镇考察结束后，考察组并未返回县城，而是直接在郁山乘坐彭水县至黔江区班车。车行之路为319国道，旧时黔州之山川形势一目了然，历史文献如《元和郡县志》《太平寰宇记》《大清一统志》等所记载的这一区域山川——从脑海略过。到达黔江区主城已是傍晚，入住酒店后，考察组品尝了黔江特色——黔江鸡杂，并对黔江城区基本形势有了初步了解。

（二）麻阳滕氏与田氏在黔江

2015年4月10日，因清代黔江县县城遗址已为现代建筑物覆盖，考察组未进行遗址的考察，而直接联系了当地档案局。到达档案局后，工作人员告知，因重庆市档案局有档案电子化工作需要完成，因而馆藏的不少家谱、族谱都送到重庆进行电子化，无法提供查询，仅能将未送走部分提供给考察组参阅。非常幸运，在未送走的文献中，考察组发现了两部与麻阳移民直接相关的族谱。

一为嘉庆时期《滕氏族谱》，其谱载：

（各滕氏族人姓名略）麻邑原系七甲当差，每里十甲，朝庆册三都三甲、四甲，隆庆册载三都六甲、七甲，茂陵册载二都一甲、六甲，华庆册载二都九甲。

康熙二十年间，邑侯黄志璋均里拨甲，将高龙房、前大门房沱房、旧屋坊（房）拨入也（三）都三甲，横屋房大二晚房拨入三都三甲，马栏房拨入三都四甲，老三甲、老四甲并洞溪拨入三都一甲，续立永兴都、兴德都并原设渠都市都也，都旗都以及镇远、玉平（屏）、施秉、清溪四卫分为九里四屯，共粮一千九百四十八石零，我族系五百石零。

岂非我祖钟灵之所致乎，今麻邑族下，烟户数千，人丁数万，并外移者难以悉数。则凡在麻、在外宗派必难画一，乾隆三十九年甲午科文魁，原系秉一公嫡派，移居衡州府常宁鹅园，归麻拜祖。祖因宗派原议……族众等公议从成家字起联句十八字[①]。

---

① 嘉庆六年辛酉年新镌《滕氏族谱》，《麻阳高村续谱序》，根深叶茂麻阳高村通族全刊，黔江档案馆藏复印本，第43-46页。

该族谱追溯滕氏之发展,说明其祖起于麻阳屯垦,为军籍人员,因政治与社会环境变化,其家族人员被分配至多地充兵,而黔江区在周边土司改土归流前,有"三面土司之困"[1],是控制和防御土司的重要据点,在明时置有黔江守御千户所。因此,在黔江区有麻阳滕氏军籍移民之后裔是合理的。

二为现代所修《田氏族谱》,其记载黔江和咸丰等地田氏都来自麻阳,其源流有二:一"源于江西,到麻阳,再迁徙到黔江";二"源于浙江,到湖南麻阳,再迁至黔江"。如浙江余姚县县令田延昌的后裔田德铭(明)在余姚考取进士,后入仕湖南麻阳县任主簿,落居麻阳官村,其子孙从麻阳再迁徙到黔江。"吾族先祖原正是居住官村,其40字派也极其相似,编者认为吾族源于浙江,祖籍是湖南麻阳。"[2]

黔江《滕氏族谱》

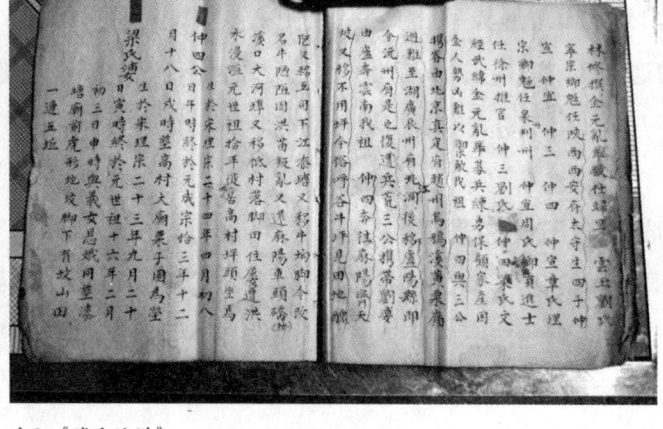
麻阳《滕氏族谱》　　　　　　　　　　二谱明确标志"麻阳高村"

所查阅到的两部族谱,《滕氏族谱》与黄权生在麻阳县等地查阅到的族谱所记载内容十分吻合,可信度很高,而《田氏族谱》因为现代所编,其真实程度不可确信。但不可否认,两部族谱对于麻阳移民研究而言都具有非常重要的参考价值,与在彭水县档案馆所查阅家谱、族谱相比较,这是我们以"麻阳移民"为中心的考察活动中,首次收获的直接相关内容。

查阅完以上两家谱及其他一些地契资料,并拍照存档后,考察组未作过多停留,在黔江简单用过午餐后,便乘坐黔江区到酉阳县班车,到达酉阳县汽车站后又换乘酉阳县城至兴隆镇班车,直奔在地名收集过程中所发现的酉阳土家族苗族自治县所辖兴隆镇麻阳寨,一个我们认为可能与"麻阳移民"直接相关的村寨。

---

[1] 周妮:《明清时期"苗疆"土司与"流官"政区疆界纷争与化解——以黔楚蜀交界地区为例》,《中国边疆史地研究》2019年第3期。

[2] 黔江田氏族谱编纂小组编:《田氏族谱·起源》,2012年,第30页。现藏于黔江档案馆。

（三）酉阳大山深处的麻阳寨

到达兴隆镇，已是傍晚。入住镇上园岭山大酒店（实为小旅馆），等待晚饭时，偶遇镇政府分管麻阳寨工作人员，其言"兴隆镇没有麻阳寨，说麻阳寨名为麻银寨"。对邻乡存在的另一麻阳寨亦无所知。又言"兴隆镇麻阳寨多为杨姓，又有何姓、田姓、谭姓等姓住户"。晚饭之后，在镇上闲逛聊天，希图通过采访获得更多相关信息，最终总结大多受访人员皆言其来自江西等地。同时，在访问过程中，得知镇政府下辖有文化站，虽然已是傍晚，但我们仍想碰碰运气，看是否能找到了解麻阳寨的人。

考察组行至镇政府文化站办公室，又见到向姓姑娘（在酉阳县前往兴隆镇的班车上已认识），其丈夫全权为兴隆镇政府工作人员，二位极其热情，帮忙联系兴隆镇文化站站长陈连，询问兴隆镇文化状况，陈站长称自己不了解。全权竭尽自己所能帮助考察组联系所有能联系到的人，包括他

酉阳下麻阳寨（黄权生摄）

认为可能对兴隆镇文化有所了解的老先生，但他们对当地文化均不太了解，对麻阳寨所知道的也很少。关于兴隆镇具体的地名来历，也没有人知道。在电话中，兴隆镇老张书记说，兴隆镇以前主要有五姓，且兴隆镇以前叫金银坪，因曾有人在现在的兴隆镇中学（原有寺庙）看见庙旁的几棵古树像金银一样闪闪发亮，故称之为金银坪。后来不知道怎么演变为兴隆坪。在寻找麻阳寨与兴隆镇名称来源之时，全权（酉阳黑水人）称自己的祖先是从浙江迁到山西然后到秀山，最后定居在酉阳的。

从镇政府驻地回到园岭山大酒店，联系租车，文先生称自己为江西起祖，并说园岭山大酒店旁原有杨家祠堂（麻阳寨说酉阳也有杨家祠堂，此可能为分祠堂）。总结下来，在沿途考察中，称自己为江西起祖的为大多数。

4月11日，在全权的帮助下，通过手机联系到土坪村的现任村支部书记杨正江先生。他为土生土长麻阳寨人，现年54岁，对自己的祖先来自哪里一无所知，也不知道麻阳寨地名来源为何。他告诉我们麻阳寨分为上、下两个寨子，1949年前，因麻阳土重，所以土坪赶场都在麻阳（下）寨。至1945年，场（即集场）迁至土坪，麻阳不再当场赶。麻阳寨现为土坪村二组。

杨正江书记首先带我们去上寨，集聚了上寨的几位老人作为我们的受访者，帮助我们了解麻阳寨的基本状况。受访者主要有杨再兴，现年70岁；杨再清，76岁；杨再达，79岁；杨再友，75岁。问及祖先出处，杨再兴老人说，其祖先为杨尚达，后来传说杨秀清，杨秀清自杀，其后代在湖北幺店子为躲避战乱进入酉阳。杨再清及杨再达均称自己来自麻阳县，并有光绪年间家谱为证。老人告诉我们麻阳寨分为上、下两寨，共有近500人口，且大部分为杨姓。在酉阳县城有杨氏宗祠供以

祭祖（杨尚达）。老人说杨姓在迁徙过程中分为了四支：一支迁到麻阳寨，上、下两寨为两叔子关系；一支迁往了恩施；一支迁往了湖北、四川交界处（疑为来凤县麻阳寨）；一支不知去向。过去生活以种庄稼为主，现在年轻人多外出务工。

上、下麻阳寨关系十分融洽，相互之间互帮互助，遇大小事皆相互串门帮忙，好为单姓人家打抱不平。1949年前，家家户户均有猎（火）枪，对付土匪，保卫寨子。并设有石头卡，以木（青枫木为炮筒）炮防守。老人说，附近土匪认为要1500多人才能围下（攻下）整个寨子，故土匪不轻易犯境，因而寨子是比较安全的。不仅麻阳上、下寨之间的关系交好，兴隆镇麻阳寨杨姓与木叶乡麻阳寨的关系以及湖北来凤县潞水镇麻阳寨的关系也非常好。老人说，他们曾与木叶乡麻阳寨杨姓合族，说明其为一家；而步行至湖北省来凤县潞水镇的麻阳寨也只需3个小时左右。相邻不远的三地均名麻阳寨，所居大部分皆为杨姓。

从与村民的谈话中发现，麻阳寨节气与其他地方的不同之处主要表现在两个节日上：一是七月半鬼节，虽然都烧包袱，但村子内的其他小组一般在7月12日过，而麻阳寨则要晚一天，在7月13日过；二是端午节，其他地方过的多为小端午，即五月初五，麻阳寨过的是大端午，即五月十五。此外，麻阳寨新年祭祖时间从旧历十二月三十至正月初五，拜年先拜祖先，再拜其他亲人。

老人言，地靠湖北来凤县，方言与之较为接近，与酉阳县城及周边有所区别。他们说"高兴"为"嗨"，"什么"为"莫子"，称"爷爷"为"伢伢"，称"奶奶"为"嫚嫚"。

黄权生、张亮、周妮和酉阳麻阳寨村民合影

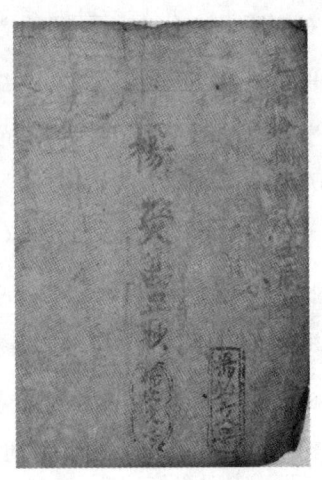
光绪十八年《杨氏族谱》

交谈过程中，杨再清老先生谈到了他的志愿军烈士哥哥杨再和。后来又带我们到他家里看《杨氏族谱》。族谱为清光绪十八年间老谱，保存较好。拍摄完老谱之后，我们与杨再和的家属李银香简单聊了一下关于杨再和参加抗美援朝的事情。结束聊天之后，杨正江书记带考察组至下寨，因天气晴朗，大部分居民都外出务农不在家。

下寨共140多人，受访者主要有何开树（现年62岁，1976年在麻阳寨当会计）和杨福钦。他们说欧、杨为一姓，秦、向为一姓。何开树老先生告诉我们，麻阳寨不赶场是1945年时将南王菩萨背走了，所以不在麻阳赶场。村民杨福钦告诉我们，以前麻阳寨杨家先辈在家即可号召几千人，其在家自制票子（票号），可在附近几县通用。因而怀疑当地可能为交通要道，商业发达，设有票号。访谈中，他们谈到湖北白福寺镇人以前亦到麻阳寨赶场。

来凤县白福寺镇是三省交界的重镇，也是文化重镇。当地村民与白福寺镇村民互往两地赶场，可推断两地间往返时间在一天之内。麻阳寨处于酉水流域与阿蓬江之间，是重要的陆路交通要道，可经今木叶乡的麻阳寨沿细沙河到古酉州塘汛两河口（细沙河与阿蓬江交汇地），沿江（阿蓬江）至龚滩镇。

2017年党的十九大报告中，习近平主席提出乡村振兴战略，并于2018年公布了中央一号文件《中共中央国务院关于实施乡村振兴战略的意见》，其中提出乡村文化兴盛之路，鼓励村志的编撰，麻阳寨作为典型的"麻阳移民"村寨，承载了特殊历史时期的特殊历史文化，保留和传承了代表"麻阳移民"的文化符号，具有重大价值，是此次考察活动收获最多的一站。

黄权生、周妮在上麻阳寨调研

居民家中神龛

（四）秀山"麻阳街"

2015年4月11日考察结束后，我们返回兴隆镇住宿，于12日一早出发前往秀山县，途经酉阳县龙潭古镇。龙潭古镇与秀山县接壤，其自蜀汉以来即为酉阳县重要驻地，曾驻扎"县丞""巡检""州同"等，保存有大量明清建筑，包括天后宫、禹王宫等，考察组对其进行了简单的考察。

龙潭古镇考察结束后，于下午抵达秀山苗族土家族自治县，并直奔地名中所记录的"麻阳街"。据地名录记载，秀山县支农街"原名麻阳街，1965年更名为支农街"①。根据导航所指，直达支农街。据清代文献记载，麻阳街原为清代秀山县城主要街道。而到达支农街，发现经过新的城市建设规划与现代化建设，已然没落，成为一条少有人问津的支路，除居民外，基本无商业活动，

---

① 四川省秀山县地名领导小组：《四川省秀山县地名录》，1983年，第10页。

也正因此，街道并未发生大的改变，基本形势仍可见。进入巷道一直往前，可发现此街道跨越清代所建秀山县城城墙（旧址），直通梅江码头（据江边居住的80岁吴姓老人讲，"秀山的梅江河以前可以放木排，通过沅江到常德、岳阳一带，以前梅江河水更大一些，最多可以通行240吨大船"，即那里曾经有码头），且与附近天后宫、万寿宫等旧址邻近。反映出当时麻阳街所处地理位置之重要及其与河流交通之关系。

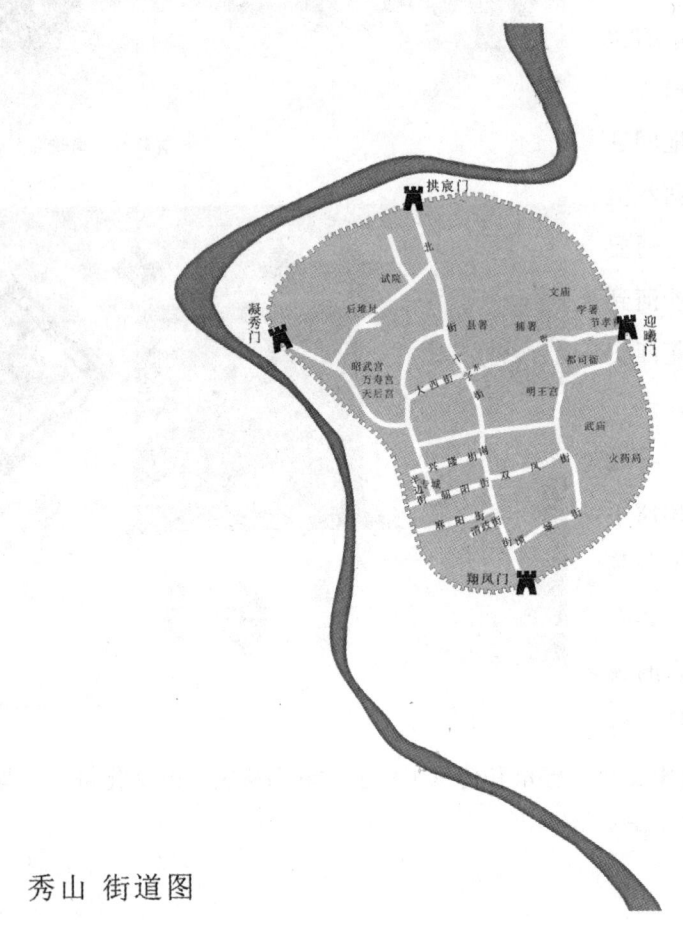

秀山 街道图

从码头折回，考察组与工作于秀山县、毕业于西南大学历史地理研究中心的硕士研究生王高飞汇合，沿清代秀山县城墙旧址前行，深入了解与认识清代秀山县城之基本形势，直到天黑，方前往秀山县美食街，感受秀山县当地饮食文化。

13日早，因王高飞有工作在身，不能陪同前往调研，考察组三人自行前往秀山县档案局。遗憾的是，因工作人员在外出差，未查询到相关档案，仅探得2001年新出版的《秀山县志》与1989年修订同治时期编撰的《谭氏族谱》（族谱记其为江西移民）。

---

① 底图来源于《重庆历史地图集》。

秀山古码头遗址

13日下午，此次考察活动基本完成，考察组乘坐火车返回重庆主城。次日，为补充和完善考察中所收获信息，考察组又前往重庆市档案局查找相关档案，获取了关于"麻阳移民符号"——麻阳票、麻阳船、麻阳兵等相关档案数份。

至此，此次以"麻阳移民"为中心的渝东南考察活动第二期基本结束。自7日始，至14日结束，历时一周，基本获得了相关信息，对于"麻阳移民"在渝东南的活动与分布等有了较为全面的认识，并能将其与周边"麻阳移民"联系起来，为整个"麻阳移民"研究提供更为全面的信息与参考。

三、结语

本文渝东南麻阳地名只是麻阳移民地名的几个个案，是麻阳移民点的冰山一角；课题组经过考察，认为重庆合川滕、田、高、阙氏是来自麻阳，潼南有五个滕姓村庄全来自麻阳，鄂西南利川滕家院子、利川麻阳巷、宣恩、来凤数个麻阳移民点均来自麻阳，而保靖、花垣麻阳也如此。贵州松桃麻阳街、印江麻阳街以及铜仁地区多个麻阳地名均来自麻阳移民而形成的地名。其中潼南、合川、石柱、利川、咸丰、宣恩、来凤所有滕氏村或地名无一例外的是麻阳移民形成的麻阳家族后裔地名。课题组还考察发现，沅陵麻阳街、常德麻阳街、汉口麻阳街、宜昌麻阳寺等与麻阳相关移民地名均来自湖南麻阳。而麻阳移民有自称是"江西起祖",这显然符合"江西填湖广(南),湖广(南)填四川"移民迁徙路线,其中"湖广填四川",麻阳祖源地和中转地地位从地理和现实考察而言,更具可能性。

2020年1月在麻阳考察发现湖南麻阳将麻阳叫"麻城",而原县城附近码头所在下角村原叫"孝感乡"。与之相比较,截止目前,关于麻城或者是孝感地名,在四川、重庆、贵州、湖南和鄂西地区无一可以考证并对接的移民地名或家族地名。而数量巨大并可对接的"麻阳"移民地名应该触发学界对"湖广填四川"的移民重新认识,同时关注麻阳移民研究。

探寻猫儿峡

易宇

作者简介

易宇，男，1982年生，重庆人，历史学硕士，就职于重庆社会问题研究所，主要从事重庆历史地理文化研究。

初中上地理课时，学到长江在经过重庆时，分别穿越中梁山、铜锣山、明月山三座山脉形成三个峡谷，即猫儿峡、铜锣峡、明月峡，也被称为重庆长江三峡。猫儿峡作为重庆长江三峡的第一峡让我十分好奇，为啥叫这个名字、有什么寓意？儿时坐火车路过此峡，我每次总是仔细观察窗外，希望能发现什么特别的风景。读研时，在阅读《蜀水经》时，发现关于猫儿峡的记载："江水又东经大茅峡，俗称猫儿峡，亦称青石尾，有栖真洞，相传茅君栖隐处。"[①]那时候我知道了猫儿峡的由来，栖真洞、青石尾这些地名便深深印在我脑海里。这个承载我儿时记忆、学生时代梦想的地方又唤起了我的探索欲望，使我萌生了前往猫儿峡一探究竟的想法。

---

① （清）李元：《蜀水经》卷五《江水五》，巴蜀书社，1985年，第278页。

一、铜罐驿

通过资料搜集和先期探路，在2020年5月16日，利用军哥书屋讲座的机会，我带领大家一起穿越猫儿峡，通过现场讲解让大家更直观地了解猫儿峡的古往今来。

早上9:58，大家乘坐5612次列车从菜园坝出发，沿着成渝铁路前进，于中午11点抵达此次考察的起点铜罐驿火车站。铜罐驿火车站原名冬笋坝，曾经是古巴国的一个重要聚落，1954年西南博物院在此发掘了一个大型巴人墓葬群，出土了包括船棺、青铜剑、桥形币在内的大量文物，为我们了解古巴国历史提供了重要物证。

讲述长江险滩

铜罐驿火车站原为成渝铁路上一个拥有7股到发线的三等站，1951年建成通车后，这里成为一个重要的货物中转站。当年綦江的煤铁通过綦江铁路运到对岸的猫儿沱，然后渡江在这里重新装车后运往重庆，以供工厂和城市日常生活所需。1959年白沙沱长江大桥通车，綦江的煤铁不再需要在猫儿沱中转，铜罐驿火车站逐渐衰落。不过，随着70年代襄渝铁路的修建，由于当时技术条件无法穿越中梁山，所有火车都是经过西铜线进入重庆，铜罐驿的地位再次提升。80年代中梁山隧道建成通车，铜罐驿火车站地位一落千丈，如今已经成为四等站的它，只有那7股到发线还证明了当年的辉煌。

在铜罐驿吃过午饭，便沿着铁路前进，此时已经是正午，烈日当空，十分考验大家的体力。《蜀水经》中记载从铜罐驿火车站到猫儿峡口先后经过"梅子口、虎跳口、红岩碛、鸡心石、荷叶滩、铜罐驿、猫儿碛、观音碚、斑竹沱"，而"观音碚，著名险滩也"[①]。如今沿着铁路前进，沿途只见长江水平静地流淌，已经完全看不到了古籍中记载的险滩。经过中华人民共和国成立后对长江航道的整治，文献记载的险滩早已消失，只有那矗立在江边的绞滩站遗址仿佛还在诉说当年行船的艰难险阻。

沿着铁路走了3千米多，来到了铜罐驿老街，这里才是历史文献中记载的铜罐驿。铜罐驿又名铜罐水驿，曾是明代巴县境内长江上三个水驿之一[②]，万历九年（1581年）被裁撤[③]。这里曾是长江上重要水驿，也是江津顺江场向北进入巴县的重要津渡。但随着现代交通工具的使用，铜罐驿开始

---

① （清）李元：《蜀水经》卷五《江水五》，第277页。
② 嘉靖《四川总志》卷九《郡县志重庆·公署》，《四库全书》本。
③ 杨正泰：《明代驿站考》，上海古籍出版社，2006年，第79页。

慢慢萧条，特别是成渝铁路在冬笋坝设立铜罐驿火车站，使冬笋坝逐步繁华起来，1955年3月冬笋坝建镇，1985年6月冬笋坝镇改名铜罐驿镇，原铜罐驿乡被裁撤并入冬笋坝镇[①]，铜罐驿的地名至此时起就彻底发生迁移，老铜罐驿逐步淡出历史舞台，只有那孤零零的青石板路还诉说着当年车水马龙的繁荣景象。

二、猫儿峡

铜罐驿火车站

离开铜罐驿老街，继续沿着铁路前进，穿越了铜罐驿隧道来到猫儿峡口。今天的猫儿峡在古代其实是由两个峡组成，一个叫大茅峡，道光《重庆府志》中记载："《元统志》有栖真洞，在巴县西八十里大茅峡内。相传茅君升仙于此，故名。峡曰大猫，洞曰栖真。朱锡谷曰：按《列仙传》，大茅君，名盈，字叔申，茅濛之孙，汉地节中，得道于金陵句曲山。此当是传会，俗呼猫儿峡。王渔阳《蜀道驿程记》：过猫儿峡，连峰叠嶂，亏云蔽日，一山突起，石棱刻露，其色青碧，曰青石尾，长年云，夏秋水涨，石尾没，则舟不敢行。"[②]《蜀水经》中记载："此峡石坚，棱齿错愕万状，嘘云吐月，孔窍玲珑，悬空瀑布，雪飞风鸣雷吼，四时不辍，形既奇特，而江水直捣峡根，盘涡

铜罐驿老街

远眺猫儿峡

漩转，舟最难行。"一个叫峰穷峡，"峡口有蜂窝子，大水激而为漩，舟轻则出，舟重则没"[③]。峡口处有一个提水泵站，坐落于莲花碛上，此碛石向长江中延伸。观察周边的航道，发现轮船大都

---

① 重庆市巴南区地方志编纂委员会：《巴县志（1986—1994）》，重庆出版社，2002年，第21页。
② 道光《重庆府志》卷一《舆地志·山川》，清道光二十三年刻本。
③ （清）李元：《蜀水经》卷五《江水五》，第276—277页。

废弃的煤窑桥

王爷庙洞

沿着长江南岸航行，很可能莲花碚外存在暗礁，由此分析，莲花碚很可能就是古籍中记载的青石尾，此乃猫儿峡第一险要。

离开提水泵站，沿着废弃的成渝铁路进入猫儿峡，很快就来到了著名的煤窑桥。煤窑桥是成渝铁路上的一座石拱桥，修建于20世纪三四十年代，也是新中国第一枚铁路建设邮票原型取景地。1987年成渝铁路电气化改造后，因其附近线路曲线半径过小而废弃。如今桥周围已杂草丛生，只有通过无人机航拍才能勉强看见全桥的真容。

穿过煤窑桥继续前进，来到了蜂窝子隧道前，此处有一个界碑，是大渡口区和九龙坡区的分界线，同时也是大茅峡和峰穷峡的分界线。长江在此由于受到峡谷的束缚，加之江底有许多暗礁，江水变得有些湍急，江面上出现许多漩涡，故名蜂窝子。如今航道经过整治，航行条件大大改善，原来漩涡大都消失，只有靠近山崖边的江面能看到少许漩涡。如今的蜂窝子隧道是由以前蜂窝子和王爷庙两个隧道构成，当初为了防止山石崩落影响火车运行，遂将两个隧道合二为一。隧道中间有小路可以走到江边，看见山崖上有个洞，当地人称王爷庙洞，据说里面曾经有座王爷庙。在洞的旁边还刻有"岷江一束"四个大字，据传乃北宋嘉祐四年（1059年）苏轼自四川眉山去汴京途中，于此停舟上岸祭拜时手书，被王爷庙的僧人刻于崖壁之上。随着时间的流逝，山崖上的字迹已经斑驳掉落，如今勉强能看见"岷江"二字。从隧道旁沿着一条小路上去便看见一个山洞，当地人称月亮洞。月亮洞是一巨大天然溶洞，入洞约50米有一大厅，抗日战争时期是国民政府21兵工厂火工车间，中华人民共和国成立后曾作为战备调度所和库房。

穿过蜂窝子隧道就来到石场火车站，这里地处中梁山脉，盛产石灰石。成都铁路局最先在此处修建采石场生产道砟，故得名石场。此后重钢、小南海水泥厂也在此处开采石灰石用于炼钢和生产水泥。

离开石场火车站继续前进，穿过金家崖隧道便走出了猫儿峡。望着江对岸的珞璜镇，想到《蜀水经》中记载："江水又东北经峰穷峡。石壁刻句曰：终古迟新月，半边碍夕阳。俗称落黄镇，即古珞璜峡。"①如今望过去，不但没有看见石壁上的题刻，就连石壁本身都不见了，取而代之的是一个新建的码头。古人留下的遗迹已经消失，剩下的只有书中的记载还能让人记住曾经的历史。

峰穷峡（珞璜峡）

穿越猫儿峡的整个行程中，没有看到古籍里记载的栖真洞、青石尾和悬挂在山崖间的瀑布，实在有点遗憾。尽管现在有人说月亮洞便是栖真洞，也有说刻有"岷江一束"的王爷庙洞是栖真洞，但是根据古籍记载和实地考察，我认为都不是栖真洞。首先，猫儿峡在古代是由大茅峡和峰穷峡组成，栖真洞是位于大茅峡内，而明月洞和王爷庙洞都位于峰穷峡内，位置不对。其次，我在前期探路时，询问过周边的居民，据说峡内并没有什么较大的山洞，只有几个后来开采煤炭开挖的矿洞，我还一路爬到山顶寻找此洞，但是一无所获。后来想到栖真洞很可能原本就是一个传说的山洞，本身是不存在的。后人在探寻栖

峡谷中探索大茅洞

真洞未果的情况下，对猫儿峡的定义发生了变化，误以为猫儿峡是山中岩石长得像老虎，故名猫儿峡。如清代乾隆年间文人张问陶的《猫儿峡》诗这样描述："石斓文章出，横空半壁蹲。山容留禹

---

① （清）李元：《蜀水经》卷五《江水五》，第276页。

凿，峡意仿夔门。洞杂精灵守，林荒虎豹尊。人烟可断续，一犬吠云根。"晚清文人赵熙有《猫儿峡》一诗："乡中往往讳言虎，地是古志毛虫处。兹山嶙嶙唤作猫，奇哉江津此门户。高逾江面知几里，刀截悬崖无寸土。年深注水作肉色，铜锈瓜皮结钟乳。自泸州下多小山，惟少岷山天一柱。翩翩小儿穿绿衣，突遇黄斑耸肩股。大抵论山如论文，第一雄奇次媚妩。以此问猫猫不驯，铜官驿前驾飞橹。"在清代中后期就出现了认为山岩长得像老虎故名猫儿峡的观点，可见当时栖真洞就可能已经看不到了。随着成渝铁路从峡谷穿过，周边的地形地貌又有了较大的改变，使栖真洞无踪可寻，也让猫儿峡的最初得名缘由成为了一个无法寻找定位的传说。

三、白沙沱

沿着铁路穿过白沙沱镇，就来到被誉为万里长江第二桥的白沙沱长江铁路大桥。该桥于1959年12月通车，是川黔铁路的起点，也是四川盆地第一个南向的铁路通道，打通了四川盆地同华南地区的联系。2019年该桥停止使用。旁边的新白沙沱长江特大桥是世界上首座六线铁路钢桁梁斜拉桥和首座双层铁路钢桁梁斜拉桥，它的建成标志着盆地的南向通道更加畅通，与华南、云贵地区的联系更加紧密。

离开白沙沱大桥，来到这次行程的终点小南海站。小南海岛原名龟停山，同治《巴县志》中记载："龟停山，六甲，城西六十里，岷江之中，宛若龟形"[①]，后因与浙江南海普陀山相似而得名。15年前我在小南海变电所定检的时候，曾经有幸上岛一游，看见岛上还有观音庙的遗址，根据遗址的分布，可以想象当年岛上香火旺盛的景象。如今小岛已经无船可去，只能远观遥想。

新旧白沙沱大桥

龟停山（小南海岛）

---

① 同治《巴县志》卷一《山》，清同治六年刻本。

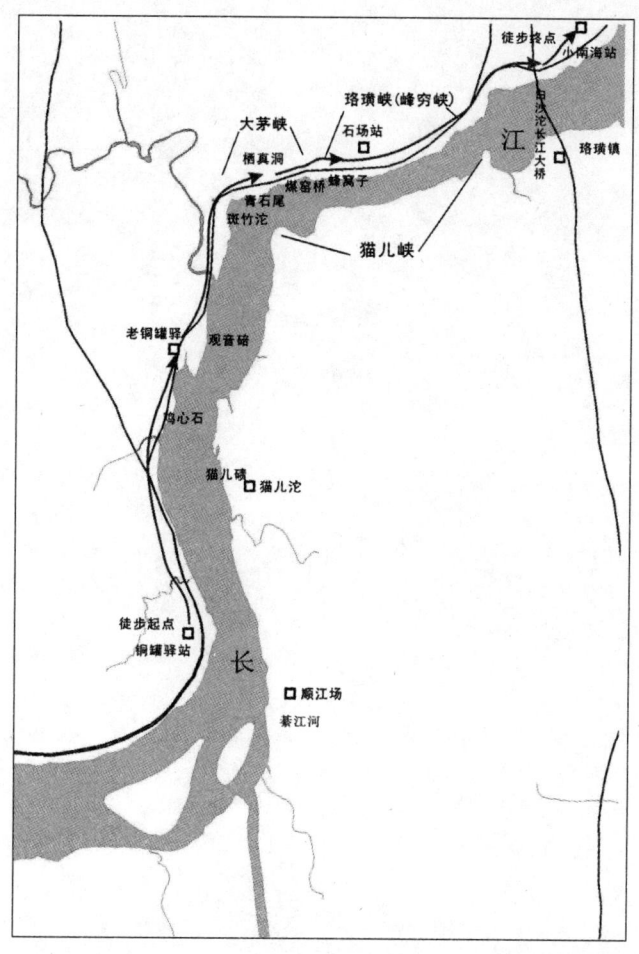

考察线路示意图

四、结语

  此次穿越猫儿峡全程11千米，用时5小时，跨越九龙坡、大渡口两区，尽管有很多古迹没有看见，但是也有不少收获。读万卷书，行万里路，做到知行合一，才能真正领略到先人记载的精髓，而让自己的眼界更加开阔。

中外田野学术交流

中国西南行纪：从四川到滇西

[英]亚历克斯·何塞著，孙琳译

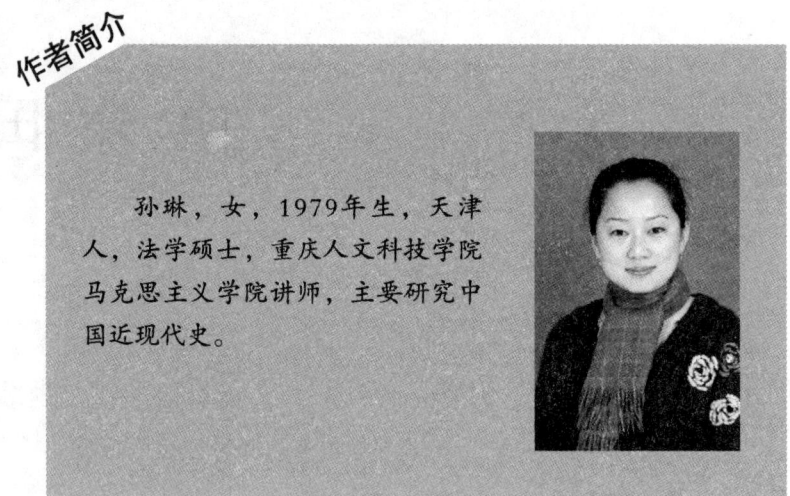

作者简介

孙琳，女，1979年生，天津人，法学硕士，重庆人文科技学院马克思主义学院讲师，主要研究中国近现代史。

译者按：亚历克斯·何塞（Alex Hosie, 1853-1925），中文名谢立山，曾任英国驻重庆领事、驻成都总领事等职，游历西南地区，搜集有关商业、地理等各方面信息。本文于1886年2月22日在皇家地理学会的晚间会议上宣读，刊载于当年6月出版的《皇家地理学会会议记录与地理月报》第8卷第6期，记述了作者1883年初游历川滇的见闻及对本地区交通、商贸的看法。由于个人偏见与意识形态等原因，文中对民族、历史的认识或有不当，为保留原貌，亦照原文译出，请读者明辨。

六个世纪以前，伟大的威尼斯旅行家马可·波罗穿越了整个大汗国。从那以后，朝代更替，时过境迁，语言、风俗、人民，甚至自然面貌都已发生巨变。如今的中国也已不再有马可·波罗时代那般的辉煌与荣耀。尽管腐朽的保守主义侵蚀着她的肌体，但她仍旧是一个伟大的国度；以西方的标准而论，她的民众虽有不足之处，但却仍具素养，若加以发展，亦可在未来推动她成为一大强国。直至最近，其统治者的保守主义使其边远省份对西方国家而言仍是一片未知之地。不过，事态的进展已迫使她极不情愿地逐步向不期而至的异邦之人开放其最神秘遐远的地区。

人们对马嘉理（Margary）被害一事仍记忆犹新，这一不幸事件迫使中国撤除了在西部诸省设置的重重障碍。自那时起，几位先驱者已经穿行过这片广阔的地域，作为其中的一员，我将向诸位报告我手头的工作。

华西只有部分地区曾被考察过，其最大商业中心是重庆，1881年，我被任命为驻当地的代理领事，从而有机会向广大同胞提供更多关于其商贸和自然地理方面的信息，不用说，我对此高兴不已。我的某些工作成果已经体现在1883—1885年间出版的三本议会报告中，但对于公众而言，它们过于繁细，毫无趣味，并且许多地方都是追随前人的足迹。因此，我认为最好是向皇家地理学会提交一份在新区域进行游历的报告。

1883年2月11日，我从重庆启程，前去考察四川省最南面的宁远府（Ning-yuan Fu）和云南西部的大理府（Ta-li Fu）之间的地区。1872年，李希霍芬（Baron Richthofen）也曾选定这一地区作调查；然而，遗憾的是，在四川省城与建昌（Chien-ch'ang）河谷间的第一个关隘，他就不得不放弃。1878年，巴伯先生（Baber）[①]抵达宁远城，但他的成就正如诸位所知，他一心想要深入了解金沙江（River of Golden Sand），于是便继续南行，接着向东，继而往北，又回到四川省。我们从重庆出发，经自流井（Tzu-liu-ching）前往省城成都，这也是另一位著名探险家、已故的吉尔上尉（Captain Gill）所走的路线。从成都开始，我们向西南方而行，经过砖茶制造中心雅州府（Ya-chou Fu），再翻越大相岭（Ta-hsiang-ling）至清溪县（Ch'ing-ch'i Hsien）——前往打箭炉（Ta-chien-lu）和西藏（Tibet）的贸易要道在此分路；接着渡过大渡河（Ta-tu river），经越嶲厅（Yueh-his T'ing），翻小相岭（Hsiao-hsiang-ling Mountains）——穿越那些雪山之时，我们很多随从都发烧病倒了；然后就抵达泸沽（Lu-ku）——它位于安宁河上游两条源流的交汇处附近，地处广阔的宁远平原的北端。我们距宁远城仅20余英里。温和的南风吹来生命的气息，吹进患病随从们发热而又劳累的躯体，他们开始恢复。因而，我们花了好几天才走完这段路。3月19日，我们越过平原东侧山峦伸入平原的最后一个山嘴，经过城郊精心种植、林木繁茂的果园，穿过一条挤满驮盐牲畜的热闹大街，于下午早早地就由西门进入宁远——在华西通常称之为建昌府。巴伯先生详细描述过明初宁远故城所遭受的那场灾难，其废墟据说被埋在今城东南面的漂亮湖泊之下。如果传言属实，那么，当马可·波罗穿越建都（Caindu）之时，这个湖并不存在，但我们却发现他曾提到该地区有一个出产珍珠的湖泊。这就很奇怪，虽然我还没有读过这个威尼斯人游记中在建都游历的那部分，但诸多迹象表明，这个湖就是出产珍珠的那个湖，我还查看了珍珠样品。

离开宁远后，我们沿着湖泊西岸而行，向平原西南边缘的低山前进。走了8英里，抵达安宁河（An-ning river）左岸，乘船过河，继续向南，经过一片沙质荒地，其边缘筑起密实的芦苇篱笆，以防沙石吹来掩埋耕地。继续向南，平原上分布着土砌房屋和村庄，适于耕作的田地四周都种满了桑树。在华西地区，泸沽以南的平原以其土地肥沃而著称；但是，从那里直至宁远南部，平原自东

[①] 中文名贝德禄。——译者

向西平缓倾斜,河流奔腾在其西缘的高山之下,几乎不能用于灌溉。因此,平原的大部分地区主要依靠降水作为补给,而我们到来之前的一个月时间里,当地并没有降雨,干旱龟裂的土地上生长着矮小的罂粟、小麦、蚕豆等作物,与我们所了解的关于这片天堂乐土的动人描述形成强烈对比。不过,在宁远南部,平原相当平坦,蜿蜒其中的河流广泛用于灌溉田地。尽管幸运之神亲睐建昌河谷,但其诸多村落的居民看起来却过得并不幸福。他们给游历者最深刻的印象就是普遍患有甲状腺肿大,男女老幼都不例外。当地人将此归咎于食用盐源县白盐井(Pai-yen-ching)的劣质盐。其理由是,宁远府北部的盐来自于北面的盐泉,食用这种盐的居民很少患甲状腺肿大,而宁远南部则只能食用本地盐,这种病就很常见。这与我1882年在贵州省考察时所听到的当地山区居民的陈述完全不符,那里的人也普遍患有甲状腺肿大。他们一致认为,这种病症正是由于食用了来自四川北部盐泉、供应贵州全省的那种盐。然而,患病的真正原因无疑应该与当地饮用水中所含的钙质和其他物质有关。

小镇"河西"(意为"河的西面")位于安宁河(An-ning)与雅砻江(Ya-lung)之间分水岭山脚下的转弯处,是出宁远城后的第一站。这里也有与大自然相抗争的故事。一条小河从西面的山峦流下,穿过该镇,在平原上汇入安宁河。1881年,一场猛烈的冰雹袭击了山区、平原,小河变成了奔涌的洪流,几乎摧毁了整个小镇,估计约有1000人被击毙或淹死。

我们沿小河溯流而上,攀爬数小时,到达山脊,由于西南方的盐泉与宁远府之间频繁的往来运输,山间坚硬的石灰岩质道路磨成了深达12英尺的沟壑。东面山坡陡峭,长着茂盛的杂草,越过山脊才能看见耕种的痕迹,但也只是各处零星散布的小块土地,种着大叶女贞、梨树和其他果树,而那些未耕地上则长着低矮的松树。翻过山脊,道路就只是一条马道,沿着山腰向西偏南方延伸,在此,我们已能看见南面雅砻江的绿色江水,它流向东北,但前方因受山体阻隔而急转向南流去。可以想见,该地区人口相当稀少,行走一整天,偶尔才能看见一座茅屋,使旅行者精神为之一振。

离开宁远后的第二程晚间,我们在得力堡(Tei-li-pao)歇宿,可以俯瞰雅砻江。次日一早,从陡峭的山坡上下来,抵达江边。沿左岸攀爬4英里,穿过由茂密的刺梨树篱——如此大范围生长的刺梨,在华西地区还是第一次遇到,随后乘舟渡江,到达右岸的关卡河边村(Ho-pien Hsun)。雅砻江宽约200码,江水很深,流速较平缓,但当它流到我先前提及的急转弯处时,河道缩窄,江水猛烈冲击暗礁,卷起阵阵波涛。雅砻江不能通航,绿色的江面上仅有三条长约30英尺的渡船。岸边巨石成行,我们沿着关卡下游布满卵石的河床走了一小截,然后转向西南方,沿一条溪谷而上——沿溪而下则汇入干流。所经地区逐渐变得开阔,自从离开宁远平原后就难得一见的耕地又出现在东南方的平缓山坡上。在雅砻江陡峭的岸侧艰难跋涉过后,本以为可以在小溪左岸的小镇杭州(Hang-chou)好好地休息过夜,但我们的期望却落空了。爬上一座低矮的山丘,我们惊讶地看到一片烧焦的废墟,该镇已在数天前被放火烧毁。走进小镇,看见原本盼望中的客栈已经一片狼藉,无家可归的百姓挤在为数不多的残存房屋里。人们还没有开始重建家园,大量游民无所事事,蛮力无处发泄。我们的到来给了他们机会。我们费了九牛二虎之力才找到一处居宅,刚安顿下来,一群粗野无礼的人便围了过来。他们确实很蛮横,而且虎视眈眈,稍有差池就会引发一场骚乱,我们不得不请求地方官出面干预弹压。官员虽然来了，但却也无能为力，人们并不理睬他的命令。他只好离开，形势越发严峻。最终，我的随从与暴徒们展开一场混战。此时此刻，我就必须介入，游历中国各地，我第一次、也是唯一一次被迫拿出左轮手枪。让人们都看到这件武器就足够了，在它的威慑之下，四名向我们发出死亡威胁的头目被抓起来。虽然当晚平安无事，但有人声称次日要进行报复，地方官及时地向我们发出警告，承诺提供一切可能的保护，并陪伴我们走完下一程。拂晓，他按时前来，我们也乐得赶紧离开杭州这个是非之地。

杭州所在的河谷向西南方逐渐收缩。再次渡过小溪，道路在山腰上延伸。不过，继续前行，群山很快就消失了，地势变得上下起伏。我们在低矮的松林和茂密的草丛之中攀登行进，经过诸多没有开工采掘的铜矿，山脊处的道路几乎与两边白雪皑皑的山峰不相上下。在这里，一场雷雨耽误了我们的行程，刺眼的闪电划破天际，隆隆的雷声在周围群山间反复回响，仿佛是在炫耀宙斯（Zeus）创造者的功绩①。然而，寒冷的冰雹和委身过夜的简陋泥屋随即把我们的思想从浪漫的幻想带回到游历生活的残酷现实中。不过，杭州的地方官将我们送至盐源县——因为我们未按时到达，致使那里的官员惊慌失措，对我们的人身安全忧心忡忡，还派来信使和士兵探听原因。除了有一小段路蜿蜒曲折之外，下山前往盐源的道路还算比较容易。我们沿着一条小山涧下行到山谷中，走上一条西向的平坦道路，接着就进入盐源县城，它位于一片平原的东北角，背靠一系列东西走向的高大山脉。在这里，对杭州所发生暴行的处理令我们满意，虽然居民代表并不情愿，但还是通过他们给百姓一个教训，学会如何对待西方来的陌生人。

盐源城虽然小，但却是与云南相毗邻的县的治所，该县铜、盐资源丰富，也是寄生于女贞树上的勤劳、有趣的生物——白蜡虫——的主要产地之一。盐井位于县城西南14英里的白盐井，我们经由一条横贯平原、路况良好的道路前往那里，其间亦有几条西北流向的小溪。农民们利用这些溪流进行灌溉的方式令人称奇：溪水在此处流向某一方，而在另一处则流向完全相反的方向。这片平原是四川省为数不多的以马车作为运输工具的地方。白盐井的盐井与我们此前途中所见成都和重庆之间著名的自流井有诸多不同。前者只有两口井，而且比较浅，仅50英尺深。而自流井的盐井数以百计，许多都深达两三千英尺。如此的深度就需要复杂——但并不科学——的机械来汲取盐卤。在白盐井，不用竹筒、绳索和水牛，只用以竹子箍牢四周当作提升柄的小木桶就足够了。在一面井壁的中间搭建一个台面，盛满盐卤的木桶即可由此传送给上面的工人。将其从盐井送到煮盐棚后，我们看见散布着许多顶部开有圆孔的泥炉，里面放着用邻近地区所采铁矿炼制的锥形锅，高度从1到2.5英尺不等。将锅充分加热，倒入一大勺盐卤，水气蒸腾之后，盐就沉淀下来。重复这个过程，直至形成大约4英寸厚、与锅相同的锥形盐块，然后将其取出，准备运往市场售卖。必须很小心地保持锅底微微湿润，否则，锥形盐块就会开裂，不适于驮畜在崎岖道路上的运输。泥炉里所使用的燃料是白盐井西面7英里处黄土山丘下埋藏的一种烟煤。而自流井则是用竹管输送盐井附近矿坑中抽出的天然气来煮盐，并且那里的蒸锅又大又浅。白盐井每日出盐不超过两吨，其成本包括官府税额在

---

① 宙斯为克罗诺斯和瑞亚之子，是人类的保护神和统治者，司气象和大气现象（如雨、雷等）。——译者注。

内大约每磅三个半便士。由于该地区人口稀少，因而，其供应区域远大于预期产量下的供应范围。

马可·波罗穿越建都州之时，此地处于西蕃（Sifans）控制之下，毫无疑问，当时作为货币使用的盐块正是从这些盐井里蒸煮出来的。

虽然从白盐井到云南省界直线距离不足40英里，但却耗费了5天时间，我们的"进程"——我很不想使用这个词——就是一个山区旅行的漫长故事。我们好几次就快要走近省界了，但却因难以逾越南面和东南面长满松树的山峦而被迫折返。南面的山脉呈东—西走向，其中本来有道路可通行，但山脉之间溪流河床上却有巨大的卵石阻挡，为了避开它们，我们一整天——有时长达13个小时——都沿着陡峭的山坡爬上爬下，虽然拼尽了全力，但仍行程缓慢。不难想象，农业耕作在这样一个地区并不突出，但我们却发现大量适应崎岖山地的牲畜——山羊。当途经大米不济、物资缺乏之地时，羊肉价格也相当昂贵。向西而行，我们看到诸多蛮子（Mantzu）部落聚居之地，不过，他们的地盘主要在省界另一边。哨山（Shao-shang）位于抵达云南之前的最后一道山脊上，6名倮倮人（Lolos）受其首领派遣在此迎候我们——汉人官府提前向其通报了我们到达的消息。当我们站在山岭上凝望云南的群山之时，其中一个身材高大、孔武有力、颇有王者风范的人站出来，向我们致敬。其后，我们留意到，在川滇交界处，倮倮居于东，蛮子居于西，而汉人则控制着分隔这些异己种族的狭长条状地带。虽然同为异族，但反差何其强烈。东面的倮倮处于汉人包围之中，却未被同化，仍保持着其独特的服饰，而且反倒将与其领地接壤地区的汉人掠为奴隶；而西边的蛮子，穿着打扮与征服他们的人别无二致，胆小怯懦，一有陌生人靠近就逃之夭夭。不过，如同华西其他部落的妇女一样，蛮子妇女也还保留着其本族的服饰——虽然工艺不甚精巧，但装束打扮与其欧洲的姐妹部落非常相似。只不过后者并不缠头巾，也不赤脚走路。

回龙场（Hung-lung-ch'ang），当地人称为棉花地（Mien-hua-ti），是川滇交界处的小城，位于一条东西向的高大山脉之下。经过5个小时的攀登，我们抵达山顶，凭高远望，可以看见西南方另外7条相同走向的山脉；再向南望去，一条闪闪发光的"缎带"映入眼帘，那就是壮阔扬子江的源头——金沙江。这些砂岩山脉山顶上长着黑松，而山坡上则是茂盛的青草和灌丛，成群的矮马、水牛、绵羊和山羊正在其间吃草。九垭坪（Chiu-ya-p'ing）在川滇边界以南两站地，是一个土墙环绕的市镇，有5000多居民，其外围有两个蛮子部落：傈僳（Li-su）和白夷（Pai-yi）。它也是进入云南省后第一个分路的城镇，有两条路可通往永北厅（Yung-pei T'ing）。虽然我们选择了据说较为便利的那条，但途中却被迫绕道而行，本应由北面进城，实际上是从南面而入。该城位于一个长5英里、宽2英里的平原中部，北面以一条半圆形的山脉为界，东面是一条南北走向的高大山脉，西面是和缓的丘陵，南面则是略为伸入平原之中的低矮砂岩山岭。这些山岭的东、南方分布着众多水塘和小溪，其岸边覆盖着一层薄薄的碱性物质。永北厅城并不甚重要。其所在的平原属粘质土壤，蚕豆和罂粟的产量还不及四川的平均水平。不过，由于它是缅甸与云南之间经由大理府贸易往来的中转点，因而同样值得一提。

自永北厅起，道路向西南方伸向平原的边缘，接着，越过长满松树和橡树的丘陵，随后，一个位于南北向平原之上的大湖便映入眼帘。我们看见，平原东面的山坡上有一条道路的痕迹，据说，在回民起义之前，它是联系大理府和四川的交通要道。然而，曾经宽阔平整的路面如今杂草丛生，灌木繁茂。湖泊长10英里，最宽处约5英里，湖水清澈，道路在其东岸，也很平整。这个湖在中国地图上被称作程海（Ch'eng Hai），但湖畔居民则只知道它叫黑雾海子（Hei-wu Hai-tzu）。平原上散布着众多用泥巴围筑的村落和房舍，破烂不堪，当地百姓也极为贫穷，在炎热的夏天仍然衣衫褴褛。

我们向湖泊南端而行，在平原上来回穿越，以寻找中国地图上都标示出的连接程海与金沙江（或称金江，即马可·波罗所言之不里郁思河）的那条河。但我们一无所获，虽然经过了一两条水量不大的深沟，但都是流向湖中，而非自湖流出。不过，继续南行，平原东边有一条小河，另有一河从西面而来，与之相汇，水量增大，流向金沙江。走近此河，平原（其绝大部分被闲置荒芜，其余则种有甘蔗、棉花、罂粟和蚕豆）也逐渐收窄，河道因受低山约束而南流，行抵山下，道路转向西及西南，以达金沙江左岸的金江街（Chin-chiang-kai）。此处的江水与其流经中国中、东部省份时的状况形成鲜明对比。在这里，江面宽约300码，水色明净，沿卵石河床缓缓向东流去，但不久，它就会束缚于荒凉的高山峡谷中，最终成为一条浊流，并且越接近大海就越加浑浊。此时的水位较低：西藏高山上的雪尚未融化流下，还没有搅乱平静、清澈的江水，不过，金江街的房舍都修建于花岗岩基石上，其下用厚实木板牢牢支撑着，高出卵石河床50英尺，表明了江水每年可能上涨的高度。巴伯先生已经反驳过关于这条江在东面很远的某个地方的适航性问题，我只稍加补充，当我就此疑问询问摆渡者之时，他们面带讥笑，怀疑我的神志是否正常。傍晚，在金江街以西数百码之处，我们受到当地官员的热情迎接。当晚，在潺潺水声中，我们于卵石江边安然入睡，享受了一个静谧的夜晚。次日，我们在河道由北流向东转的急弯处渡江。道路顺着金沙江右岸的平缓碎石滩向南延伸，因江水沿着平原西部边缘而流，故而常常深陷于沙质河床之中。不久之后，大江流至平原东侧，在此，我们看见，其自西向东而来，受阻于陡峭的岩石高山，不得不转而北流。有一小溪在转弯处与大江相汇，道路穿过这些岩石高山之后，下山即可抵达小溪右岸。

这条小溪流经的平原河谷状况甚为糟糕。其间除了回民起义所造成的废墟而外，别无它物。此地有一个四面围墙的市镇，大门敞开，街道上野草丛生，荒无人烟，房舍和村庄的残迹被茂盛的灌丛和仙人掌掩没。我们还注意到被大火熏黑的墙壁，那是回民和官兵间相互争战造成的。更为凄惨的是，瘟疫连年降临河谷，残害着百姓。所谓的住所名不副实，几乎没有人愿意冒着生命危险来这个瘟疫流行的山谷。我们设法将随行人员分散在黄家坪（Huang-chia-p'ing）各处，但实在不幸，我因发烧而病倒，不得不在一个无门无窗的屋内休养数日。

不过，我们距大理府仅有三天的行程了，虽然大家都疲惫不堪，但一想到可以过得舒适些，就又振作起来。从黄家坪出发，道路先是向西经过一片荒地，杂草与仙人掌之间不时露出的石堰是此前耕作留下的唯一遗迹。随后，道路转向西南，沿河谷流向东北的小溪两岸开始出现小块罂粟和小麦地，我们继续行进，耕作的迹象就越多，而河谷两侧的山坡上则满是高高的青草、矮小的冷杉和橡树。走近大王庙（Ta-wang-miao），乍一看，景象不尽如人意，但我们眼前为之一亮，透过午后阳光照耀下的白色雾气，可以看到苍山（Tsang-shan）之巅笼罩在皑皑白雪之中，山麓即是西哈剌章州（Western Carajan）首府——大理府。

花繁叶茂的蔷薇和荆棘如同栅篱一般排列在大王庙的南北道路两边，严重阻碍我们前行。远处的土地上盛开着紫色和白色的罂粟花，河谷两旁的山坡上遍是高高的草丛，不时可见光亮的墓碑出露其中。一条山脊阻挡了我们的视线，只能看见苍山之巅。不过，穿过这片从顶部向北—西伸展的淡红色平地后，一幅由平原、山地和湖泊构成的壮丽景致就呈现在我们面前。我们向洱海（Erh Hai）北岸的平原东缘行进，湖泊向南面延伸，湖水清澈，平原西缘白雪笼罩的山巅映照其中。见此美景，我们深感一路上的艰难险阻都是值得的。穿过数条由北而来流入湖中的小溪之后，我们由平原东侧而下，抵达湖的北岸。湖水冲击北岸，一座小寺庙就坐落在完全突出于湖面的岩体之上。再难找到比此处更好的赏景之地了。谷地北面遍是罂粟，西岸的空地与湖面混杂相交，闪闪发光，难分难辨。上关（Shan-kuan）北面的村落居住着被称为民家（Min-chia）的部落，他们的习俗、语言以及服饰都有别于汉人。与蛮子一样，他们也相当胆小，害怕结交陌生人会导致自己与汉人相妥协。一进上关，我们就想起1868年死里逃生的法国考察团（French Commission）成员，以及无惧于回民头领怒气的勇敢传教士。勒吉榭神父（Pere Leguilcher）仍然居住于此，他不再隐身于岩穴密林中，而是住在大理城内，生活平静安宁。在上关，我们结识了几名康藏人（Ku-tsung），他们属于生活在丽江府（Li-chiang Fu）西北地区的一个西藏部落。不过，"康藏（Ku-tsung）"一词也被大理百姓用来指代全体藏人，与中国其他地区所用的"西藏"（Hsi-tsang）同义。从上关出来，道路在平原上向南延伸，其东是直抵湖畔的耕地，其西则是一片碎石硗确之地，直至遍是坟茔的苍山（Tsang-shan）山麓。穿过两侧尽是废墟的道路，我们进入西哈剌章州首府的北门，并受到中国官员和居于城内的法、英两国传教士的热情迎接。

通观全文可以发现，我只是单纯地描述这一地区。但也需要声明，此行的主要目的之一是从商业角度来审视华西，为英国制造业寻求新市场，并且努力探明如何更好地抵达这里。游历于中国西部及西南省份的旅行者都会承认，四川最为重要。其人口是贵州或云南的5倍，他们平和、勤劳而又较为富裕，如果将我们的产品以公道的价格投放于该省市场，他们会乐于购买。但是，也不要妄想3000万四川百姓都会抢购英国货，那是不可能的。四川人本身就是庞大的生产群体，尽管该省只出产少量棉花，但其从华中省份进口的原料价值却不低于100万英镑。像四川这样的多山省份拥有大量农民和苦力，棉织机生产出来的衣服虽然很粗糙，但却结实耐穿，比我们的产品更适合他们的需求。这些织机所生产出来的产品也不仅仅在四川销售，还大量销往贵州和云南两省。重庆是四川的商业中心，年贸易额总计超过800万英镑，其中三分之二是出口，而进口外国商品仅占整个贸易的八分之一，由此可以看出，我们与华西，特别是与四川的贸易规模还有何等巨大的发展潜力。那么，这种巨量的贸易往来通过哪条路线呢？我的回答是：经由扬子江。可有人会问，这一发展为什么受到阻碍呢？《烟台条约》极大地激发了与华西的商贸往来，但它给予英商的优势为何还未加以利用呢？很简单，因为汽轮只能抵达扬子江最远的开放港口——宜昌，船主们不愿意冒险驾船航行于宜昌以西。我承认，宜昌上游的100英里确实危险重重，但却被过分夸大了，就个人经历来看，我会斩钉截铁地说，每年的大部分时间里，轻载吃水的大马力汽轮可以很容易通行。现在，我们产品都是由帆船从宜昌运至重庆，耗时一两个月，必然极大地增加产品成本。

不过，为了认识将汽轮交通引入宜昌以西能给英国贸易带来的好处，我们必须更深入地分析这个问题。当我们计划销往四川市场的商品运抵汉口或宜昌时，就已经缴纳了进口税。不管物主是本国人还是外国人，都需要在这两个港口支付通行税，以取得过境许可，然后商品就可以运往四川省的目的地，而不用再缴纳任何附加税款。事实上，目的地就是重要的商贸中心——重庆，大多数四川商人都在此进货。由于这些商品已被征收了进口税和通行税，因而，可以免税运离重庆，销往省内各地，只不过可能要支付厘金（likin），在某些地方还会收取额外的货物入市税（octroi）。只需要派一艘汽轮溯江而上至重庆，就能使之成为开放港口。那么，我们的商品仅需支付进口关税就可以在那里卸载存放，而且，在当地缴纳通行税取得通行许可后，就能销往全省各地市场，无需再缴交任何额外税款。

我曾指出，永北厅是经八莫（Bhamo）、大理的滇缅贸易的北部终点，而考虑到我所描述地区的特征，我认为，在其以北的滇西与四川之间几乎没有贸易往来的可能性。即便商品能够远达宁远府，但就个人经验来看，该城以北的运送难度要比南面大得多。如果要开展贸易，就必须北上，而北面的大渡河与南面的金沙江之间是山岭地带，其中居住着不受官府控制的倮倮（Lolo）部落，即便中国人也难以通行。不过，川滇之间还是有三条路线，分别是：（1）从云南府经由东川府、昭通府到达岷江和金沙江交汇处的叙州府（叙府）；（2）从云南府经过贵州西部到永宁河以及大江北岸的泸州；（3）自云南府前往贵州首府贵阳，再北上至重庆。这些路线我都曾走过，最好的是第二条，即从云南府经黔西。我在别处曾对这些路线作过描述，在此，我要说明，它们均穿行于深山之中，而外国商品是否会经其从云南运往四川呢？针对英国在八莫和云南间拓展贸易的可能性，巴伯先生曾说，他对此"喜忧参半"。

宣读论文后，约翰·汤姆森（John Thomson）先生说，为了调查汉口与宜昌间的河道，他于1871年溯扬子江而上，远至四川，进行了一次探险考察。当时是1月份，扬子江水位最低之时，而7月和8月则达到其最高水位。他的目的是要调查清楚，低水位时，轻载汽轮是否能航行至这个新开放的港口。何塞（Hosie）先生认为这段行程是可行的，甚至可以驶过宜昌穿行峡区，约翰·汤姆森先生对此深表赞同。虽然有一些难行之处，但都并非难以逾越。他的结论是，由于扬子江携带大量砂石而下，因此，在某年某一时间所作的调查并不适用于次年的同一时期。在宜昌上游的峡区里，最高水位与最低水位落差高达至少100英尺，故而，大量岩石在雨季崩落入江。汉口上游数英里，扬子江有一个大弯。中国船只行进20英里才能通过，这里或许是沿江景致最优美之处，但如果横穿取直的话，只需1英里就可以避开这段迂回的路线。虽然外国租界高于江面60英尺，但在1870年的大洪水中，仍被淹没殆尽。此次洪灾是由于三条江河的水量同时汇聚而下，在汉口形成巨大的破坏力。这三江包括扬子江、雅砻江和金沙江。1870年，洪水摧毁了汉阳城（Han-yung）的绝大部分，迫使当地百姓转移到高岗上，直至洪水消退。这些洪水使湖北省每年深受其害。在宜昌上游航行，最大的阻碍就是青滩（Tsing-tan），当他通过此地时，时速有8节，而且，某处的江水陡降8英尺。

然而，中国人一年四季均通行往来于此，只不过为防患于未然，事先将货物卸下，到下游再重新装船。江流湍急，需50至100人才能将一艘船牵拉上行。在一个叫巴东（Patung）的地方，他发现岸边有煤矿，两岸深处还有其他矿产。李希霍芬曾指出，扬子江流域的那一地区有丰富的煤矿，足以供给全世界数千年之用；但中国人却将表层土壤挖开后，把煤和黏土混合，铸造成型，以每吨5先令的价格在矿坑口贩卖。

M·比兹利（M. Beazeley）先生发言说，何塞先生以非凡的机智与谨慎完成了一次艰难而危险的旅程。他发现，即便是在中国人从未见过欧洲人的地方，只要保持宽容、性情温厚、不拒绝其好意，就能与他们友好相处。中国人也很有幽默感，因此，尽管他并没有语言优势，但经由翻译，也能把他们逗乐，引他们发笑，与之愉快相处。报告中提及了种罂粟的空地。如所周知，四川种植了大量鸦片，现在看来，似乎直至大理府，一路都可见罂粟地。这一现象很值得关注，因为与中国没有来往的英国人通常认为鸦片是强加于中国人的，但事实却是，在买不到印度鸦片的地方，中国人就自己种植。何塞先生也描述了深达2000至3000英尺的盐井，但他应该了解一下，这些数字是否得到证实，而中国人又是如何开凿出这些井的。可以溯扬子江顺利地航行到宜昌，但就目前所知，还不能继续前行。何塞先生说，轻载汽轮可以办到，但那也只是在水位高涨的时候，而那时，湍急的水流将极大地阻碍汽轮上行。这表明了在中国修建铁路的必要性，以此弥补危险而阻碍重重的江河航行的缺陷。云南矿藏丰富，如果将铁路修至该省，就可将其运到沿海，也能把英国商品运往内地。中国东部许多地区可以很便利地建造铁路。从天津到北京，一路平坦开阔；而从香港至广州（Canton），只要越过九龙（Kow-loon）北面的山岭，修建铁路就很容易。随后，修建直线距离约500英里、实长680英里的广州至汉口铁路将不是什么难事。天津至北京的铁路线连接了一个人口超过200万、拥有港口的城市。汉口——连同江两岸的郊区——人口亦有200万，广州人口约150万。铁路可以将各大城市联系起来，而一旦中国政府同意修建，资金方面将不会有任何困难。

主席提议向何塞先生致以谢意，他说，他对近期在云南修建铁路并不乐观。前几天，他读到一份建造穿越暹罗（Siam）的铁路的报告，就此事询问一位中国名流，但得到的回答是"中国人不想要铁路"。他进一步解释说，报告只是涉及铁路通达中国边境的可能性，但回答同样是"中国人不希望边境附近有铁路"。不过，此事甚为紧要，应当加紧办理，以为商业贸易寻求新的出路。

中 国 人 文 田 野

书 评

史学田野考察中的辨"虚"与务"实"
——读《史学田野考察方法》

徐艳波

作者简介

徐艳波，男，1990年生，河北邯郸人，云南大学西南环境史研究所博士研究生，主要研究灾害史、环境史、灾害文化。

蓝勇先生的大作《史学田野考察方法》一经出版便引起学术界的广泛关注，尤其是长期从事田野考察的社会学、人类学、民族学、考古学以及历史学等领域的学者。《史学田野考察方法》主要包括两大部分内容，主体部分内容为阐述史学田野考察的功用、机理、预案、对象、形式与分类，路径与实施以及史学田野考察与研究视野的调适等五章，附录部分主要为蓝先生团队田野考察的实践案例。这本著作中提出的大量理论、方法等学术思想并不是蓝先生近几年才提炼而成的，而是囊括了其从1981年开始田野考察至今40余年的史学研究与史学田野考察经历与思考。蓝先生学术方向较为广泛，涉及中国历史地理学、西南地方史、环境史、技术史以及图像史等，但"形散神不散"，多年来研究成果又能够"多规合一"且形成体系并凝结于此书之中。故而，此书是蓝先生多年实践、考察与创新成果的集中展示，是学术生涯的又一辉煌结晶。

关于史学田野理论、方法与实践研究，蓝勇先生的著作并不是最早出版的，但却是内容更为全面、理论更为精湛、案例最为丰富以及视野更为深邃的著作。蓝先生的《史学田野考察方法》与其他著作的不同之处在于对史学田野的定性、理论构建以及学科建设上。在主题定性上，将史学田野定性为考察而并非是调查。蓝先生认为田野调查是人类学、民族学等学科基本的研究方法，其田野工作时间长,研究区域范围一般较小,研究对象主要为人与人类社会,也就决定其研究内容多为区域社会文化与生活,将其工作称之为"调查"则更为贴切。史学田野不同,由于其研究时间跨度较长、区域更为广泛,其研究对象不仅包括人与人类生活,也包括人文遗迹与自然景观,故用"考察"更为合理。在理论构建上,蓝先生《史学田野考察方法》撰写重点不仅包括详细阐述田野前准备工作、田野中实践方法、田野后资料整理以及田野获取的各种文献与口述的分析,也包括史学田野考中一些实用性、前沿性与指导性的理论。蓝先生是一位名副其实的史学理论家,在田野考察基础上形成了一系列新的概念、理念以及理论等,诸如"人地时空学""结构性贫困""文本化式弱""文本精度弱""干涉限度差异""图像史料运用理论""地理认知易位""虚拟空间认知""田野三视阈""文化的历史""科学的历史"等等,常使后来者仰首相观,望尘莫及。在学科建设上,蓝先生致力于构建出一个整体的历史学田野考察方法体系,并为形成在国际上具有重大影响力的中国历史学本土话语体系建设进行着不断的尝试与努力。

《史学田野考察方法》(蓝勇著,科学出版社,2021年)

一、史学田野考察中的辨"虚"

历史记载与口述并非完全是客观存在,由于主观性存在往往会有意或无意地制造出一段虚化的历史。陈春生先生就曾论道:"在调查中,研究者必须保持一种自觉,即他们在'口述资料'中发现的历史不会比官修的史书更接近'事实真相',百姓的'历史记忆'表达的常常是他们对现实生活的历史背景的解释,而不是历史事实本身,但在那样的场景之中,常常可以更深刻地理解过去如何被现在创造出来,理解同样也是作为'历史记忆'资料的史书,其真正的意义所在及其各种可能的'转换'。"[①] 对于文献记载或口述的记忆误差,蓝先生在书中指出多是由历史事件背景相似相近、地理与名物的知识缺失、地方尚名的文化诉求以及个人与政府的政治诉求等原因所造成,并将这种虚化并不存在的历史称之为"文化的历史"。作为文化的历史又往往会通过喜剧小说、景观附会以及口述传说等形式扩散,甚至也会被误认为是真实客观存在的科学历史,并对社会文化发展产生广泛影响,尤其是在中国传统乡土历史重构中起着重要支撑作用[②]。

对于历史事件考证,王国维提倡纸上材料与地下考古发现的地下新材料进行相互印证,但对于古籍所记载每一次事件的考证不可能时常性地掘地三尺以探寻遗物、遗迹,甚至有时并无实体物质遗存,但通过史学田野考察对文献进行"对读"与"互证",也不失为一种有效途径。蓝先生从自

---

① 陈春声:《走向历史现场》,《读书》2006年第6期。
② 蓝勇:《从金牛道筹笔驿名实看中国传统乡土历史重构》,《中华文化论坛》2021年第1期。

身多年田野考察经验中总结出通过田野对历史地理传统文献校正的途径。在《史学田野考察方法》一书中，蓝先生指出历史地理文献的"虚"主要是指里程计算的感性、方位指向的模糊性、方位坐标的僵化以及简脱衍串（简化、脱漏、多衍、串文），是由中国古代测量技术、交通通信以及版本文献局限等客观条件约束、古人对地理空间虚拟认知等多种因素导致。而对于文献校对，则可以通过田野考察来获取乡土历史记忆，观察实地山川形势和发掘地上地下文物胜迹，简称为田野考察的三视阈，即记忆、形势与文物，进行相互校正，也可以补充历史文献所没有记载的历史事实。

由于历史文献不足，田野中的口述访谈是填补这一缺憾且行之有效的捷径，但口述主观性成分更大，其中的"虚"述，更需甄别。口述是历史传承的一种方式，尤其是在缺乏文字记载的少数民族地区与民间，其"一方面可以理解为对客观历史的一种或真、或假、抑或二者兼而有之的反映；也可以理解为个人或群体的一种不能在真假意义上判定其价值的历史记忆，是多元历史表达中的一种"[①]。田野中获取较多的资料便是口述资料，但口述受到职业、性别、年龄以及所处社会文化大环境等多重因素影响，部分口述内容便会失真，但失真程度也会随着时间推移而有所差异。蓝先生认为年代较为久远的古史口述最难精准，历史传承失真相对较少的近史口述相对准确，口述时间最近的现当代自然更为接近真实。为降低口述史料的不实，蓝先生建议展开集体口述方式，以便交谈中进行初次修补与校正。但无论采取何种形式的口述访谈，一旦采访者将其写入文本后，便可能成为文本历史史料，其可信度无意中便得到增强。为防止误读，蓝先生也建议在记录口述内容时一定要加上"据某某说""据某某称"等话语，以强调其来源应加强考证。

史学田野考察中采访对象的选择一定程度上影响到获取信息的量与真实性程度。为尽可能降低口述中的虚假成分，蓝先生强调田野考察中对采访的数量、性别、年龄与文化尽可能地遵循数量多、文化高、多访男、多访老的四个准则。诚然，样本量越大结果越科学，文化程度越高其认知视野与关注范围便越大，年龄越大乡土历史记忆越丰富，都是有利于提高口述资料丰富度与可信度的方法。在性别上，蓝先生认为应多访男，原因为男性比女性更加关注社会、历史与自然，女性则侧重于家族社会关系与情感生活方面。蓝先生这一见解与分析诚然在田野考察整体上与宏观上来说是较为准确的，但若就具体问题的微观考察下其实有时女性比男性更适合作为采访对象。笔者曾多次在对灾害文化的田野考察中发现，在灾害叙事上，尤其是重大灾害，女性对灾害记忆更为清晰、分析灾害过程更细腻、关注灾害面更广阔，且叙述情感也更为丰富。灾害具有强烈性、突发性、破坏性等特点，对受害人心理触动与打击也具有深远性。从心理学上分析，女性较为感性，对灾害承受度较差，但也促使其记忆更为深刻。一旦触动受害女性心理脆弱之处，往往难以抑制情绪，时常将自我情绪与灾害记忆一并宣泄出来。相反，男性则对于重大灾害叙述总是简略地一语带过，叙述中相对淡然且明显感觉出情感多被掩饰。但女性情感的复杂化也会强烈和过度渲染到灾害叙事当中，其娓娓道出的灾害记忆中更容易出现虚构情节或掺杂更多自我生活片段。笔者于2021年7月份于贵州黔西南调研布依族灾害文化，以灾害与民俗为主题在下纳灰村采访过年龄在50-70岁间的多位女

[①] 温春来、黄国信：《历史学田野实践教学的理论、方法与案例》，广西师范大学出版社，2017年，导言第4页。

性,虽然得到众多灾害事件与民间祭祀文化内容,但访谈内容涉及了太多情感史与自我诉求,如:自小被婆家欺凌的艰苦心酸、茶饭不足的愤世嫉俗、村中闲言碎语以及过度强调还愿祭品不足以降灾难所突显出的对食物供给期待与对年轻时遭受饥饿的愤慨等。女性虽在灾害叙事丰富度远超于男性,但也正如蓝先生所言女性情感生活记忆浓厚,而过度的情感又反而加重了口述中的"虚",更需要认真甄别。

二、史学田野考察中的务"实"

蓝先生《史学田野考察方法》中的"实",既包括探索历史中的实史与服务现实,也包括物质准备上的充实与实用,更包括学以致用的实践,即实史、实用、实践贯穿于著作的始末。

史学田野考察就是要通过实地调研探索出更接近或更为真实的历史,充分发挥史学经世致用与服务现实的功效。蓝先生在书中就表达出史学田野考察就要寻求真实的历史,诱发出深层次的思考,在现实社会中寻求历史问题和答案,并服务于现实社会。他在《西游记》遗迹考察中发现了历史中的附会而成的虚假历史与真实历史的构建路径,进而提出"文化的历史"与"科学的历史";在巴蜀江湖菜的调研中发现民间历史的杜撰,引发出民间历史文献的科学性问题;在亚热带山地考察时感受到山区贫困,进而提出历史时期"结构性贫困"概念,并为现实社会结构性调整奠定历史基础;在田野考察中品尝地方特色美食时引发出对资源"匠化"程度的思考,进而提出"干涉限度差异"的学术和现实话语等等。历史学从来不是仅仅局限于书斋苦思冥想的学问,也不是迷茫于过往而无法着眼未来的思考,其根本目的就是要依据各种确凿证据进行有根据的推论,建构出史料与实物表面不会呈现出的历史过程与事史,进而重新审思人、社会、自然三者之间关系,充分发挥史学原有现实关怀优势与特色,立足于人与自然之间互动关系以及人类命运共同体意识,实现通古今之变为人类社会发展提供历史的借鉴。无可厚非,实现史学以上使命的关键点就在于问题的提出与解决。因此,走出书斋、走向田野是历史学者发现真实的历史,诱发新的问题、新的思考,并将历史与现实结合以服务现实、服务社会的有效途径之一。

实用,即蓝勇先生在著作中对田野考察前期准备、考察对象分析、考察路径以及考察后的整理等进行了细致讲解,堪称田野考察的实用指南。在史学田野考察前期准备中,确定史学田野考察主题后便开始搜集前期研究成果、调研地地情资料,再撰写调研提纲与问卷。实用性辅助工具也是必须携带的,诸如地图资料、定位定高测距导航制图工具、户外运动装备、交通考察工具。蓝先生也分析了史学田野考察中人物类、遗址类、器物类与地方文献四大类对象的形式、分类与价值。此外,蓝先生详细介绍了史学田野考察路径与实施,从最初以何种身份进入、调查人员构成、交通工具使用、徒步考察的装备与技巧,再到确保安全应注意的问题,之后考察中采访者与向导选择技巧、记录方法,最后的后期资料整理与鉴定。几乎田野考察始末中的每一个细节、每一个应注意的安全问题,他都叙述得淋漓尽致。譬如在交通工具选择与使用注意事项上,蓝先生认为驾驶员选择上一般自驾较为节省成本,但也要根据田野地区地情考虑雇佣正规驾驶员;交通工具可以地况选择汽车、摩托车、自行车，甚至徒步；导航技巧上，向导、手机导航以及地图都不可或缺；驾驶注意事项上，应多低速、多鸣笛、不占道、不抢道等；甚至，蓝先生更为详细介绍了打横脚和绑鞋子的方法与技巧以及徒步考察中的禁忌。因此，《史学田野考察方法》对于即将从事或已经从事但对于方法、准备较为迷茫又想更安全、更高效进行田野考察的学者来说，是一本无微不至的新手手册与实用指南，也更是一本集方法、理论、技巧为一体的具有全面性、科学性以及学术性等特点的著作。

实践是蓝先生一直倡导并坚持不懈地奔走于田野间。早在1976年，蓝先生便开始徒步考察写生，大学本科后更加频繁地进行史学田野考察，并于1995年创作出《"唐代交通图考"第四卷品评》与严耕望先生商榷西南交通问题，提出严先生从事唐代交通研究三个不利因素，其中之一便是没有实地考察[①]。即使至今，蓝先生仍旧组织团队每年都进行长时段的田野考察。实践内容在《史学田野考察方法》中占主要部分，即蓝先生将团队多年田野实践的经典案例以及自身的考察纪年附录于文末。实践是检验真理的唯一标准，蓝勇先生在书中谈到的诸多史学田野考察理论与方法，虽引用众多案例进行印证，但是为了使读者能够更为详细了解田野考察理论与方法在实际考察中的运用，他将团队实践出的经典案例附录书末，希冀读者能够"身临其境"去感知、感悟。史学田野考察由于单次实地调研时间较短，常常被外界称之为走马观花式考察。但史学与人类学、民族学等学科相比，由于其调研对象与内容差异，也就决定了其调研方法的迥异。史学田野考察虽有时是游离于史料的观望，但这种情景体验也是感知历史场景的有效方法，蓝勇先生认为其能够为我们"解读史料、作出判断、提炼结论提供感性判断依托"。其实史学中"游离"式考察并不常见，即使单次田野考察时间短，但为深入了解一个史学田野主题，考察周期一般都较长。从附录的田野实践经典案例中可以看出，以明清成渝东大路重庆段为主题的考察便历经四年，以明代皇木为主题的田野考察甚至长达七年之久，并且其中多个主题周期并未结束，至今仍在持续关注与调研中。因此，史学田野主题考察的实践并不仅仅满足于一次或者两次信息获取，随着资料掌握度的提高，对旧问题的研究往往会得到新的认知，新的认知又会形成一个新的考察主题，催促着田野考察者再次奔赴田野点进行考察以获取新的思考，而这种持续来往直到尽力穷尽田野点所有的知识，完善对主题的最全面认知，便会短暂性停止，但一旦研究需要又会再次进行。

三、在田野探究历史：中国特色历史学话语体系建设路径

习近平总书记在致电中国社会科学院中国历史研究院成立的贺信中指出："希望我国广大历史研究工作者继承优良传统，整合中国历史、世界历史、考古等方面研究力量，着力提高研究水平和创新能力，推动相关历史学科融合发展，总结历史经验，揭示历史规律，把握历史趋势，加快构建中国特色历史学学科体系、学术体系、话语体系。"努力构建中国特色历史学学科体系、学术体系、话语体系，是每一位历史学者为之坚持不懈奋斗的动力与使命。为促进历史学研究的发展，蓝

[①] 蓝勇：《田野随笔三则："读万卷书 行万里路"——一位历史地理工作者的成长感悟》，《三峡论坛》2013年第1期。

先生在历史地理、中国环境史、图像史、西南区域史等历史学专题研究与话语体系建设中做出了重大努力与推动。在历史学创新发展的方法论上，蓝先生强调要不断地突破历史学研究范式，创新研究方法，形成影响海内外的中国历史学本土话语，而田野考察则是重要研究路径之一。

历史学田野考察的最终目的就是回归历史学的研究，由此历史学应跳出人类学、民族学话语潜移默化的影响，构建出符合本学科发展与研究的方法与话语体系。蓝先生认为"历史学田野考察的范式中最应考量的是遗址、传说与事件、人物、制度之间的关系话语"，为此史学田野考察与研究视野要不断地调适。对此，蓝先生在《史学田野考察方法》中指出，史学在学术研究载体上应突破原有固定模式与习惯，形式可夹叙夹议、图文并茂，载体形式亦可多样化；在空间选择与定位上，应以研究区域与主要问题一体化程度、空间辨识度、资料量的系统化程度、客观需求符合程度等参数进行考量；在个体与整体、典型与特殊的选择上，个体为个案和单个数据，而整体则需要多个数据量化研究，典型与特殊性需要统筹兼顾；在体质人类学于史学研究利用上，应充分发挥利用体质特性推动历史民族源流、历史文化地理等历史学相关领域的研究；在面对地理环境差异性上，因其对历史研究与田野考察影响重大，故史学田野考察应对其重视；在史学田野考察作用程度认知上，应认识到不同时空研究领域对田野考察的支撑程度并不一样，如在历史制度、历史事件、历史人物与历史风土四大领域有所差别；在无机遗存与客观历史上，应明确"前人不可能事事遗踪"以及我们不可能处处掘地三尺；在田野口述与历史距离上，应知它们之间客观地存在距离，甄别且慎用。

中国历史上的传说是虚化与真实相互交织传承至今，部分实史在前人制造下成为虚化历史，但仍旧流传下来并塑造出新的史话，即是文化的历史通过"大事不虚，小事不拘"原则对真实的"科学的历史"进行不断地重构，并且变现出强大的渗透力[1]，这种重构不仅存在于遥远的古代，甚至在近现代仍然在不断地重复制造着[2]。由于文化历史的重构是在真实大背景之下进行附会，单纯依靠文献研究是难以剥离文化重构出虚拟历史的。因此，对待这两种文化，蓝先生强调史学田野考察者一定要有所认识并在田野中进行辨明，但对于虚化历史并不是摒弃，而是更应探索其产生的背景和编造者的社会和心理动机。田野考察并不是专属于一门学科的研究方法，早于历史学运用的民族学、人类学与考古学等早已实践并具有一套较为成熟的理论体系，而要探索出包容万象的田野中无尽的知识，单以历史学一门学科更是难以触及。故在史学田野考察中的跨学科应用上，蓝先生主张学习多学科知识，并将田野考察与具体的科学研究有机结合，最终形成历史学的"本土话语"。

蓝先生通过多年的史学田野考察，不仅完成了《史学田野考察方法》这一著作，而且也推动了历史地理学话语体系的建设进程。田野考察不只是历史地理研究应采用的方法，蓝先生在研究中国传统乡土历史重构中就发出要反思今天历史的研究范式的呼喊[3]，主张中国环境史等多个史学研究方向应重视田野考察，希冀在田野基础上形成影响海内外的本土话语。其实除历史地理、环境史

---

[1] 蓝勇、陈俊宇：《文化的历史对科学的历史的渗透——五百年重庆得名臆说成为主流观点的反思》，《江汉论坛》2019年第7期。
[2] 蓝勇：《地名的雅化还是地名的讹呼——对历史上重庆两块江石名称演变的思考》，《文史杂志》2019年第6期。
[3] 蓝勇：《从金牛道筹笔驿名实看中国传统乡土历史重构》，《中华文化论坛》2021年第1期。

等研究方向之外，其他研究方向也多有实践，并且在推动历史学话语体系建设上取得了一定成就。以灾害史为例，已有学者将田野考察作为突破灾害史研究范式的途径进行着努力与尝试。当前，中国灾害史研究已陷入研究范式困境之中，其研究范围千篇一律为"某地域空间或某时段中灾害的发生状况，或灾害对某时某地造成的各种影响，亦或国家与社会的各种灾害应对"，得出结论也较为相似，"凡谈及灾情特点必称其严重性，述及灾害影响便称其破坏性，论及救灾效果必称其局限性"[1]。20世纪以来灾害史研究硕果累累，但研究思路及叙事框架无意识中形成了固有路径与模式。可喜的是，为突破研究瓶颈、形成灾害史话语体系，众多学者都在探寻新路径，其中以周琼等为代表的学者从文化层面重新审视、思考灾害历史，以发现灾害史研究的新面向，揭示文化史的另一个维度[2]，并且其从事的灾害文化研究方法就注重文献与田野考察的齐头并进。《史学田野考察方法》中方法与理论在灾害文化调研中同样适用，并且在整个调研准备、过程与后期整理中有着重要指导性，如在民族灾害文化空间选择与问题定位上，西南少数民族灾害文化调研就是采取的是以灾为中心四周扩散式考察方法、民族互补法、区域互补法等，与蓝先生提出的大格局空间与小生境点选择具有异曲同工之处。

史学田野考察的根本目的不在于获取民间文献种类与数量的多寡，而在于能够在田野中将文献、口述以及山川地域场景进行多维度的整合，使之相互呼应以拨开事物表面现象，区别出历史记载中的虚实，推论出其背后所蕴含的复杂关系，最终建构出更为接近真实的"历史"。史学田野考察的功能正如蓝先生所归纳出的印证传统史料、收集民间史料、寻觅景器场佐证、感知事物环境以及诱发创新思考。故此，重视史学田野考察，将自己置身于历史事件实际场景中进行文献解读，感知历史自然与人文场景，自然会加深对于历史记载的理解，"更深切地理解过去的建构如何用于解释现在"[3]，诱发新的创新思考，更进一步避开虚无的历史陷阱，还原出更接近实际或真实的历史，也可促使史学不同方向的研究打破陈旧研究范式，共同推进中国特色历史学学科话语体系的建设与发展。

理论前沿、方法多样、内容实用、视野深邃的《史学田野考察方法》必然引领与启发着后来者的田野实践与思考。

---

[1] 朱浒：《中国灾害史研究的历程、取向及走向》，《北京大学学报》2018年第6期。
[2] 周琼：《灾害史研究的文化转向》，《史学集刊》2021年第2期。
[3] 陈春声：《走向历史现场》，《读书》2006年第6期。

《中国人文田野》征稿

《中国人文田野》是我国唯一的反映人文学者田野科学考察纪实的学术辑刊，暂时一年一辑，现向海内外学术界征稿。

《中国人文田野》尤其欢迎历史学、人类学、民族学、考古学、社会学、人文地理学方面的稿件，具体稿件要求为"六有"：

一、**有目的主题**。深度的科学考察是应该有具体的目的的，所以，作为科学田野考察纪实的论文，应该有具体的考察主题，如皇木采办、滇铜转运、屯堡水利、梯田文化，或某某具体遗址、某某具体社会现象等，而不是那种在一个地区综合观光考察而成的无主题论文。

二、**有深度研究**。作为学术辑刊要求文章有相当的科学深度，实际上本辑刊的宗旨之一是尝试将以前形式僵化死板的学术论文变化为雅俗共赏的一种科学论文，是试图将科学研究过程、结论融入田野考察纪实的尝试。所以，要求论文夹叙夹议，将传统的科研论文融入其中，有计量统计、文献引用、表格图示。

三、**有发现过程**。作为田野考察纪实，主要是通过科学发现研究的过程来展示科学结论。所以，科学发现的过程本身有时比结论更重要。这就要求论文以叙述过程为主，夹叙夹议，在展示过程中融入自己的理性的思考、科学的结论。

四、**有观点思想**。作为田野考察纪实，我们欢迎论文作者将自己的思想、观点融入其中。特别鼓励将科学研究与现实结合起来，有感而发，浅则发表感想，提出建议，深则诠释已有理论或构建新的理论。

五、**有图像地图**。从中国传统的"图经"时代到现在"读图"时代，图像传递的信息不仅直观，而且相同的版面传递的信息量十分大。所以，我们倡导在学术研究中用图像说话。要求所有稿件都应有照片，最好配有相关地图、示意图，使照片、地图的版面占全文较大的比例。

六、**有文采场景**。为了改变我们以前学术论文在文字上、内容上的枯燥无味，我们既提倡将科学考察中理性的内容用感性的语言展示出来，同时也鼓励将科学考察过程中有趣味的场景用通俗的语言记录下来，前者可使我们的科学研究得到更高的社会知晓度，后者则使我们的纪实在以后会成为正史不载的珍贵史料留给后人。

来稿请先将图片配放在文章中间恰当位置，并注明图名。另用文件夹将照片、地图单独打包，与稿件一起发送到我们的电子邮箱，以备出版社调整印刷效果所用。文章发表后，即付薄酬。

纸质稿请寄：重庆市北碚区西南大学西南历史地理研究中心，《中国人文田野》编辑部，邮编400715。

电子邮箱地址：zgrwty@swu.edu.cn

《中国人文田野》编辑部

图书在版编目（CIP）数据

中国人文田野. 第十辑 / 西南大学历史地理研究所编. -- 成都：巴蜀书社, 2022.3
　ISBN 978-7-5531-1679-2

　Ⅰ.①中… Ⅱ.①西… Ⅲ.①历史地理—考察—中国—文集 Ⅳ.①K928.6-53

中国版本图书馆CIP数据核字（2022）第039299号

中国人文田野·第十辑
西南大学历史地理研究所　编

责任编辑	谭晓红
封面设计	四川胜翔数码印务设计有限公司
出版发行	巴蜀书社
	成都市三色路266号　邮编：610023
	总编室电话：（028）86361843
	发行科电话：（028）86361856
网　　址	http://www.bsbook.com
经　　销	新华书店
制　　版	四川胜翔数码印务设计有限公司
印　　刷	成都蜀通印务有限责任公司
成品尺寸	210mm×285mm　1/16
印　　张	14.75
字　　数	350千
版　　次	2022年3月第1版
印　　次	2022年3月第1次印刷
书　　号	ISBN 978-7-5531-1679-2
定　　价	65.00元

本书若出现印装质量问题，请与发行科联系调换。